U0894220

匡亚明 主编 中国思想家评传丛书

朱载堉评传

邢兆良 著

南京大学中国思想家研究中心
南京大学出版社

中国思想家评传丛书

名誉顾问　陆定一　谷　牧　李铁映　陈焕友

中共江苏省委关于《中国思想家评传丛书》工作领导小组

组　　长　王霞林

组　　员　王　湛　陈万年　石启忠　韩星臣
　　　　　洪银兴　冯致光

学术顾问　（按姓氏笔画为序）
　　　　　丁光训　丁莹如　王元化　王朝闻
　　　　　冯友兰　曲钦岳　任继愈　刘导生
　　　　　刘海粟　安子介　孙家正
　　　　　杜维明（美国）　杨向奎　苏步青
　　　　　李　侃　吴　泽　何东昌　张岱年
　　　　　陈　沂　罗竹风　赵朴初　施觉怀
　　　　　钱临照　徐福基　袁相碗
　　　　　席文（美国）　唐敖庆　黄辛白
　　　　　蒋迪安　程千帆　谭其骧　滕　藤
　　　　　戴安邦　魏荣爵

主　　编　匡亚明

终审小组　茅家琦　周勋初　林德宏

副 主 编　（按姓氏笔画为序）
　　　　　卞孝萱　巩本栋　时惠荣　张永桃
　　　　　陈　振　茅家琦　林德宏　周勋初
　　　　　洪修平　蒋广学（常务）　潘富恩

《中国思想家评传丛书》序

匡 亚 明

伟大的中华民族在长达五千年连绵不断的曲折发展过程中，像滚滚东流的长江那样，以磅礴之势，冲破了重重险阻，奔腾向前，现在更以崭新面貌，雄姿英发，屹立于世界民族之林。这是人类历史上的一个奇迹。产生这一奇迹有诸多原因，其中十分重要的一点，就是我们勤劳、勇敢、智慧的各族人民，在长期的生产活动、社会活动、思维活动和对外交往以及抗击外来侵略过程中，逐渐创造、积累、发展了具有以生生不息的内在思想活力为核心的优秀传统思想文化。这是一种伟大、坚强的精神支柱，是我们民族凝聚力和生命力之所在，是历史留给我们所有海内外炎黄子孙引以自豪的无价之宝。

当然，和各国各种不同传统思想文化一样，在中华民族的思想文化传统中，也是既有精华，又有糟粕，因而全盘肯定或全盘否定，不对；一知半解、信口开河或裹足不前、漠然置之，也不对。郑重而严肃的态度应该是对它进行实事求是的科学的研究和分析，取其精华，弃其糟粕，继承和弘扬这份瑰宝，振兴中华，造福人类。人类历史发展的连续性，就是在不断去粗取精、继往开来和改革创新过程中实现的。继往是为了开来，开来不能离开继往。民族虚无主义和复古主义，都是违背历史发展的辩证规律的。

现在我们国家正处在一个新的继往开来迈向四化的关键时刻。继往就是继民族优秀传统之往，开来就是开社会主义现代化建设之来。对中国传统思想文化从广度和深度上进行系统研究，实现去粗取精的要求，正是继往开来必须完成的紧迫任务。我认为这是中国各族人民，首先是文化界、学术界、理论界义不容辞的光荣职责。但面对这一时间上长达五千年，内容上涉及人文科学、自然科学等各个领域的传统思想文化，将从何着手呢？毛泽东同志早在1938年就说过："从孔夫子到孙中山，我们应当给以总结，承继这一份珍贵的遗产。"① 这是很有远见而又切合实际的英明建议。从孔子到孙中山这两千余年是中国历史上思想文化最丰富的时期，如果总结了这段历史，也就基本上总结了五千年传统思想文化的主要内容。当然，基本上不等于全部。孔子以前和孙中山以后的情况，可以另行研究。因此，我认为首先最好是在时间上从孔子开始到孙中山为止，方法上采取《中国思想家评传丛书》的形式作为实现这一任务的开端。这就是从这段历史的各个时

---

① 毛泽东《中国共产党在民族战争中的地位》，《毛泽东选集》第2卷，人民出版社1952年版，第522页。

期、各个领域和各个学科(包括文、史、哲、经、教、农、工、医、政治等等)有杰出成就的人物中,遴选二百余人作为传主(一般为一人一传,少数为二人或二人以上合传),通过对每个传主的评述,从各个侧面展现那些在不同时期、不同领域中有代表性人物的思想活力和业绩,从而以微见著、由具体到一般地勾勒出这段历史中中国传统思想文化的总体面貌,揭示其积极因素和消极因素的主要内涵,以利于开门见山、引人入胜地批判继承、古为今用,也为进一步全面系统地总结中国传统思想文化打下基础。自从毛泽东同志提出上引建议后,半个世纪以来,不少专家学者已从各个方面做了许多工作,但对全面完成这个任务来说还远远不够,还要在深度和广度上继续努力。作为"抛砖引玉",本《丛书》只是这个继续努力所应完成的工作的一部分。《丛书》凡二百部,约四千万言,自 1990 年开始陆续出版,争取十到十五年全部出齐。

《丛书》所以用"中国思想家评传"命名,主要是考虑到中国传统思想文化中的核心是生生不息的内在思想活力,而历史事实也反复证明,凡是在各个不同时代不同领域和学科中取得成就者,大多是那些在当时历史条件下自觉或不自觉地认识和掌握了该领域事物发展规律的具有敏锐思想的人。他们取得成就的大小,取决于思想上认识和反映这些规律的程度如何。思想并非先验之物,它所以能反映和掌握这些规律,主要是通过社会实践和对前人思想成果的借鉴和继承。思想一旦形成,反过来在一定程度上又对实践起决定性指导作用。

韩愈说的“行成于思，毁于随”[①]，列宁说的“没有革命的理论就不会有革命的运动”[②]，这些话，虽所处时代和所持立场不同，所要解决的问题的性质也不同，但就认识论中思与行、理论（思想的高度概括）与实践的关系而言，确有相通之处，即都强调思想对实践的指导意义和作用。因此我们以“中国思想家评传”命名，就是力图抓住问题的核心，高屋建瓴地从思想角度去评述历史人物，以便对每个传主在他所处时代的具体情况下，如何在他所从事的领域中，克服困难，施展才华，取得成功，做出贡献，从思想深处洞察其底蕴。历史上各个时代富有思想因而能在有关方面取得成就的人，直接阐述自己思想观点的论著虽亦不少，但大量的则是其思想既来自实践（包括对前人、他人实践经验的吸取）、又渗透在自己创造性实践之中，集中凝聚在他自己的业绩和事功上，而没有留下论著。另一些人却只留下著作而无其他功绩，对这些人来说，他那些有价值的著作就理所当然地是他的伟大业绩和事功。如果论述一个人的思想而不联系他的业绩（包括著作），必将流于空洞的抽象；同样，如果只讲一个人的具体业绩而不结合他的思想活动，又必将成为现象的罗列。评价思想和评价业绩，两者不应偏废。而不断在实践中丰富和深化的思想活力则是经常起主导作用的因素，强调这个因素，引起人们的正视和反思，正是我们的主旨和目的。当然，思想和思想家，思想家和实践家，都是既有区别又有联系的不同概念，忽视这一点是不对的。《从

---

① 韩愈《进学解》，中华书局《四部备要》东雅堂本《韩昌黎全集》卷十二第3页。

② 列宁《怎么办》，《列宁选集》第1卷，人民出版社1976年版，第241页。

书》的重点则是放在两者的联系和结合上。至于如何使两者很好联系和结合而又着意于剖析其思想活力,各占多少篇幅或以何种方式表达,则自当由作者根据传主的具体情况创造性地作出妥善安排。

自从人类历史上产生了马克思主义,不仅全人类解放和发展有了划时代的明确方向,学术研究也有了更严密的科学方法,即辩证唯物主义和历史唯物主义的世界观和方法论。根据这一科学方法,在研究和总结中国传统思想文化,特别是联系到《丛书》的撰著时,我认为下列几点应特别引起重视。

一、坚持实事求是的原则。实事求是是贯串在马克思实际活动和理论研究中的主线,离开了它也就离开了马克思主义。只有切实掌握了客观情况,才能得出正确的认识和判断。前者为"实事",后者为"求是",二者相结合,就叫实事求是。事不实则非夸即诬。为了弄清情况,就必须对情况的本质与现象、整体与局部、真与伪、精与粗,作出区别、梳理和取舍,这样才能掌握情况的实质,达到"实事"的要求;然后进一步加以分析研究,找出事物本身固有的真相而非主观臆测的假象,并验证其是否符合人民利益和人类历史前进方向,是否反映科学、技术、文化、艺术的发展规律,这样才能得出正确的认识和判断,达到"求是"的要求。实事求是是治学的基本功夫,是对每个传主的功、过、是、非作出公正评价的必要前提。不论古今中外,对历史人物过高或过低的不公正评价,大都由于未能认真坚持实事求是原则的缘故。

二、坚持批判继承的原则。马克思主义学说就是批判的学说,而批判是为了继承、发展和创新。这就需要我们在实事求是的基础上,既要继承发扬传主业绩和思想中的积极因素,又要批判清除其消极因素。凡传主业绩和思想中体现了诸如爱国主义、民主意识、科学见解、艺术创造和艰苦奋斗、克己奉公、追求真理的精神，即在符合历史前进要求的“立德”、“立功”、“立言”诸方面有显著成就等积极因素者，必须满腔热情地加以继承和弘扬，并紧密结合当前社会主义建设实际，使之深入人心，蔚然成风；凡反映有诸如封建迷信、专制独裁、愚昧落后、丧失民族尊严和违背科学进步等消极因素者，必须以历史唯物主义的观点加以批判，清除其一定程度上至今尚起作用的消极影响，而消极因素经过彻底批判后可转化为有益的教训；凡积极因素和消极因素相混者，更当加以认真清理和扬弃，既发扬其积极因素又摒弃其消极因素。我们力求一点一滴、切实认真地探索各个传主思想和业绩中珍贵的积极因素，使之成为全国各族人民正在从事的继往开来伟大历史工程的组成部分。

三、坚持“百花齐放”、“百家争鸣”的原则。“百花齐放”和“百家争鸣”，是发扬学术民主、促进学术繁荣的正确原则和巨大动力。前者强调一个“齐”字，后者强调一个“争”字，是表示学术上平等、民主和自由的两种不同状态；前者突出的是统一与和谐，后者突出的是区别与争论；两种状态又统一于不断地相互促进和相互补充、转化的持续发展提高过程之中。“百花齐放”、“百家争鸣”的原则体现在撰著评传时，应从“齐放”和“争鸣”出发，综合中外各个时期对有关传主的不同评价，吸取符合客观存在的对的东西，摒弃其违反客观存在的不实的东西，然后创造性地提出经过自己独立思考的、赶前人或超前人的一家之言。同时，对整个《丛书》而言，也有个共性、个性又统一又区别的问题。这就是一方面作者应把“实事求是”、“批判继承”和“百花齐放”、“百家争鸣”这几点作为大家的共性（统一与共识）；另一方面，对每部评传的立意、结构和行文（文体、文风和文采等），则主要是作者的创造性思维劳动和雅俗共赏的文字表达艺术的成果，是彼此的个性（区别），不宜也不应强求一律。评传作者都有充分自由去发扬这一个性，力求在对每一传主的评述中探索和展示其积极因素，使之和正在变革中国面貌的伟大社会主义建设实践融为一体，丰富其内容，促进其发展，而不是仅仅停留在对传主思想业绩的一般性诠释上。

我认为，以上三点大体上可以表达《丛书》所遵循的主要指导思想，但也不排除用其他思想和方法得出的有价值的研究成果。

感谢所有关心和支持《丛书》工作的单位和个人，特别感谢《丛书》的名誉顾问和学术顾问。他们的热情关心、支持和指教，使《丛书》工作得以顺利进行。更要感谢所有承担评传撰著任务的老中青学者，他们都以严谨的治学态度，作出了或正在作出对学术，对民族，对历史负责的研究成果。没有他们的积极合作，《丛书》工作的开展是不可能的。《丛书》副主编和中国思想家研究中心、南京大学出版社，在制定《丛书》规划，约请和联系国内外学者，审定书稿以及筹划编辑出版等方面，克服重重困难，做了大量工作，他们的辛勤劳动是《丛书》能按预定计划出版的必要前提。

现在《丛书》开始出版了，我作为年逾八旬的老人，看到自己迫于使命感而酝酿已久的设想终于在大家支持合作下实现，心情怡然感奋，好象回到了青年时代一样，体会到“不知老之将至”的愉悦，并以这种愉悦心情等待着《丛书》最后一部的问世；特别盼望看到它在继承中华民族传统思想文化的珍贵遗产方面，在激励人心、提高民族自尊心和爱国主义思想方面，在促进当前建设有中国特色的继往开来的社会主义现代化物质文明和精神文明的历史性伟大事业中，能起到应有的作用。我以一颗耄耋童心，默默地祝愿这一由一批老中青优秀学者经长年累月紧张思维劳动而作出的集体性学术成果能发出无私的熠熠之光，紧紧伴照着全民族、全人类排除前进道路上的各种障碍，走向和平、发展、繁荣、幸福的明天！

热诚欢迎国内外同仁和各界人士不吝赐教，以匡不逮。是为序。

1990 年 10 月 7 日

内 容 提 要

本书以晚明社会科技发展和文化变迁为背景，考察了朱载堉一生的科学思想活动。在系统研究朱载堉创建十二平均律的理论内容及其成就的基础上，作者客观评价了朱载堉具有近代意义的科学精神和科学思想，评价了他所具有的人生哲学和若干美学思想的特征。从朱载堉思想体系表现出的复古与创新、传统与批判的矛盾角度，从欧洲近代科学革命、文艺复兴运动与晚明社会思潮比较的角度，作者通过分析指出：晚明时期的中国社会走出中世纪相当艰难，因为晚明社会没有条件产生近代意义上的科学与文化。

A Brief Introduction

This book, from the background of the scientific and technological development of the late Ming society, observes Zhu Zaiyu's scientific and ideological activities throughout his life. On the basis of the research about the theory and content of Zhu Zaiyu's "twelve-tone equal temperament" and its theoretical achievement, the author objectively evaluates Zhu's scientific spirit and thoughts which reflected the color of the modern time, and evaluates the characteristics of Zhu's life philosophy and aesthetic thoughts. From the angle of the comparison among European modern scientific revolution, the Renaissance, and the ideological trend of the late Ming society, the author points that it would still be difficult for the late Ming society to go out of the Middle Ages, because modern science and culture would not emerge out of the social condition of the late Ming dynasty.

目　次

A CRITICAL BIOGRAPHY OF ZHU ZAIYU

CONTENTS

第一章　沸腾的社会思潮与全面的科技总结

朱载堉（1536－1611）是晚明社会嘉靖、万历年间杰出的科学家和艺术家。对朱载堉思想的研究和历史地位的判定，只有在深刻地理解当时社会的思潮动向、文化变迁、科技发展的成就和趋势的基础上，才能较为准确地给出具体的分析、阐述和判断。

一、晚明社会思潮的社会基础

嘉靖、万历年间的晚明社会是一个天翻地覆的社会。危机和希望并存，腐朽和革新相竞，新学与旧学冲突，救世与启蒙互补。此时的晚明社会千疮百孔，显现出中国封建社会"波颓风靡”,“病革临绝”,趋于没落的一派衰败景象。政治危机四伏,宫廷内争,朋党攻讦,恶吏横行,正如沈鲤在《请罢矿税疏》所言:“天下之势如沸鼎同煎,无一片安乐之地……使至愚之人,亦知如此景象,必乱无疑。”关外强大的满族虎视眈眈,亡国危机迫在眉睫;社会动乱、农民起义此起彼伏,“虎贲三千,直抵幽燕之地;龙飞九五,重开混沌之天”,志在问鼎。面对着岌岌可危,几将倾覆的严峻局面,封建文化的思想核心和最完善的理论形态——程朱理学日趋僵化,从内容到形式自然都成为社会各阶层怀疑、批判的对象。“非朱子之传弗敢道也”,“非朱子之家礼弗敢行也”,“言不合朱子,率鸣鼓而攻之”[①]的思想一统局面已不复存在。“嘉隆而后,笃信程朱,不迁异说者,无复几人矣。”[②]“天下之士,厌常喜新,风会之变,已有所其从来。”[③]“外论所是,内阁必以为非;外论所非,内阁必以为是。”[④]晚明社会思潮沸沸扬扬,汹涌激荡,在贬抑程朱理学的思想进程中寻找新的河道。冲破程朱理学的思想禁锢不仅是一种冲出中世纪的社会要求,而且已变成一种社会行动,即晚明社会生存的综合危机已到了自我批判、社会内部自我反省的时刻,显示了封建中世纪结束的预兆和近代启蒙的萌芽。以张居正、东林党人等为代表的政治家,以徐光启、利玛窦等为代表的传播西学的活动家,以宋应星、李时珍、朱载堉、徐弘祖为代表的科学家,以何心隐、李贽为代表的思想家,以汤显祖、

① 朱彝尊:《道传录序》。

② 《明史·儒林传序》。

③ 顾炎武:《日知录》卷一八。

④ 黄宗羲:《明儒学案》卷五八。

袁宏道为代表的文学艺术家正是从政治、经济、思想、文艺、科学各个方面对现存的社会进行了批判性的总结和改革，而开一代风气。在“僭分违常”，“风教不施”的哀叹中孕育着新思想、新观念的萌芽，正如龚自珍指出：“俗士耳食，徒见明中叶气运不振，以为衰世，无足留意，其实尔时优伶之见闻，商贾之气习，有后世士大夫所必不能攀跻者。”①

当时的社会环境为这些时代巨人的文化批判活动提供了舞台。正是社会的政治危机、经济变化、西学东渐、市民工商阶层的崛起，士大夫阶层“以天下为己任”，“人皆可为尧舜”主体意识的自觉……这些深刻的社会变化成为其时代活动深厚的社会土壤。社会政局的动荡，经济结构的变化，传教士与西学东渐，士、商阶层的独立，这种种构成了当时沸腾的社会思潮的物质基础。

政治斗争不仅是处于不同社会地位知识阶层关注的焦点，不管是统治集团，还是在野的清流，对皇家礼仪、财政赋役、边防军事等国家大事无一不力诉己见，辩驳议论，相互攻讦，争执不休；而且城市工商阶层也积极参与，万历年间的城市民变次数之频繁、规模之大、影响之深都是前所未有的。对政治斗争的关注和热情随着社会政治危机的加深也不断高涨。嘉靖初年的大礼仪事件，万历二十一年的“国本”之争都前后延续一二十年。这些虽是皇家内部的礼仪问题，但这两个事件所造成的皇帝与朝臣、朝臣与朝臣、朝野之间的对抗，其程度之激烈、其时间之长，对王朝当时及以后的政治都产生了不可估量的影响。明世宗朱厚熜由藩王而入承皇位，深恐朝臣轻

① 龚自珍：《定庵文集》、《汉左小叙辨》。

视自己出身不正，因此急于立威。朱厚熜即位后第五天就下令礼官集议崇祀其生父兴献王的典礼，但遭到曾迎立世宗入承皇位的内阁首辅的反对。明神宗想废长立幼为皇太子，朝臣大哗，群起反对，神宗迫于众议，无奈册立长子为皇太子。明王朝因皇家自家的礼仪问题而遭到臣下反对，君臣长期僵持抗议、争执，朝臣因之结党，纷争于朝廷，阴谋倾轧，影响当时的政局，这是明朝开国以来所未有的。这些事件的发生说明了几个问题。其一，皇帝的绝对权威发生了动摇，朝臣利用古训来对抗皇权，皇帝往往采取分裂朝臣，以臣制臣的方法，来维持自己的权威和绝对权力。朝臣结党营私，互相攻讦，内阁纷争，争相献媚皇帝，力图帝宠，以争内阁首辅的权位，朝廷政治斗争激烈。嘉靖、万历期间首辅更替频繁，随之朝臣褒扬和贬谪也是朝夕之事。国家政权日常运作缺乏稳定性，国家政治缺乏应有的连续性。朝臣大多成为党同伐异的工具，使朝廷政治混乱，媚上欺下，结党营私，报复相仍，因循敷衍，唯唯诺诺，庸庸保位。在这种政治氛围中，内阁成员和朝廷大臣为了固位保身，不留心政治得失治乱兴衰，一意媚上，欺君愚民，政治的腐败是不可避免的。各级官僚“平居无事，只解打恭作揖，终日匡坐，同于泥塑。一旦有警，则面面相觑绝无人色，甚至互相推委，以为能明哲”[①]。政权的疲软无力是必然的。其二，皇帝的权力、权威受到限制，其统治心理受到压抑，一方面可能导致固执己见，一意孤行，不顾国家社稷，轻率决定大事。如此，朝臣会有惶惶不可终日，以猜揣皇帝心思为目的的处政心态。另一方面，会形成皇帝对政治的冷漠或疲倦，即位亲政初期锐意

① 李贽:《焚书》卷四。

于政治革新的雄心荡尽无存，沉溺于奢侈腐朽、荒诞迷信的生活中，长期不理政事。国家政权处于半停顿的无序状态，以乱语"决威福"，封赏妖妄的方术之士，严厉处罚反对斋醮的正直大臣，献祥瑞者众，佞风一开，阿谀献媚者大盛。嘉靖帝爱方术，好祥瑞，长居西苑。万历帝深居鬼混，万事不理，1586 年万历帝主持殿试，试题为"无为而治"，可见其厌恶政治之心态。这使妖妄术士干预朝政，各级官僚，尸位素餐，"时行诸人有鸣豫之凶，而无干蛊之略，外畏清议，内固恩宠，依阿自守，掩饰取名，弼之皆无闻，循默避事。"① 皇帝无意于政治，君臣隔道，上下不通。国家政权无力、政治中枢运作失灵的状况，一方面加剧了朋党的争权斗争，诬陷倾轧层出不穷；另一方面也为士人关心政治、参与政治造就了一个社会环境和机会。面对"纪纲不振，弊习尚存，虚文日繁，实惠益寡"② 的政局，一些"勇于任事，以天下为己任"③ 的知识分子忧国忧民，对社会有强烈的责任感和深沉的忧患意识。"邦本之虞，日夕在念"，"苟利社稷，死生以之"，④ "风声雨声读书声声声入耳，家事国事天下事事事关心"，"奉职不恤身，执法不为党"，⑤ 这些信条反映了他们的心态和情感。连朱载堉这样一个隐士式的皇族、学者对国势颓败也忧心如焚，在 58 岁近于老人的年龄时仍上疏，"请宗室皆得儒服就试，毋论中外职，中式者视才品器使"。⑥ 为救

① 《明史》卷二一八。
② 《张太岳文集》卷三二。
③ 《明史》卷二一三，《张居正传》。
④ 《张文忠公全集》书牍一一。
⑤ 《海瑞集·赠史方斋升浙藩大参序》。
⑥ 《明史·诸王列传》。

国匡时奏请不拘一格选用人才。知识分子关注政治,热心时事,可见一斑。议政讲学和执政革新是这些知识分子进行思想斗争和实践斗争的两个战场。东林学派和张居正是这两方面的代表人物,他们的思想和实践推动了晚明社会思潮趋于更加剧荡。

嘉靖、万历年间的经济发展无论是经济结构,还是经济活动方式都出现了多样化的趋势,单一的以家庭为单位的小农和小手工业相结合的经济活动及生产方式趋于衰弱,社会经济日趋繁荣。经济的繁荣、财富的积累、经济活动方式的多样性为社会各阶层的生存方式,特别是士、商阶层的独立,提供了现实可靠的经济基础。同时,多样化的经济也为各种社会思潮的活跃提供了环境和条件。

当时的经济变化主要表现在两个领域:地主经济的变化和工商城市的出现。地主经济的变化主要体现在庶民地主有了长足的发展。庶民地主通过经济手段兼并土地,土地所有权通过契约方式转移十分普遍和频繁,城市商人占有土地也为数不少。地主经济收入多样化,经营地主开始出现,农民经济呈现商品化的倾向。佃农、雇农的经济地位和社会地位有其独立性。这些变化使地主经济避免了其原有的僵化和停滞,而更富通融性和坚韧性。

社会的变迁和商品经济的繁荣,使土地所有权的内部结构也发生了巨大的变化。原来皇族、勋戚、贵族地主利用权力霸占了大量的土地。嘉靖时,景王朱载圳封国湖北安陆,占地数万亩。万历时,潞王在湖广有田五万亩。嘉靖中后期,严嵩、徐阶均占有良田二十多万亩。连锦衣卫陆炳,“积赀数百万,营别宅十余所，庄田遍四方”。[1] 海瑞曾指责江南乡官掠夺民产，“苏松四府，乡官厉民致富者，诚不为少……臣于十二月内，巡历松江，告乡官夺产者几万人。……二十年以来县官偏听乡官举监嘱事，民产渐销，乡官渐富。再后状不为受理，民亦畏不告诉，日积月累，至有今日，事恨叹！”[2] 然而，商品经济的发达，白银为主、铜币为辅的货币制度的确立，货币流通更为广泛，商业资本通过长途贩卖、高利贷、经营典当、控制盐茶买卖、海外贸易等渠道迅速且大量地积聚起来，成为一种冲击社会的行如流水的巨额游资。土地无论是从作为不动产的稳定性来看，还是从封建社会以农为本的传统观念看，都是吸收大量游资的最好出路。商人出身的庶民地主及其占有田地数量都在不断地增加。他们都是通过土地买卖契约的方式取得土地的所有权。土地买卖契约在不断的实践应用中不断增添新的内容和形式，逐渐完善成一种固定的民间契式。大量的日用杂书诸如《翰府锦囊》、《万书萃宝》、《学海群玉》、《家礼简议》都刊刻、介绍、推广了这类土地买卖契式，从而使土地买卖在社会上的实际操作具有一定的规范性。[3]“江南庶姓之家，三万六千亩者恒是也。”[4] 焦竑记述南京许承谦，“谓治生当以末起家，以本守之，买田数顷，岁课童力耕，以给公上，而食其余，所入倍常农。”[5] 大量的商人庶民地主的涌现，使传统的以地租

---

① 《明史》卷三〇七。

② 《海忠介公集》卷三。

③ 参阅杨国桢：《明清土地契约文书研究》，人民出版社（北京）1988年版。

④ 黄省曾：《五岳山人集》卷二八。

⑤ 焦竑：《澹园续集》卷一四。

剥削为唯一收入，经济活动以耕织为本的地主经济发生了变化。一些经营地主开始专门种植棉花、甘蔗、染料、油料等经济作物。这些经济作物的大量种植，其目的是为了作为商品流通，为手工业生产提供原料。同时，城镇手工业生产的发展也促使了以种植经济作物为主的农场经营方式的产生和发展。地主们开始追逐工商业丰厚的利润，努力扩大其经济活动的内容，积极涉足于工商领域的活动。传统的农业和工商业相结合，使地主经济中的商品经济的成分逐步增长。地主经济收入呈现多样化的发展趋势，有地租，有商业，有手工业等，还有其他的收入。“乡落大姓，居货而贾者，数不可纪”①。河南的“武安最多商贾，厢坊村虚，罔不居货”②，所谓“厢坊村虚，罔不居货”即是地主经营的商业。“自万历以后，水利、碾硙、渡场、市集，无不属于豪绅，相沿以为常事矣。”③地主经济活动的多样性，经济收入的多渠道，地主经济成分的商品化的比重增大，已是社会较为普遍的状况。同时，雇农、佃农阶层的社会地位也有了很大的提高，经济活动的独立性也较前增强。租佃关系比较普遍地采用契约形式，定额地租、货币地租开始盛行。佃农、雇工由人身依附为主向土地依附、契约关系转变。佃农和地主以租佃契约的方式规定了双方的义务和权利。佃农有不欠租、不得自行转佃私顶另典的义务，也有耕种和自由退佃的权利。地主有不增租、不撤佃的义务承诺，也有按契收租的权利。万历三十五年(1607)刊于《家礼简议》中的一种租

① 嘉靖《江阴县志》卷二。

② 顾炎武:《天下郡国利病书》卷五二。

③ 顾炎武:《日知录》卷一三。

佃契式便是明证：

> 某宅有田一段，坐落某处，今有某前来承佃，每冬约经风干净谷若干，收谷之时，挑载至本主仓前量称，不敢升合拖欠。倘遇丰荒，租谷不得增减。永远耕作，如佃人不愿耕作，将田退还业主，不许自行转佃他人，任从业主召佃，不得执占。今欲有凭，立此佃批付照。

同样雇工和雇主也只是契约关系而没有人身依附关系。万历十六年明朝制定的“新题例”明确规定：“官民之家，凡倩工作之人，立有文卷，议有年限者，以雇工论；止是短雇受值不多者，以凡人论。”① 万历十三年刊于《翰府锦囊》中雇工契式也说明得清清楚楚：

> 某县某都某，今为无活，情愿将空身出雇于某县某都某家，佃田生理一年，当日议定工钱银若干正，其银定限按月支取。所有主家什色动器械毋得疏失，如有天行时契，蛇伤虎咬，皆系自己命，并不干主人事。今恐无凭，立此为照。

佃农和雇工经济的独立和人身的自由，使社会最基本的物质生产者成为一种相对可以流动的劳动力。这种状况使得工商业的发展有了大量的劳动后备军，为工商城市的形成和

① 《明神宗实录》卷一九四。

发展提供了最基本的物质条件。

同时,地主经济出现经营地主的生产组织方式。经营地主其生产管理的方式和传统的以地租收入为主的封建地主经济活动方式不同。一些经营地主在地租份额、种植品种、耕种方式、会计管理等各方面都有一整套设想和方法,类似于经营一个农场。一些经营地主的生产计划直接和商品市场相联系,以经济作物为中心来组织和扩大生产。一些地主进行商品性农业,从原料的购买、劳动力的使用、产品的加工和销售,其成本和利润的核算都用白银货币来计算等等。这种集约经营的方式需要大量的按年、按季、按月、按日雇佣的雇工。“无产者赴逐雇请,计岁而受直者,曰长工;计时而受直者,曰短工;……少隙则又计日而受直,为人佣作,曰忙工。”①

嘉靖、万历时期道路畅通,交换频繁,商品经济繁荣,正如宋应星所描述的:“幸生圣明极盛之世,滇南车马,纵贯辽阳;岭徼宦商,衡游蓟北。”② 在全国范围内逐步形成了商品生产和商品流通的社会区域专业化分工的特点。一些地区陆续形成了具有地方特色的手工业产品和经济作物原料的生产加工基地,并且形成了专业性商品流通的固定渠道。例如,“今北土之吉贝(棉花)贱而布贵,南方反是。吉贝则泛舟而鬻诸南,布则泛舟而鬻诸北。”③ 又如,以棉布称誉天下的松江、嘉定一带,“不产米,仰食四方,夏麦方熟,秋禾既登,商人载米而来

---

① 《南浔镇志》卷二一,《农桑》一;转引自傅衣凌著:《明清时代商人及商业资本》,人民出版社1980年版,第18页。

② 《天工开物·序》。

③ 徐光启:《农政全书》卷三五。

者，舳舻相衔也，中人之家，朝炊夕负米而入者，项背相望也。”[①]

商品生产和流通的社会区域的专业化促使了大小工商型城市的兴起和发展，并带动了乡村市镇和全国各地市集贸易的发展。这些城市不单是商业中心，而且是手工业生产的中心，国内外贸易的转运中心。嘉靖、万历时期的工商型城市“大之而为两京、江、浙、闽、广诸省，次之苏、松、淮、扬诸府，临清、济宁诸州，仪真、芜湖诸县，瓜州、景德诸镇”[②]。如南京“开基之地，北跨中原，瓜连数省，五方辐辏，万国灌输，三服之官，内给尚方，衣履天下，南北商贾争赶”[③]。在《三言二拍》的许多小说中都有生动的文字描写，表现了工商城市的繁华景象。苏州、松江只是府会，然各地“货物辐辏，四方旅寓之人皆在其地开张字号行铺”[④]。“绫锦纻丝纱罗细绢皆出自郡城关房，产兼两邑，而东城为盛。比屋皆工织作，转贸四方，吴之大资也”[⑤]。松江“郡中旧无鞋店与蒲鞋店，万历以来，始有男人制鞋，后渐轻俏精美，遂广设诸肆于郡东。……松江旧无暑袜店，暑月间穿毡袜者甚众，万历以来，用尤墩布为单暑袜，极轻美，远方争来购之，故郡西郊广开暑袜店百余家”[⑥]。“凡数千里外，装重赀而来，贩布者曰标嘀，领各商之赀收布者曰庄户，乡人转售于庄，庄转售于标”[⑦]。工商城市的发展一方面促使

① 顾炎武：《天下郡国利病书》原编第六册《苏松》。
② 万历《歙志》卷一〇。
③ 张瀚：《松窗梦语》卷四。
④ 《古今图书集成》、《食货典》。
⑤ 嘉靖《吴邑志》卷一四。
⑥ 范濂：《云间据目抄》卷二。
⑦ 陈眉公：《陈眉公全集》卷五九。

了商品的流通，另一方面大量城镇人口的生活直接和工商业活动相关，造成了一个数目庞大、经济活动独立且活跃的城市市民阶层。工商城市、大小城镇、乡间集市构成了流通全国的生产和商业网络，为商人和私人手工业工场的发展提供了社会环境，而白银货币的大量流通以及大量相对独立和可流动的雇工阶层的存在，又为工商业主财富的积累和经济活动的扩大创造了最基本的物质条件。商业资本积累途径的多样化，使得商业资本日渐雄厚，资本的活动也渐趋活跃，垄断了某些生活资料的流通。如纺织业、典当业、茶盐业等都有商业资本的控制和影响。万历年间的吕坤在其《去伪斋集》(卷二)中说："今天下盐商不止数万家，天下盐店不止数万处。"

工商业多样化的发展为广大寒士——贫穷知识分子的生存提供了物质环境，使他们具有从事各种文化活动的物质基础。雇主和雇工相互依存构成了城市的工商市民阶层，如"我吴市民罔籍田业，大户张机为生，小户趁织为活。每晨起，小户百数人，嗷嗷相聚玄亩口，听大户呼织，日取分金为飨飧计。大户一日之机不织则束手，小户一日不就人织则腹枵，两者相资为生久矣"[①]。以城市工商业者、手工业者为主体的市民阶层成为一种新的社会力量。城市工商业者经济实力的提高必然会在政治斗争中强烈地表现自己的意志。例如，朱纨在闽浙禁海失败，被迫自杀，其中一个重要原因是代表通商利益的商业资本家为了自身的经济利益在政治上进行反抗斗争的结果。又例如，万历中期，私铸的钱币比官币信用还高，虽然政府"常申禁例"，但私商"私相结约，各闭钱市，以致货物翔踊，

① 蒋以化:《西台漫记》卷四。

其禁遂弛”[①]。商人用经济手段进行政治斗争取得了胜利。另一方面,他们从维护自己的经济地位和利益出发,必然要在思想上和社会舆论上强烈地表现自己。以下层群众为主体的泰州学派就是他们的代言人。泰州学派提出的以身为本的身本论,要求重视人的价值;提倡百姓日用即道,要求保护下层群众物质利益和需求;提出了工商皆本,要求保护、发展市民阶层赖以生存和发展的工商业。他们倡导圣人与凡人无异,要求承认和尊重人的个体独立性;他们提倡自然人性,要求肯定追求个人物欲满足的合理性。另一方面,市民阶层的物质生活方式,他们对社会道德伦理的看法,他们的审美情趣和审美习惯,他们的价值标准和思维习惯,都会形成一种社会思潮,冲击社会的思想观念体系,强烈地影响社会的价值判断和价值取向,“阳明先生之学,有泰州龙溪而风行天下”[②]。整个社会不管是反对还是拥护,都证明了,反映市民阶层的社会思潮作为一个有影响的思想实体的存在是一个不容忽视和可以避开的事实,其背后,正标明了市民阶层经济地位和社会地位的提高,经济实力的强大,经济活动的发展和活跃。

如果说嘉靖、万历年间的政治、经济环境为社会思潮的变化、激荡提供了社会环境和物质基础,使新的思想观念、新旧思想的冲突与具体的政治斗争、经济利益相关联的话,那么以利玛窦、徐光启为代表的传播西学的活动家,为当时的社会思潮带来了一种新的刺激和比较、借鉴的范本。第一次东渐的西学是以其独立的、完整的思想观念融进和影响中国的传统

① 《世宗实录》卷一九一。

② 黄宗羲:《明儒学案》卷三二。

思想体系,对当时思想界来说确实是别开生面的。传教士带来的西学在中国士人面前展示了另一幅新的世界图景、新的知识体系和新的视野,为当时的知识分子从思维内容到思维形式提供了一条新的出路,一个新的角度。他们以天文学和数学作为武器,以其精密的仪器、准确的历法、别具一格的宇宙天体模型、严密的数学推理思维,为当时争欲寻找救世启蒙出路的知识分子提供了一种有力的思想武器,也从文化的理论和心理层面上吸引了当时朝野不同社会地位的知识分子。利玛窦1583年起入华传教28年,他广泛结交缙绅名儒、公侯勋爵,认识的朋友遍布明朝15省中的10个省。利玛窦以西方的科学技术、奇器方物吸引朝野人士,并入京进贡,获明神宗首肯,获准居留京城。"钦赐大西洋利玛窦等安居顺天府,禁绝一切遣回南方和大西洋之言"[①]。据《在京廷的耶稣会士》一书统计,在明末士大夫天主教教徒中,除徐光启、李之藻、杨廷筠等朝廷重要官员外,还有一品官员14人、进士10人、举人7人、秀才300人、皇室成员140人、内侍40人。当时激进的思想家李贽对中国历代圣贤思想家如孔、孟都有微词,但对利玛窦极为推崇,认为利玛窦"是一极标致人也","我所见人未有其比,非过亢则谄,非露聪明则太闷闷聩聩者,皆让之矣"。[②] 并赠扇题诗《赠利西泰》:"逍遥下北溟,迤逦向南征。刹利标名姓,仙山纪水程。回头十万里,举目九重城。观国之光未?中天日正明。"[③]

---

① 《利玛窦日记》第387—389页;转引自林金水:《利玛窦在中国的活动与影响》,载《历史研究》1983年第1期,第30页。

② 《续焚书》卷一。

③ 《续焚书》卷六。

利玛窦在华28年的传教，其历史影响是深远的，为当时的社会思潮发展提供了动力，为当时的思想斗争提供了素材。以利玛窦为代表的传教士对当时思想界的影响是通过他们传播西方科学技术的方式产生的。对当时社会知识体系、思想体系影响最大的是天文学、数学和地理学。

利玛窦十分了解天文历法在中国政治、文化及观念中的特殊地位。他于1583年定居广东肇庆时就向当地缙绅展示了他亲自制作的多种天文仪器，如浑天仪、地球仪、日晷等，并分赠给当地的官员，使当地的缙绅士人都认为他是位了不起的天文历法学家。1599年在南京招收了三名学生，传授"浑仪度数之学"，并制造了各种式样的日晷，各种大圆环的浑天仪、地球仪和其他天文仪器，还参观了鸡鸣寺观象台。1601年进京，在向万历帝"贡献方物"的表文中，他表示愿为改历效劳。因为当时明代官方历法《大统历》误差日益严重，从明初到明万历年间的二百来年中，曾经发生过不少次大统历预报与实际天象观测不合的事实，改历之事已在朝廷的议事日程之中，并挑起了朝廷的政治斗争。传教士编撰历书的方法和中国传统的数理天文学的纯代数方法不同，他们应用的是一种几何模型方法，即先根据已有的观察事实来构造一个天体运行的几何模型，确立的几何模型不仅要能解释原来已知的天文事实，而且要能推导预测天体运行的轨道，预告某一天体在某一特定时刻的具体位置。如果预告与实测不符，则修改模型直至预告与实测相符合。中国传统的纯代数方法是根据已知的观察事实，建立起一个推算公式，来预告天象，虽然也能够较为精确作出预告，但是从方法上，不如几何模型法那样直观，那样容易和天文观测的实践活动相结合。天体运行几何模型作为一种指导观测的假说工作模型，使得天文观测有一定的目的性，它的精确度也比代数方法容易得到提高，使社会思想家对自然图景的认识有一种全新感觉和刺激。所以，当时接触和了解利玛窦传入的西方数理天文学方法的士大夫都肯定和赞赏他的别具一格的观点和方法。“地圆之说，直到利氏西来，而始知之。”① 利玛窦传入的天文学“有我中国昔贤所未及道者”，②“独出千古，开创一家”，③“中国千古以来未闻之说”。④徐光启领导的修历工作历时五年，首先系统翻译了西方天文学的书籍，全面介绍欧洲天文学知识体系，徐光启以西法为主，采用几何学、球面和平面三角学，引进明确的地球概念，经纬度及其有关的测定计算方法，应用一些精确度较高的天文数据，分圆周为360°，分一日为96刻，采用60进位制。在坐标系统方面，引进严格的黄道坐标，采用从赤道起算的90°纬度制和12次系统的经度制。在历法上，他们坚持采用定朔、定气，并以没有中气之月定为闰月。徐光启主持完成的《崇祯历书》是以第谷的体系为基础，但其中也采用了开普勒的某些成果。这部历书的编纂成功使中国的天文学体系发生了根本的变化：从传统的代数学体系转为欧洲古典的几何学体系。⑤虽然徐光启领导的《崇祯历书》的编纂是崇祯年间的事，但徐光启关于西方天文学的知识、思想、方法都源

① 刘献廷：《广阳杂记》卷二。

② 李之藻：《上西洋历法疏》，《明史纪事本末》卷七三。

③ 杨廷筠：《职方外纪序》，《天学初函》本。

④ 郭子章：《黔草·山海舆地全图序》；转引自洪业：《考利玛窦的世界地图》，《洪业论学集》，中华书局1981年版。

⑤ 参阅陈遵妫：《中国天文学史》，第一册，上海人民出版社1980年版，第243—244页。

于以利玛窦为代表的耶稣传教士。从1583年利玛窦来华到1629年徐光启领导以西法修历,短短三四十年里,一向政治敏感性很强的中国传统天文学已被西方天文学体系所替代,这不能不说明,以利玛窦为代表的传教士传入的西方天文学对中国社会已产生了强烈的震撼和影响。西方天文学体系已成为晚明社会思潮的一个知识基础。

虽然以利玛窦为代表的传教士传入中国的欧洲天文学是以托勒密地心说为基础的第谷体系,并没有系统介绍于1543年问世的哥白尼的日心说,但从当时天文技术的历史背景看,哥白尼的日心说在体系上看是先进的,在方法上却是保守的。哥白尼一生始终坚持古希腊人的天体运动必然是圆周和匀速运动,他用34个圆周解释天体的表观运动,因而哥白尼方法的观测精确度明显低于第谷体系,对修订历法来说,哥白尼的方法并没有多大的优越性。另外,哥白尼的体系经过科学家们的不断完善,特别是第谷重要的天文观测工作和开普勒的理论概括工作,才逐渐在17世纪上半叶为欧洲社会和科学界所接受。① 利玛窦传入的地圆说是根据欧洲最新的地理发现,如1519—1522年葡萄牙麦哲伦率领的探险队完成第一次环绕地球的航行证实地球是球形的,是建立在科学实践基础上的一种科学的地圆说。利玛窦传入的地圆说是贡献给当时的中国的新地理知识,是第一次东渐西学对中国社会的思想和知识体系的一次重大贡献,因为它使中国的知识界对自然图景有了一种新的认识。所以说,当时的中国社会通过传教士传入的欧洲天文学体系,实际在思想、观念和方法上是与欧洲文艺

① 梅森:《自然科学史》,上海人民出版社1977年版,第123—127页。

复兴时期的科学思想相接轨的。

另一个受利玛窦西学影响的重要领域是数学。他传入的西方数学对当时中国社会影响最大的是《几何原本》和《同文算指》。《几何原本》那一套逻辑证明、演绎推理的系统方法，为社会思维方式的改变提供了学习范本。《几何原本》的译者徐光启在《几何原本杂议》一文中强调了这一作用，“此书为益，能令学理者祛其浮气，练其精心，学事者资其定法，发其巧思，故举世无一人不当学”，“能精此书者，无一事不可精；好学此书者，无一事不可学”，“故能以其明明他物之至晦……故能以其简简他物之至繁……故能以其易易他物之至难。易生于简，简生于明，综其妙在明而已。”“百年之后，必人人习之，即又以为习之晚也”。[①]《同文算指》系统介绍了西洋的笔算方法。这种笔算方法简洁明了，能够记载中间计算步骤，所以取代了中国传统算术的筹算、珠算方法。《几何原本》和《同文算指》文本的出现，从思维方式、具体运算两个方面说明了中国传统数学的终结。当时传入的西方数学知识为中国数学的发展提供了一个新的起点和启迪，同时也渗透到历法等其他学科和社会的日常生活之中。徐光启在认识、肯定、传播西方数学知识体系时，还对中西数学进行比较，一针见血地指出了中国传统数学的根本弊端，“算术之学特废于近世数百年间尔。废之者缘有二：其一为名理之儒，土苴天下之实事；其一为妖妄之术，谬言数有神理，能知来藏往，靡所不效，卒于神者无一效，而实者无一存。”[②]这个批判十分中肯地揭示了中国传统数学思维脱

① 王重民辑校：《徐光启集》上册，中华书局 1963 年版，第 76—77 页。

② 《徐文定公集·刻〈同文算指〉序》。

离实际和缺乏逻辑严密性这两个根本缺陷。同时，这个中肯的批判也包括了对当时由程朱陆王思想的弊端形成的僵化、玄虚的社会思想定势的批判。应该说，当时传入的西方数学也是社会思想变革的一个知识来源。

以利玛窦为代表的传教士编绘了各种世界地图，分赠、介绍给不同社会地位的士绅官吏、公侯勋爵。这些地图不仅打开了当时知识阶层的眼界，使他们能借助地图放眼世界。外部世界新的图景促使他们的思想内容变得丰富，观测视野变得广阔，僵化的思维也会因之变得活跃而具体。这些地图引起中国士大夫强烈反响的原因也正在于此，所以不断地被翻刻刊行。利玛窦 1583 年一到广东肇庆就绘制刻印世界地图《山海舆地图》，一问世就大受士大夫欢迎，并赢得了很高的社会声誉。补光宗《题坤舆万国全图》说："西泰子流览诸国，经历数十年。据所闻见，参以独解，往往言前人所未言至。"杨景淳《识坤舆万国全图》说它"囊括包举六合"，"上应极星，下穷地纪，仰观俯察，几乎至矣。"① 同时，传教士介绍了西方地理学的具体知识，如实地测量经纬度，地带分法，五大洲观念，欧洲地理新发现，等等。这些关于世界地理的新观念和新知识都是晚明社会新思想所必然会汲取的思想素材。

社会思潮既然沸腾、激荡，那么社会思潮的理论主体——知识分子必然会发生一些根本的改变。嘉靖、万历年间商业经济的繁荣和迅速发展，为士的生存和发展提供了物质保障。政治斗争的残酷，仕途的艰难，捐官的合理性，都促使士、商相互溶合，相互变化，相互依赖。因而士的思想观念和价值标准发

① 利玛窦:《坤舆万国全图》，禹贡学会影印本，1933 年版。

生了很大的变化。多元化的理论思潮的碰撞是社会思想发展的必然结果。

嘉靖、万历年间的晚明社会，一方面政治腐败，危机四伏；另一方面一些士大夫以天下为己任，经世救世，救弊扶危，力挽狂澜，期望奋斗出一条振兴改革之路的精神颇为感人。他们是以张居正、海瑞、徐光启、东林学派为代表。虽然他们的政治立场、思想方法、改革方案各不相同，但其目的、态度都是倡导经世实学，反对心学末流的空疏学风。他们更注重于批判社会政治的各种积弊，行政管理的疲软无力，统治阶级的昏庸无道。从张居正的政治经济改革方案，海瑞愤世嫉俗、冒死直谏，徐光启的以农学、兵学、天文学等实学救国，到东林学派倡导的"居庙堂之高则忧其民，处江湖之远则忧其君"讲学议政的宗旨，"家事国事天下事事事关心"的救世济民的理想，慷慨赴难、成仁取义的献身精神，等等，都充分体现了这类士人对社会具有强烈的责任感和深沉的忧患意识。他们忧国忧民，超越个人的生存和利益，以道自任，以身殉义，继承和发扬了中国传统君子儒"修身齐家治国平天下"，为理想而奋斗献身的优良传统，"士不可以不弘毅，任重而道远。仁以为己任，不亦重乎？死而后已，不亦远乎？"[①]一些由工、商阶层转变为士的，他们更关心平民百姓的政治和经济的利益，更力图反映的是平民百姓的审美趣味、价值标准和道德观念，这些士以泰州学派为代表。他们针对的是程朱道学僵化的戒律教条，虚伪的陈观说教，"阳为道学，阴为富贵，被服儒雅，行若狗彘然也。"[②]

① 《论语·泰伯》。

② 李贽：《续焚书》卷二三。

这些以城市工商业者、手工业者等市民劳动阶层为社会基础的士集团，成为城市市民阶层等新兴社会力量的代言人。他们对社会的批判更多着眼于社会道德、政治伦理的腐朽，揭露禁锢人性、摧残人的自然权利的黑暗；更多地是在哲学思想上、文学艺术上倡导人的主体意识、个体解放、自然情欲等等具有启蒙意识的思想。这类士已不是传统意义上的君子儒或小人儒。他们提不出兴邦治世的具体建设方案，也无心于救世济民的实学，他们既不忧国也不忧民，他们追求的是个体我行我素的思想自由，他们关心的是自己生命的具体存在，他们肯定的是个人喜怒哀乐的合理性，他们向往的是在现实世界中实现个人生命情感物欲的满足。如果说前一类"君子儒"式的士是封建社会病入膏肓阶段力图补天的革新者，那么这类平民士则是欲彻底否定旧制度的近代启蒙呐喊的先驱。这两类士的社会活动、讲学授徒、理论著述、生死斗争、荣辱沉浮，使社会思潮掀起了一个又一个巨浪，席卷了社会的各个领域和社会的各个阶层，使整个社会思想处于撞击、冲突和动荡之中。

张居正（1525—1582）一生以一身而系天下安危为己任，"邦本之虞，日夕在念"。以定乱除暴安百姓、富国强兵治天下为自己的治学宗旨和政治抱负：

盖学不究乎性命，不可以言学；道不兼乎经济，不可以利用；故通天地人而后可以谓之儒也。造化之运，人物之纪，皆赖吾人为之辅相；纲纪风俗，整齐人道，皆赖吾人为之经纶；内而中国，外而九夷八蛮，皆赖吾人为之继述。故操觚染翰，骚客之所用心也；呻章吟句，童子之所业习也。二三子不思敦本务实，以眇眇之身任天下之重，预养其所有为，而欲藉一技以自显庸于世，嘻，甚矣其陋也。①

目睹“嘉隆以来，纪纲颓坠，法度凌夷，骎骎宋元之弊”，“贪吏剥下”，“豪强兼并”，“百姓嗷嗷，莫必其命”，②针对当时社会的种种弊端，张居正提出了一系列关于增强军备，整顿吏治，清丈土地，改革赋税的政策措施。万历初，张居正实际执政当权10年，惨淡经营，厉行改革，“凡事务实，勿事虚文”，③“自是，一切不敢饰非，政体为肃”。④ 居正为政，以尊主权，课吏职，信赏罚，成就卓然。史称张居正“辅政十年，中外乂安，海内殷阜，纪纲法度莫不修明，功在社稷”。⑤张居正的政治经济改革实践斗争之激烈，波及面之广，触动了社会各阶层的切身政治经济利益的最根本处，社会的思想也伴随着这股经世致用的思想和实践一齐振荡。张居正的10年施政实践对当时思想界的影响是深远的，各种社会力量的政治斗争和思想斗争相互编织在一起。

海瑞(1514—1587)面对嘉靖、万历年间的朝纲不振，政治腐败，以国家社稷安危为己任，以“抗言争日月之光……揽辔励澄清之志”⑥ 的胆气和抱负，表明了他对国家、社会的责任

---

① 《张太岳集》卷一五。
② 《张文忠公全集》，《书牍十》、《书牍十二》。
③ 《张文忠公全集》，奏疏七《谢召见疏》。
④ 《明史》卷二一三。
⑤ 转引自傅衣凌主编《明史新编》，人民出版社1993年版，第237页。
⑥ 《海瑞集》下册，中华书局1962年版，第599页。

感。他的历史责任感是以他身体力行，赴汤蹈火的务实精神来体现的，“稍有知识即欲学为圣贤，谓圣人千言万语，只是欲人识其真心。率其身为终身行之，便是圣贤。”[①]正因为如此，海瑞才能无私无畏，矢志不移，批孟子，斥朱熹，骂皇帝，压豪强，正气磅礴，惊天动地，对当时士的思想和品格产生了极大的震撼，特别为那些有定国安邦抱负的士树立了一个“大丈夫”的榜样。万历至崇祯年间出版的《海瑞文集》，为其写传记，写序、跋，编年谱的，不仅有著名的学者如李贽，而且大多是政府命官。海瑞处政处事之道，成为当时以安邦治世自任的士的思想和品格力量的来源。

以顾宪成、高攀龙为首的东林学派，崛起于万历年间(1573—1620)。他们从“济世”、“救民”的实念出发，议论朝政，指点江山，“立朝居乡，无念不在国家，无一言一事不关世教”[②]，“随时为吾民，此士大夫之实事也”[③]。他们以“至于削夺不足为耻，刀锯不足为畏”[④]的大无畏精神实践自己的政治信念。他们不仅以自己的鲜血和生命来实现为“民之实事”，而且在政治经济方面提倡“志在世道”的实学思想，倡导“治国平天下”的“务实致用”的各种实用学问。另一方面，东林党人不少人出身于工商业者和贫寒的庶族，因而他们的政治斗争也反映了工商市民阶层的经济利益。东林党人领导的反税监的城市民变就是保护工商业经济利益的典型例子。

---

① 《海瑞集》下册，中华书局 1962 年版，第 323 页。

② 《东林书院志》卷二《东林会议》。

③ 《高子遗书》卷八《答朱平涵》。

④ 《高子遗书》卷八《东周来玉侍御》。

东林学派的议政讲学活动吸引了朝野的大批有志之士，朝野呼应，成为一时的清流中心，制约了社会的政局变化。知识分子纷纷结党结社并以讲学方式议政的现象在当时十分普遍。“天下兴亡，匹夫有责”成为正直知识分子的自觉的社会责任感。知识分子的民间结社能直接反映社会对国家政治、经济的关注和要求，不仅表明了知识分子群体主体意识的觉醒，而且反映了整个社会的自主意识，将成为社会思潮创造的动力。

如果说以张居正、海瑞、东林学派为代表的士大夫是些匡治天下，重振朝纲，定社稷，安百姓的经国济世的政治家，那么以泰州学派为代表的工商平民士，却是要否定现存世界的思想、信念基础的。他们是为本阶层踏上历史舞台，跻身于政治社会活动的代言人和思想家。这些士大夫或本人是工商界市民，或其家庭为工商阶层，并且以社会下层平民大众为传教宣讲的对象。泰州学派的创始人王艮出生于盐丁家庭，当过盐工，做过商人。据《明儒王心斋先生遗集》附录《师承弟子表》的不完全统计，至王艮的五传弟子有四百八十余人，除科举入仕四十余人外大都是农工商贾庶族一类的下层群众，广泛分布在江西、福建、浙江、湖广、山东、四川、河南、陕西、广东九个省份和南京、北京等广大地区。他们“以化俗为任，随机指点农工商贾，从之游者千余。秋成农隙，则聚徒谈学，一村毕，又之一村”①。当时弃儒就贾，由商入士已是社会常见之现象。沈垚曾指出：“天下之士多出于商，则纤啬之风日益甚。然而睦姻任恤之风往往难见于士大夫，而转见于

① 《明儒学案》卷三二。

商贾。何也？则以天下之势偏重在商，凡豪杰有智略之人多出焉。其业则商贾也，其人则豪杰也。为豪杰则洞悉天下之物情，故能为人所不为，不忍人所忍。是故为士者转益纤啬，为商者转敦古谊。此又世道风俗之较也。”① 晚明社会士与商联系密切，彼此的身份已很难划清界限，著名的“新安商人”、“徽商”集团、“儒商”的称号都说明了“士商异术而同志”。②“男子要以治生为急，农工商贾之间，务执一业”③ 已成为一种社会共识，“而时俗杂好事，多贾治生，不待危身取给。若岁时无丰，食饮被服不足自通，虽贵宦巨室，闾里耻之。”④“弃儒就贾”和“由商入士”，社会阶层不断地相互流动，使士、商阶层的结构不断地分化、组合。这样，工商市民阶层的经济活动、生活习惯、道德标准、是非观念也必然成为社会思想的一个重要来源和思想素材。

工商市民由经济活动进而涉及到政治活动，万历年间的市民运动此起彼伏，连绵不断，万众汹汹，锋不可犯，强烈震撼了社会，“识者以为明亡盖兆于此”。⑤ 现将刘志琴的《试论万历民变》和刘炎的《明末城市经济发展下的初期市民运动》两文有关城市民变的两份统计转录如下：

---

① 沈垚：《落帆楼文集》卷二四。

② 王献芝：《弘号南山行状》；转引自张海鹏、唐力行：《论徽商“贾而好儒”的特色》，载《中国史研究》1984 年第 4 期，第 68 页。

③ 张又渠：《课子随笔》卷二；转引自柯建中：《试论明代商业资本与资本主义萌芽的关系》，《中国资本主义萌芽问题讨论集》续编，人民出版社 1960 年版，第 101 页。

④ 张瀚：《松窗梦语》卷四。

⑤ 《明史》卷八一。

表 1.1

时　间	地　区	矿　监 税　使	民变领导人	史料来源
1598	山东	陈增	不明	《明史·陈增传》
1599	临清	马堂	负贩王朝佐	《定陵注略》卷五
1599	江西湖口	李道	不明，但与士大夫有关。逮南康知府吴宝秀时“阖郡号呼”。	《明通鉴》卷七二
1599	武昌汉阳	陈奉	生员	《明通鉴》卷七二
1600	武昌	陈奉	生员（沈希孟等）	《明实录》神宗卷三四三
1600	云南	杨荣	官员（寻甸知府蔡如川等）	《明实录》神宗卷三三八
1600	广东新会	李凤	官员（新会通判吴应鸿、乡官李芸易、举人钟声期等）	《明实录》神宗卷三四六
1600	河北易州	王虎	官员（易州知州孙大祚等）	《定陵注略》卷五
1600	河北香河	王虎	官员（香河知县焦元卿）	《明实录》神宗卷三四八
1600	蕲州	陈奉	官员（蕲州知州郑孟祯）	《明实录》神宗卷三四九
1601	苏州	孙隆	织工葛贤	《吴门杂咏》卷一二

续表 1.1

时　间	地　区	矿　监 税　使	民变领导人	史料来源
1601	山西	张忠 孙朝	不明，但与士大夫有关。“山西军民数千人，诣阙为允贞讼冤。”	《明通鉴》卷七二
1602	苏松常镇	刘成	士人管文等	《明实录》神宗卷三七二
1602	上饶	潘相	官员（上饶知县李鸿）	《廿二史札记》卷三五
1602	景德镇	潘相	富豪杨信三	《定陵注略》卷五
1603	门头沟	王朝	窑主王大京	《定陵注略》卷五
1606	云南	杨荣	官员（云南指挥贺世勋、韩光大等）	《明史纪事本末》卷六五
1606	陕西	梁永	不明，但与士大夫有关。“宗室士民毋虑数万人，围永署。”	《明史纪事本末》卷六五
1608	辽东	高淮	不明	《明史·高淮传》
1614	福建	高寀	士大夫王武部宇	《五杂俎》卷一五

注：此表引自刘志琴《试论万历民变》，载田居俭、宋元强编《中国资本主义萌芽》（下），巴蜀书社 1987 年版。

表 1.2

时间(中西历)	地点	简单内容
万历二四年(一五九六)以后数年	湖广	陈奉入楚,连续在武昌、汉口、黄州、襄阳、光化、青山、阳逻、武昌、仙姚、宝庆、安德、湘潭、巴河镇等地激变十余起。
万历二五年(一五九七)	瓜州	瓜州商民罢市,鼓噪累日。
万历二七年(一五九九)三月	荆州	陈奉至荆,商民噪于涂者数千人,掷瓦石击之。
万历二七年(一五九九)五月	仪真	税监暨禄,委官马承恩等抽税急变。
万历二七年(一五九九)	临清	临清人民噪逐税监马堂。
万历二七年(一五九九)	浙江	浙人赵一平为矿税"用妖术倡乱"。
万历二八年(一六〇〇)正月	武昌 汉阳	武昌、汉阳士民因反税监吓诈。数百人发动请愿,"拥众攻打"。
万历二八年(一六〇〇)四月	广东新会	市舶太监激变新会。
万历二八年(一六〇〇)六月	通州	生员市民千余人反税课太监王虎。
万历二八年(一六〇〇)十二月	武昌	武昌人民驱逐陈奉。
万历二九年(一六〇一)六月	苏州	苏州手工工人逐税监孙隆。

续表 1.2

时　间	地　点	简单内容
万历三〇年（一六〇二）二月	景德镇	潘相激变景德镇。
万历三〇年（一六〇二）三月	上　饶	上饶人民噪殴大猾陆太守。
万历三〇年（一六〇二）三月	云南腾越	税监委官虐民激变，毁厂房，委官张安民焚死。
万历三〇年（一六〇二）五月	苏　州	苏州机户反税监刘成。
万历三一年（一六〇三）五月	上　饶	税监潘相为儒童所殴。
万历三一年（一六〇三）三月	常　熟	常熟生员孙汝炬等煽众鼓噪。
万历三二年（一六〇四）闰九月	湖　广 汉　阳	“楚宗之乱”。
万历三四年（一六〇六）正月	云　南	指挥贺世勋、韩光大焚内监府，杀太监杨荣。
万历三四年（一六〇六）三月	陕　西	税监梁永虐害地方，秦人怨恨聚众数万，约日起事杀永。
万历三五年（一六〇七）二月	四　川	四川叙州府儒童鼓噪。
万历三五年（一六〇七）	福　建	税监高采激民变。
万历三六年（一六〇八）五月	辽东锦州	税监高淮激变锦州。
天启三年（一六二三）十一月	江　西	江西生员被潘阉尉赵戌等辱殴，鼓噪。
天启六年（一六二六）三月	苏　州	苏州人民因反对逮捕周顺昌而激起民变。

续表 1.2

时　间	地　点	简单内容
同前年月	江　阴	反对逮捕李应升而激起民变。

注:此表引自刘炎《明末城市经济发展下的初期市民运动》,载田居俭、宋元强编《中国资本主义萌芽》(下),巴蜀书社 1987 年版。

从这两份统计表大致可以看出晚明社会民变的几个特点:城市民变分布的地域较广,几乎连成一片,民变发生的时间从万历二十四年到万历四十二年几乎年年不断,参加的人数、发动的规模都足以震动社会和朝廷,这些城市民变不仅获得了广大士大夫普遍的同情,而且大部分是由士大夫们领导、参与的。

商业的繁荣、商人致富的成功、工商城市的发展、城市市民阶层的壮大,这一切使得工商市民的社会地位和自我主体意识不断提高。如盐商子弟在科举中保留了应试的特权,可在本籍外经商地区报考生员,“明万历中定商灶籍,两淮不立运学,附入扬州府学”①。嘉靖、万历年间名士鸿儒为商人撰写传记、贺文、寿序、墓志铭已司空见惯。商人捐官、结交权贵也习以为常。经商成功与建立功名相等,良贾与鸿儒齐观都是社会可接受的观念。工商皆本的思想也为当时执政者如张居正等所接受。② 这一切都说明,城市市民阶层已是不可忽视的社会力量,工商经济已成为影响社会发展趋向的重要社会活动。市民阶层也已经是晚明社会思潮形成的庞大的社会力量。

---

① 嘉庆《两淮盐法志》卷四七《人物六 · 科第表上》。

② 参阅《张文忠公全集》卷八。

二、晚明社会思潮的基本倾向

以僵化的程朱道学教条和空疏清谈的心学末流为贬斥和批判对象的晚明社会思潮，涵盖了社会的各个阶层，席卷了社会的各个领域，使整个社会的文化风气为之一变，社会思想为之别开生面。这股社会思潮从四个方面否定了旧有的思想权威，树立了新的判别尺度。价值观的变化，具有启蒙意识的平民思想，经世致用的实学观念，重实测、重数度新的思维方式是这股社会思潮的基本倾向。它们标志了新的社会思想体系确立的萌芽，预示着社会结构的巨大变化，是新兴社会力量登上社会政治、经济舞台的宣言和呐喊。

嘉靖、万历年间商品经济的发展，商人致富的成功，工商城市物质生活的繁华，商品和货币的诱惑等等为社会提供了价值取向和价值判断的新标准。"治生"、"治富"为社会上男子成功立业的处世之道。"虽终日作买卖，不害其为圣为贤"①成为社会士、商的普遍心理。社会上下竞相逐利，"天下攘攘皆为利来，天下熙熙皆为利去"。金钱不仅成为人们崇拜的偶像，而且成为处理人际关系的基本标准，"商在外率数岁一归，其妻孥宗党全视所获多少为贤不肖，而爱憎焉。"② 嫁娶婚配也"以富贵相高而左旧族"。③ 朱载堉在其所作的《山坡羊·钱是好

① 《传习录拾遗》第十四条。

② 蔡羽述：《辽阳海神传》。

③ 谢肇淛：《五杂组》卷一四。

汉》和《叹人敬富》① 这两首民歌中，生动描绘了世人面对金钱诱惑而表现出的世态炎凉和人生百态：

世间人睁眼观见，论英雄钱是好汉。有了他诸般趁意，没了他寸步也难。拐子有钱，走歪步合款。哑巴有钱，打手势好看。如今人敬的是有钱，蒯文通无钱也说不过潼关。实言，人为铜钱，游遍世间。实言，求人一文，跟后擦前。

《山坡羊·钱是好汉》

劝人没钱休投亲，若去投亲贱了身。一般都是人情理，主人偏存两样心。年纪不论大与小，衣衫整齐便为尊。恐君不信席前看，酒来先敬有钱人。

《叹人敬富》(曲名原已佚)

拜金主义流行，人心不古，世风日下。这必然导致人们对人格完善、自律自省、居敬涵养的道德践履、自我修身、追求内圣境界的努力日趋淡薄，奢靡成风成了必然的社会风气。富商之家穿金戴银，争奇夺艳，饮食起居、出处行止所用各种器具无不极尽奢华，炫人耳目。“男子服锦绮，好饰金珠，是皆僭拟无涯，逾国家之禁者也。”② 巧取豪夺致富的暴发户如江南的新安商人生活豪华奢侈，“新安多大贾，其居盐筴者最豪，入则击钟，出则连骑，暇则召客高会，侍越女，拥吴姬，四坐尽欢，夜

① 路工编：《明代歌曲选》，上海古典文学出版社1956年版。

② 张瀚：《松窗梦语》。

以继日，世所谓芳华盛丽而非不足也。"[①]商人奢侈的物质生活和快捷的致富途径为社会提供了一个人生前程的指示灯，对整个社会价值判断标准的变化提供了一个契机。富者竞相崇尚靡侈，越礼犯禁屡见不鲜。一般的下层贫民也"靡然向奢，以俭为鄙"，[②]虽"家无担尺之储，耻穿布素"[③]，人"无担石之储，然亦不以储蓄为意，即舆夫、仆隶，奔劳终日，夜则归市肴酒，夫妇团醉而后已，明日又别为计"[④]。"今则筵宴肴馔，必极丰腆，谓非是即陋，即贫窭之家，或不惜典贷为之。凶丧之中，亦用荤馔，珍惜争夺，鼓乐歌唱，竞同宴饮者。"[⑤]"细木家伙，如书桌禅椅之类，余少年曾不一见……隆万以来，虽奴隶快甲之家，皆用细器"[⑥]。

嘉靖、万历年间，逐利拜金，促使社会各阶层热衷经营，逐末成风，趋利如骛。"今天下之民，从事于商贾技艺，游手游食者十而五六"[⑦]。李大沁记载湖北的京山，"自后密迩郡邑，车马繁会，五杂奇巧之选，递相慕尚，加之商贾负贩，坐食富厚，百工技艺，杂然并集，盖在丙午(1546)、丁未(1547)之间，县之风俗又一变也。"[⑧]文人学士也为商人标榜称道，并下海经商，颇具经营心得。顾宪成说："何心隐辈坐在利欲盆中，

---

① 汪道昆：《太函集》卷四。
② 顾炎武：《肇域志》山西二。
③ 龚炜：《巢林笔谈》。
④ 王士性：《广志绎》卷四。
⑤ 咸丰《南浔镇志》卷二三，《风俗》引明《董志》。
⑥ 范濂：《云间据目抄》。
⑦ 林希元：《林次崖先生文集》。
⑧ 《古今图书集成》、《职方典》第1142卷。

所以能鼓动得人。只缘他一种聪明,亦有不可到处。耿司农择家僮四人,人授二百金,令其生殖。其中一人尝从心隐请计。心隐授以六字诀曰:买一分,卖一分。又有四字诀:顿买零卖。其人遵用之,起家至数万。"① 万历时的冯应京说:"阜财通商所以税国饷而利民用,行商坐贾治生之道最重也。"② 社会道德、风俗为之一变。

拜金主义与奢靡之风犹如双胞胎彼此竞相益行。"满路尊商贾,穷愁独缙绅",物质享受,金钱财富成为社会人生企盼的目标。封建的纲常名教,道德伦理在金钱浪潮的冲击下开始崩溃。连传统儒学的社会支柱,广大士大夫阶层也在拜金和享乐的社会浪潮的冲击下,其生活情趣、价值取向、审美观念都发生了变化,烙下了金钱和享乐的印记。"大隐在朝市,何必避世喧","良时苦易失,好花不重芳"成为他们的生活信条。求财逐利,嗜欲享受成为他们的行为特征。"征朋及夜饮,选妓发新讴"成为他们向往的生活方式。黄宗羲说,晚明士大夫"大概多市井之气",③一语中的。晚明士大夫涉足工商业、当铺、赌坊、高利贷也成一时风气。晚明士大夫由高谈道德文章到形成"重货利"之俗,亦成为晚明社会的一道风景线。为了金钱财富、物欲享受,营私枉法、长幼失序、尊卑错位已是社会认可的现象。人欲横流,一切传统认为神圣的、不可动摇的价值法则,都被淹没在现实的物质利害计较的冰水之中。清操廉耻荡然无存,道德良心丧失殆尽,伦常秩序混乱颠倒,一切都是财神爷当道

① 《小心斋札记》。

② 冯应京:《月令广义》卷二。

③ 《孟子师说》卷七《自范之举》。

作主。“金令司天，钱神卓地，贪婪罔极，骨肉相残，受享于身，不堪暴殄。”[①]社会从上到下民风习俗为之一变。“甚哉风俗之移人也。闻之长者，弘、正间居官者，大率以廉俭自守，虽至极品，家无余资，此如胡之弓，越之剑，夫人而能之也。嘉靖间始有一二稍营囊橐为子孙计者，人犹其非笑之。至迩年来则大异矣。初试为县令，即已买田宅盛舆贩金玉玩好，种种毕具。甚且以此被谴责，犹恬而不知怪。此其人与白昼攫金何异。”[②]晚明社会“民间之卑胁尊，少凌长，后生侮前辈，奴婢叛家长之变态百出”[③]。原有的社会等级秩序也因物欲高涨，金钱的冲击而被破坏，被错位。原先下层百姓因经营工商致富而傲视望族，士绅因攀富而卑躬屈膝，“奴富至数百万，初缙绅皆丑之，而今则乐与为朋矣，即地方监司亦多与往来，宴饮馈遗，恬然无复廉耻之色”[④]。这类描述在明代各地方志中也多有反映，“故贱至于妨贵，少至于凌长，小至于加大。……甚至强奴悍卒，得以劫其主君，不才子姓，得以挟其父老。讼狱烦滋，告讦熛起，异方逋逃之民，又从指木教猱而升之，而世胄保家之主，惴惴然顾成业如捧槃水，尚敢出一息与之角哉？……呜呼！至无等也，至迫上也，可胜言哉”[⑤]。《金瓶梅》第五十七回恶霸商人西门庆宣称：“咱只消尽这家私，广为善事，就使强奸了嫦娥，私奸了织女，拐了许飞琼，盗了西王母的女儿，也不减我泼天富贵。”其自负，其横蛮，其无法无天，其依势侵人，集中典型

---

① 顾炎武：《天下郡国利病书》，《江南二十》引万历《歙志》。

② 万历《上元县志》卷一〇。

③ 《从先维俗议》卷二。

④ 伍袁萃：《林居漫条》，《前集》卷三。

⑤ 康熙：《沙县志》卷一，《风俗》引旧志。

地反映了城市富商的地位和权势。

由商人致富导致高消费的奢侈之风从王公贵族、公卿士绅到庶族平民，蔓延到全国，社会的消费结构因此大为改观。为了享受高消费的物质生活，拜金逐利成为社会各阶层生存发展的一个动力。社会原有的是非、美丑、善恶、真伪的标准，长时期历史积淀下来的道德习惯、伦理观念、社会秩序，现时用制度和法律固定下来的社会结构，在金钱和享受的双重冲击下，都脱离了原来固有的轨道。社会各阶层在新的社会生活方式面前都摆脱不了金钱和物质享受的诱惑，都重新以金钱和物质为观察、审视的角度，评价原有的社会地位结构、社会秩序、社会的道德标准、社会的价值判断……从而重新界定自己在社会坐标系中的位置，人生发展的轨迹，人生追求的终极目标。这种价值观的变化不仅使社会阶层结构处于一种不断变化的动荡之中，也使社会思想处在一种新旧观念不断矛盾冲突的激烈斗争中。工商市民阶层以自己的物质生活为基础的价值观念和思想体系影响了社会的各个阶层。工商市民阶层的物质生活、价值观念和思想体系在否定现存社会的过程中已朦胧地构成了一种新的社会图景。士和商不断交互更新、变化结合成了一种新的士商阶层。他们明确地表明了对旧观念的摈弃，对新理念的追求。大批的士下海经商，大批的商人（或子弟）由商入士。商人的地位由士农工商居四民末位，跃为与士并举。晚明时代出现大批的商业实用书，就是士商混合的一个例证。

士商混合，商人社会地位的提高说明了几个问题：其一，士经商为士的生存和发展提供了可靠的物质生活，使士的人格独立、思想独立有了经济的支持，士民间结社议政才有其社会的可能性。其二,经商致富成为士成功的另一个标志,树基业于家与立功名于世是士企盼实现的两种人生价值."贾道"在士大夫的眼里也具有神圣的意义,"其业则商贾,其人则豪杰"。其三,由商入士成为士实现其政治抱负的一种途径。其四,晚明时兴的小说、戏曲、传奇等艺术体裁成为雅俗共赏的流行艺术,新兴的市民阶层其价值观念也因之影响社会各阶层。这些流行艺术宣扬的大都是士商混合类的那种审美趣味和伦理心态。

城市市民阶层的壮大,影响力的扩大,商人流动性的增强使其能量的辐射面很广,再加上理论思想体系的简易性,通俗文艺形式诸如话本小说、戏曲传奇广泛流传,使市民的平民意识成为一种新的意识形态涉及到社会生活的各个方面,冲击着传统的旧思想、旧观念,并开始为社会理解、认可和接受。泰州学派从理论上阐述了平民意识的基本内核,而以小说、传奇为代表的通俗文艺则藉其生动的艺术形象,表现了社会在日常生活和心理活动中的平民意识。这股平民意识突出表现为三点:一是以"私"、"身"为本,强调个体存在的合理性。用百姓日用、穿衣吃饭之道否定或替代圣经贤传的道德伦理,"经既明,传不复用矣;道既明,经何足用哉。"① 二是肯定个体对物欲追求的合理性,要求承认并重视人的价值,强调人的平等性,直接针对"存天理、灭人欲","饿死事小,失节事大"之类的封建礼教。三是强调个人的思想自由,否定四书五经的权威性和绝对真理性,反对"以孔子之是非为是非"。

市民阶层,不管是商人,还是各种手工业劳动者,他们都

---

① 《明儒王心斋先生遗集》卷一。

是以物质生产劳动作为自己的谋生手段，成功了可能致富，起码可养家糊口、安居乐业，失败了难免破产，饥寒困苦。因而他们对日常物质生活的重要性深有切肤体会。现实的物质生产、生活对市民的重要性是第一位的，他们首先考虑的是自己和家庭的物质存在。在这个意义上，自私心是人类的天性，满足人的自私心是一种自然的要求，“夫私者，人之心也。人必有私而后其心乃见。若无私，则无心矣……此自然之理，必至之符。”① 主要由下层平民组成的泰州学派，在思想立论、理论命题上强烈地表达了这一思想观念。他们提出了身本论和百姓日用是道的思想，反映了社会下层的平民政治地位低下，物质生活艰辛的实际状况，也反映了下层平民为摆脱沉重的生活负担而极力追求物质利益的愿望和要求。

身本就是安身、保身，就是保全生活于社会底层的平民的生命和生活。“即事是学，即事是道。人有困于贫而冻馁其身者，则亦失其本而非学也。夫子曰：‘吾岂匏瓜也者，焉能系而不食?’”②“吾身保，然后能保一家；吾身保，然后能保一国；吾身保，然后能保天下。”“吾身不能保，又何以保天下国家哉!”③ “圣人经世，只是家常事。”“圣人之道，无异于百姓日用。”④ “穿衣吃饭，即是人伦物理；除却穿衣吃饭，无伦物矣。世间种种皆衣与饭类耳，故举衣与饭而世间种种自然在其中，非衣饭之外更有所谓种种绝与百姓不相同者也。”⑤ 普通平民

① 李贽：《藏书》卷三二。
② 《明儒王心斋先生遗集》卷一。
③ 同上。
④ 同上。
⑤ 李贽：《焚书》卷一。

的日常物质生活、生命的保全成为理论思想的基础，成为一种道，那么无论是圣贤，还是凡人，无论是公卿贵族，还是庶民百姓，无论是鸿儒名士，还是布衣白丁，其基本的生存物质需要是一样的，生命的安危都是每一个人自身关注的焦点。明末厂卫横行，酷吏肆虐，平民百姓苦不堪言，衣食无着，生存艰难；朝廷官员同样面临着罢黜、流放、廷杖、处死、抄家、灭族、旦夕不保的生存危机。人本身的存在成为一种判别万事万物的价值尺度。人不管老幼贵贱富贫贤愚，其道一也。“身与道原是一体。至尊者此道，至尊者此身。尊身不尊道，不谓之尊身；尊道不尊身，不谓之尊道。须道尊身尊，才是至善。”①“人外无道，道外亦无人。”在百姓家常日用为圣人之道的基础上，肯定每个人追求物欲的合理性、平等性就是一种必然的要求。“夫天下之民各遂其生，各获其所愿有，不格心归化者，未之有也。”②“人见其有贵有贱，有高有下，而不知其致之一也，曷尝有所谓高下贵贱者哉。”③“天下之人，本与仁者一般，圣人不曾高，众人不曾低。”④

因为物欲是人的自然需求，是人的本性良知，“性而味，性而色，性而声，性而安佚，性也”⑤。“心不能无欲也”⑥。帝王立功，奠定帝王社稷；圣人立德，教化天下；贤哲立言，训育百姓；文士寒窗苦读以求金榜题名；武将驰骋疆场以博功名前程；平

---

① 《明儒王心斋先生遗集》卷一。
② 李贽：《李氏文集》卷一九。
③ 李贽：《李氏文集》卷一八。
④ 李贽：《李氏丛书》、《老子解》下篇。
⑤ 《何心隐集》卷二。
⑥ 同上。

民百姓劳苦勤业以图温饱安乐……这一切都是人的欲念的表现，是一种正常的欲求。虽然形式不同，但其本质一样，都不值得非议，“育欲在是，又奚欲哉？”①

嘉靖、万历时期宋明新儒学日趋没落，有两个走向。一是程朱内圣的价值追求越加无力，明心见性的空洞言论越显苍白，陈腐的道德说教越现虚伪，穷年皓首的制文辞章越见陈旧；二是王学末流，大张禅风，空谈心性，玄黄互战，一味迷恋于瞑想、游谈，以无端之空虚禅悟，自悦于心，以浮夸之笔墨文章，快然于口，“欲一切虚无以求妙道”。② 这两种走向其实质都是“清谈害实”的空疏之学，误国、误家、误政、误民。顾炎武对此沉痛地指出：“不习六艺之文，不考百王之典，不综当代之务，举夫之论学，论政之大端，一切不问，而曰一贯，曰无言。以明心见性之空言，代修己治人之实学，股肱惰而万事荒，爪牙亡而四国乱，神州荡覆，宗社丘墟。”③

面对学风空疏，局势岌岌，慨然以天下为己任的士，以经纬天地，立功建业，为人生奋斗、追求的目标。他们不再注重自我人格、修养完善的内圣境界，而倾心于经世事功的外王之路。他们治学也从道德、伦理范畴转向治世、经世的有用实学，提出了“以开物成务为学，视天下之安危”④ 的治学主张，认为“无用便是落空学问……立本正要致用”，⑤“学问通不得百姓

---

① 《何心隐集》卷三。
② 《明语林》卷七。
③ 《日知录》卷七。
④ 《明儒学案·东林学儒》。
⑤ 《东林书院志》卷六。

日用便不是学问”。[①] 他们认为八股时文只是“阶荣祖父，荫及儿孙，身后祀名宦，入乡贤，墓志文章夸扬于后世”的阶梯，而“遇寇逢艰”需安邦经世时，八股之士就只会“迂延观望”。[②] 他们倡导学习、熟究各种“切用于世”的学问，诸如农田、水利、河渠、盐政、田赋、漕运、边防、天文、地理、军事等学科，讲求实用，注重“实政”，认为“随时为吾民，此士大夫之实事也”，[③]“欲挽虚窃，必重实学”，“士惟实学可以经世矣”成为当时有识之士的一种共识。这股经世致用的思想不仅表现为理论思想上的斗争，而且与激烈的政治斗争相联系。

其一，士的价值观发生了变化，从心学之学回归、复兴原始儒学。人生的理想从修心养性的醇儒转变为出将入相，治国平天下的豪杰，慨然以天下为己任成为一个现实的、被认为是最崇高的抱负和责任。这种价值观的转变固然和当时的社会危机、政治腐败、外患严重、矛盾激化现况有关。单纯的内圣进路已不再适应多事之秋的现实需要，因为多事的社会需要能够力挽狂澜、辅世泽民的能臣、安国定邦的英雄豪杰，而不需要持敬内敛、一言一行中规中矩的醇儒，或是埋首于训诂章句、静敬语录、先贤注疏、八股时文的书生。社会的需求，时代的呼唤，强化了外王的价值取向。广大的士希望在政治实践中实现自己的人格理想，而不是沉湎于以涵养为内容的道德实践。从内在的道德伦理的完善到外在的建功立业的追求，士的这种价值取向的转变和当时社会追求金钱财富，物欲满足的

---

① 《东林会语》。

② 宋应星：《野议·进身议》。

③ 《高子遗书》卷八。

价值取向相呼应。他们对学问的研究已超越了伦理之域，扩大到自然和社会众多的实际领域，诸如兵、农、漕运、工商、天文、地理……。转向能致富致强的实学，改主观空想为客观实证，主张“博究天人，而皆主实用”，① 专注于“学务可施用于世者”，② 以匡时、救世为学问的真谛。

其二，经世致用的实学思潮和士的政治活动紧密相关。士的政治活动不再局限于仕途的方式，而是以讲学授徒与“讽议朝政”相结合的集体活动方式。他们强调：“事即是学，学即是事，无事外之学，学外之事也。……若是个腐儒，不通事务，不谙时事，在一身而害一身，在一家而害一家，在一国而害一国，当天下之任而害天下，所以《大学》之道，先致知格物，后必归结于治国平天下，然后为有用之学也。”③ 他们以忧国忧民的忧患意识和“家事国事天下事事事关心”的积极入世精神，在政治、经济领域批评朝政，指点江山，提出了种种可供实施的改革措施和方案。在政治上，他们主张“政事归于六部，公论付之宫官”，④ 参与并领导反对宦官专权的生死斗争。他们认为天下之害在于吏治腐败，科举弊端，因此而提出了从利国益民的政治原则出发，应破格使用人才，革新吏治，整肃朝政。在经济上，他们提倡惠商恤民，主张工商与农皆为国之本，并提出了一系列改革税收、徭役、漕粮制度，以期做到发展生产、富国利民强兵。这种讲学和议政相结合的活动立刻成为朝野注意

① 陈子龙：《农政全书》凡例。

② 《徐氏家谱·文定公传》。

③ 《东林书院志》卷五。

④ 《明史·史孟麟传》。

的焦点，于是，经世致用的思想被广泛、迅速传播，成为政治实践的思想条件和社会基础。

其三，这股经世致用的实学思想是直接和政治斗争的实践、行政改革措施相关联的，因而波及面广，影响久远，社会震动大。嘉靖、万历年间政治改革活动不断发展，范围也不断扩大，赋役、吏治、边防、工商税收等等都成了改革的重要范围。一批登上军政要位的实干家事功卓著，出现了一批名相、名将、名臣，诸如高拱、张居正、戚继光、海瑞，他们锐意求治，务实干练，清除积弊，雷厉风行，唯求实效。海瑞巡抚应天十府，“疾大户兼并，力摧豪强”，“力行清丈，颁一条鞭法”[①]，震动江南。高拱任首辅，通达干练，被人称为名相豪杰，用实事实效作为用人、政务的判别标准，“用才杰，起事功”，“革虚浮，核真实”，“以挽刷颓靡之习”作为从政、为政的纲领。戚继光整顿边防，整肃军纪，精心练兵，改革防御体系，创造了马、人、车相结合的战术，不仅平定了倭寇，而且镇守蓟镇十六年，北抗蒙古，数十年得无事。张居正万历初执政十年，“勇于任事，以天下为己任”，秉政以来，以富国强兵为宗旨，掀起了一场对王朝的政治、经济、军事、教育文化较为全面的改革浪潮，席卷全国。实学、实事、实效、实政的思想观念，一时风行海内。张居正用考成法整顿吏治，裁汰冗员，奖励“廉能官员”，支持名将戚继光整饬边防；黜革学霸与老朽教官，慎选提学官，整顿学校；“量入为出”，开源节流，解决财政危机；清丈土地，推行一条鞭法，改革赋徭；“自是一切不敢饰非，政体为肃”[②]，实效卓著。明代

① 《明史》卷二二六。

② 《明史》卷二一三。

人称誉张居正“辅政十年,中外乂安,海内殷阜,纪纲法度,莫不修明,功在社稷”。

这些名将、名相、名臣的政治改革实践,由于是以政治权力、行政机构为依托,社会从上到下必然会被波及牵涉,经世致用的实学思想也必然会影响到社会各阶层,对世人人生前途的抉择起到一种规范方向的作用。社会各阶层,特别是士阶层,把更多的注意力放在经世实用的领域,只知训诂词章帖括的俗儒、腐儒的价值取向受到了抑制,一时涌现出许多经世实用的著作,总结各种具体治世安邦的实用学问。如感慨于“朝无良史”、“国无世家”、“士无实学”治国“三患”的陈子龙与徐孚远、宋徵璧选辑的《皇明经世文编》共五百余卷,收录本朝四百余家有关议论“国之大计”的奏疏文章,涉及礼仪、职官、国史、兵饷、马政、边防、边疆、边情、海防、火器、贡市、番舶、灾荒、农事、治河、水利、海运、漕运、财政、盐法、刑法、钱法、钞法、税课、役法、科举、宗室、弹劾、谏诤等诸多方面。陈子龙在此书序中说:“虽墨漏缺失,不敢当托言之义,使权家尚其谋,儒家守其典,史家广其事,或有权焉尔。”[①] 这套文编等于是一本实用的从政、行政的指导书,对当时的士和社会学风的影响是不容忽视的。为了成功经商,学人与书商结合也刊行了不少实用的百科商业指导书,内容从天文地理、朝代职官、通商里程、道路、风俗、语言、物产、公文书信、契约、商业算术,以至商业伦理无所不包。[②] 商业活动成为士商混合进行的一种社会

---

① 参阅傅衣凌主编:《明史新编》,人民出版社 1993 年版,第 426 页。

② 参阅余英时:《士与中国文化》,上海人民出版社 1987 年版,第 540—542 页。

活动，使实学思想直接影响了社会风气。另外，这些政治改革实践的思想理论基础，它们在表达经世致用的实学思想时，也更直接、更明确、更具针对性。高拱强调“只要成就一个‘是’字”的实政论，将实学与实政联系在一起。张居正强调内圣归于外王的“敦本务实”的学说。这些经世致用的实学思想，凭借着权力，对社会的震动更大，对社会学风和士的价值取向指导性影响性也更大。

如果说，晚明社会中国人曾围绕着救世和启蒙两大主题而思潮澎湃，从诸多方面向旧的传统思想观念发起了冲击的话，那么以利玛窦为代表的传教士所传入的西方科学技术为救世和启蒙两股思潮的产生与发展，提供了必要的条件和借鉴的范例。

徐光启、李之藻等为了寻找“国家致盛治，保太平之策”，积极追求、学习、实践、推广西方科学技术。他们翻译了一系列的西方科技著作，诸如《几何原本》、《同文算指》、《测量法义》、《圜容较义》、《泰西水法》、《奇器图说》、《名理探》、《寰有诠》等，内容涉及天文、水利、医学、地理、机械、数学、测绘学和逻辑学等诸多方面，并在天文历法、农业水利、机械兵器等诸方面实践、应用西方科技的理论、方法和技术，取得了不小的成绩。

富国强兵、济世救民是徐光启他们执著追求的理想，“时时窃念国势衰弱，十倍宋季，每为人言富强之术。富国必以本业，强调必以正兵。20年来，逢人开说，而闻之者以谓非迂即狂。”① 徐光启“生平所学，博究天人，而皆主实用，至于实事，

① 王重民辑校：《徐光启集》，中华书局1963年版，第454页。

尤所用心，盖以为生民率育之源，国家富强之本故”[①]。指出“若今之时文，直是无用”[②]。他们在学习当时传入的西学时，认识到西学“皆返本蹠实，绝去一切虚玄幻妄之说”，泰西诸子“其实心、实行、实学诚信于士大夫也”[③]。他们翻译介绍各种西方学说，认为“总皆有资实学，有裨世用”，“学原不问精粗，总期有济于世，……虽属技艺末务，而实有益于民生日用，国家兴作”[④]。他们清醒地知道，当时传入的西方物质文明，有助于实现安邦定国济民的政治理想。徐光启、李之藻等人提出学习西方技术，购买和制造西洋火器以富国强兵，孕育着“洋务”思想和实践的萌芽。徐光启在《条议历法修正岁差疏》中提出“度数旁通十事”[⑤]的主张，这十事就是：气象、水利、工程、音乐、军事、统计、土木工程、物理与机械工程、地理与绘制舆图、医学和钟表制造，这是一个推行西方科学技术的具体实施方案。他们企图在西学中寻找一个长治久安的治国方略，认为儒学“空有愿治之心，恨无必治之术”，“于是假释氏之说辅之”，但“奈何佛教东来千八百年而世道人心未能改易，则其言似是而非也”，而西学“真可以补益王化，左右儒术，救正佛法”。[⑥]同时，西方科学技术在物质力量中表现出来的长处，也促使当时一部分知识分子产生一种危机感和迫切的反省感。忧国忧民

---

① 陈子龙：《农政全书·凡例》。

② 《徐光启集》卷九。

③ 王重民辑校：《徐光启集》，中华书局 1963 年版，第 80 页、第 66 页。

④ 宋伯胤编著：《明泾阳王徵先生年谱》，陕西师范大学出版社 1990 年版，第 224 页。

⑤ 《徐光启集》卷七。

⑥ 《徐光启集》卷九。

的忧患意识在这种背景下，会促使知识阶层突破封建中国的地理局限，在世界范围内寻找自强自立的新出路和弘邦治世的新手段。

西学作为一种异质文化，使人看到了一种与中国传统文化绝然不同的文化内容、文化形式和思维方式，揭示了传统文化的固有缺陷，为明清之际的启蒙思潮提供了新的思想内容及新的发展方向，使传统文化开始呼吸到近代科学思维的空气，揭开了西学东渐，中西文化冲突的序幕。徐光启提出的“欲求超胜，必先会通”的观点，显示了晚明进步知识分子探求文化发展的开放精神，也表明了西学东渐对中国传统文化的促进作用。

西方科学技术对自然、宇宙结构性的认识，具有实证分析、数学论证和严密逻辑推理特征的思想方式，冲破了以人际伦理关系为学问中心，以天人感应为连结方式的封闭朦胧的宇宙图式的束缚；将自然作为科学认识的独立对象，扭转了玄禅空谈的陋习，纠正了在道德伦理规范中认识自然的偏向；注入了实证分析、逻辑推理和数学概括的科学思维方式，摈弃了阴阳五行“术数”的神秘主义，也揭示了传统的以顿悟、直觉、灵感为主的非逻辑思维所表现出来的模糊的，是似而非，貌似全面，实是臆测的固有缺陷；指出了传统的以人伦道德的思辨替代分析自然的认识上的不足之处，认识了以往以政治逻辑代替实证分析和形式逻辑对实证科学的危害。他们提倡了一种科学精神，从而为传统的科学思想向近代科学思想方向的转化和发展提供了可能和条件。梁启超在《清代学术概论》中曾指出：“自明之末叶，利玛窦等输入当时所谓西学者于中国，而学问研究方法上，生一种外来的变化。其初惟治天算者宗之，后则渐应用于他学。”对徐光启、李之藻来说，传入的西方科技是一种裨世实学，“其书非特历术，又有水法之书，机巧绝伦，用之灌田济运，可得大益。又有算法之法，不用算珠，举笔便成。又有测望之书，能测山岳江河远近高深及七政大小高下。有仪象之书，能极论天地之体与其变化之理。有日轨之书，能立表于地，刻定二十四气之影线；能立表于墙面，随其三百六十向，皆能兼定节气。种种制造不同，皆与天合。有万国图志之书，能载各国风俗山川险夷远近。有医理之书，能论人身形体血脉之故，与其医治之方。有乐器之书，凡各钟琴笙管，皆别有一种机巧。有格物穷理之书，备论物理事理，用以开导初学。有《几何原本》之书，专究方圆平直，以为制作工器本领。以上诸书，多非吾中国书传所有，总皆有资实学，有裨世用。”①

徐光启认为天主教可以“补儒易佛”，从根本的人生观、道德观和世界观为中国文化的发展提供了启迪，留下了余地。中国的文化传统素来缺乏宗教情结，只注重人生现实的人际伦理关系，不关心对死后的精神寄托。天主教关于六合之外的全知全能人格天主的存在，起了一种社会道德规范整合功能的作用，为现实人间的价值判断提供了终极存在的基础。同时，也从本体论的高度解释社会现象，为个人的安身立命的终极意义奠定了一个心理调节的基础。徐光启说：“其法能令人为善必真，去恶必尽，盖所言上主生育拯救之恩，赏善罚恶之理，明白真切，足以耸动人心，使其爱信畏惧，发于由衷故也。”②

这几个方面合成了晚明反程朱道学和王学末流的社会思

① 《增订徐文定公集》卷六《李之藻文稿》。

② 《徐光启集》、《辨学章疏》。

潮。这股社会思潮在思想内容上已散发出初步的民主思想，个人的自我肯定和追求的近代气息。针对程朱道学对君权绝对权威的崇尚，贬抑了君权，强调了民本观念，并进一步萌发了人格平等的启蒙思想，"人人有个作圣之路"；针对八股科举在内容和形式上的僵化所造成的对人的思想和行为的束缚，提出了个人思想和行为的自由而"不假外求"，肯定了个人在思想欲望和物质追求上的合理性。"以天下为已任"已不是纯粹作为忠君臣民被动的客体意识，而是朦胧地表现为作为社会主人自觉的主体意识。作为一种思想解放的形式，正如马克思曾指出的："任何一种解放都是把人的世界和人的关系还给人自己。"①

这股社会思潮在怀疑、贬抑封建文化的思想核心和理论形态——程朱道学的过程中，开始涉及到对文化评价的几个标准。一是，文化物质功能的显示，即对一种文化优劣的评价和取舍，看其是否能够促使社会的生产和经济的发展；二是，思维的理性和实证精神是否已渗入到社会意识之中，玄思和迷信是否已成为社会摈弃的思维形式；三是，人作为社会主体的自我意识是否开始崛起，人在思想深层的依附意识是否成为社会反思和批判的对象。

三、科技发展的全面总结和新的起点

嘉靖、万历时期是中国传统科学技术全面总结的时期，也

① 马克思：《论犹太人问题》，《马克思恩格斯全集》第一卷，人民出版社1956年版，第443页。

是向近代科学迈步的起点。李时珍(1518—1593)、朱载堉(1536—约1610)、徐光启(1562—1633)、徐弘祖(1586—1641)、宋应星(1587—卒年不详)等大科学家群体的出现和他们的科学技术著作,李时珍的《本草纲目》、朱载堉的《乐律全书》、徐光启的《农政全书》、徐弘祖的《徐霞客游记》、宋应星的《天工开物》标志着中国传统科学技术所能达到的辉煌顶峰。同时,西方科学技术的传入,从科学思想、科学方法、科学理论和科学技术的物质成果方面,向中国的传统科技启迪了另一个可能发展的方向。

中国的传统科技从体系上大致可以分成两大类,一类是实用性的技术,如农业、手工业技术、医药学、算术,一类是理论性较强、和政治观念联系较为密切的,如天文历法、乐律。在晚明社会,由于商品经济的发展,社会生产力得到了很大的提高,各种具体的物质生产技术得到不同程度的提高和深入发展。同时,由于社会的流动性增大(如各种社会阶层、各种生产的技术人员和工商业主为了仕途和经济而各处奔波),为技术的交流,取长补短,经验总结提供了机会和物质条件。工商业主为了致富也有提高生产技术的积极性。晚明社会政治统治禁锢的松弛(如嘉靖、万历两帝长时期不理政事)也为科学研究的自由提供了较为宽松的社会环境。例如,明初禁习天文历法,"国初学天文有厉禁,习历者遣戍,造历者殊死"①。到了嘉靖、万历时期,下诏访求精通历算人才,自荐和被荐的人才不仅有中国人,而且还有洋人传教士。历法改革一直是晚明社会朝野关注的热点,编历、造历、修历、献历的人为数不少。天文历法星占预示国家灾异祥瑞的政治功能已为社会漠

---

① 沈德符:《万历野获编》。

视,人们关心更多的是授时的准确,由此更加关注的是天文历法的理论构想和计算方法。政治关注的淡薄,为天文历法、乐律的研究提供了一定的条件。同样,缺乏政治的关注和支持,天文历法和乐律的科研成果也不容易在社会上得到承认和推广。晚明社会多次改历,但直至灭亡,还是沿用了二百多年错误较多的大统历,未及实行较好的历法。朱载堉创立的十二平均律的新乐律制是当时世界范围内最科学的律制,但进献朝廷后,也只是宣付史馆,以备稽核,并未被社会了解、认可和付诸实行。也就是说,中国传统的天文历法、乐律等在政治上较为敏感的科学学科的发展是离不开政治权力和政治思想氛围的。成也萧何,败也萧何。在封建中国,政治既是科技发展的动力,也是阻力。从这个意义上来分析,中国的传统科技体系到了晚明社会,由于固有的内在历史逻辑也发展到了它的尽头,既是辉煌的终结,又是没落的开始。晚明社会对一些高深的数学问题、天体结构等理论问题已没有很大的兴趣,而把精力和注意力都投注于实用技术的领域,出现了不少应用专门技术的实用指导书,如手工业生产技术总结的《天工开物》,农业生产技术总结的《农政全书》,实用军事技术的《武备志》等等。宋应星的《天工开物》原有《观象》、《乐律》二卷,但在付印时被作者临时抽掉的这个事实说明,像宋应星这样对科技感兴趣的士人对传统科学限定的理论研究对象已失去兴趣,也不能进行深入而有成效的研究。同时,宋应星等人致力于经世致用,迫切感到社会急需有实用价值的技术书,不能拖延,若"必待口授目成而后识之,其与几何"①。

① 宋应星:《天工开物·序》。

中国传统的实用性技术在安邦济世利民实学思潮的影响下,一批士致力于实学,他们为了富国强兵,学习、应用和推广各种实用技术,宋应星和徐光启就是杰出的典型。这使各类技术的系统总结、提高和流传有了可能。宋应星的《天工开物》广泛而详尽地记载了当时社会的多种生产用品和生活用品的生产、制造和采集的方法,为社会经济发展介绍了当时先进的生产技术和生产工艺,满足了当时社会工商业发展对生产技术的需求。徐光启的《农政全书》是一本农业技术书,全面叙述了农业生产过程、时令节气、耕地深度、施肥地力、植物品种和选种、栽培技术、水稻移栽、中耕锄草技术、抵抗各种自然灾害的技术措施。这对当时经营性地主无疑是一本很实用的农业指导书,使他们能掌握当时比较先进的农业技术,有效地经营管理农场的生产,使商品化的农业产品能更多地进入市场的流通领域,有效地增加财富。同时,从重农思想和政策的角度,阐述了全国性农业生产计划的指导意见,这对各级官吏指导农业也是一本有用的参考书。嘉靖、万历时期的各种农书激增,和以前的农书相比有三个特点。其一,作物栽培学的专业农书增多,其二,地区性农书的增多,其三,出现了农场经营管理的专业书。这三个特点都和当时农业经济商品化倾向的加强相联系。晚明实用的商业算术和珠算术也都得到了长足的发展,各种商业算法的专业书也纷纷出现。程大位的《直指算法统宗》是一本介绍用当时最新的计算工具——算盘进行运算,解决各种应用算术问题的商业算法的专业书。算术成为商业发展必不可少的一种实用技术。各种专门应用技术用书的出现和增多是社会对技术发展需求的增加。古代科学的发展,特别是理论认识并不完全取决于生产的发展和需要。如我国古代数学和天文学的发展就远走在生产的前面，而中国各种技术（包括应用数学）都和解决物质生产和生活直接相关联，它是以解决物质生产和生活中的问题和需要的方式积累经验而向前发展的。

嘉靖、万历时期应用技术和科学理论认识盛衰的不同状况，固然和当时的社会整体背景和需要相关，但是技术应用和科学理论认识的脱节，社会缺乏研究科学理论问题的兴趣，使那些在技术应用实践中积累起来的众多经验和问题，缺乏足够的人力和智力去总结和提高。虽然广泛地应用各种技术，使技术的发展具备了一定的社会条件，但由于社会失去理论探求和研究的兴趣，技术进一步质的飞跃是不可能的，它只能沿着经验式的道路前进。

一方面，商品经济的发展，经济活动的多样性，使社会的流动性大为增加。同时，士生存的物质条件也比过去有利和充分，社会政治思想环境的某种宽松和价值取向的变化，使一部分士有条件从事他们所愿意从事的科技活动，而摈弃科举入仕的道路。这些士的科技活动也渐为社会理解和肯定。如徐霞客立志游遍全国名山大川，他母亲特意为他缝制一顶远游冠，鼓励徐霞客万里遐征的远行，以增长见识。徐霞客从21岁开始游太湖到54岁远游西南，抱病回家。三十余年几乎年年出去考察，足迹遍及华东、华中、华南、西南各省。家有遗产，学识文章也为时人赏识，家庭安逸，使徐霞客在物质上和精神上没有后顾之忧。社会大环境和小环境的有利条件，使徐霞客能坚持完成三十余年的全国各地的实地考察活动，并写下了大量的游记式的野外考察记录。《徐霞客游记》留下了大量的科学考察材料。

另一方面，社会的需要也促使一部分士走出书斋进行实地考察，汇总、记录、分析各种所见所闻的经验事实。例如，明代的应用医学发展很快，在认识上已突破了张仲景《伤寒论》六经分治的医疗理论和实践，对外感传染病有新的认识和新的治疗手段的温病学说开始兴起，而关于药物学的著作却因抄写误授，以讹传讹，造成了对药物的性状和药理有许多错误的记载，因而在临床治疗上因药物标识的错误和混乱，给治疗实践造成了严重的不良后果。正是在这种时代需要下，重新编写一部新的本草书，纠正以往的错误、混乱、讹传的历史任务，责无旁贷地落在李时珍的身上。李时珍比以前的医生更注重实地考察，除了走遍自己的家乡湖北蕲州，李时珍的足迹遍及大江南北，采拾标本，收集验方，通过试验来检验动、植物的性能和疗效。经过20余年的辛勤工作，写成了《本草纲目》这本伟大的药物学著作。李时珍对药物进行了比较先进、系统的分类，并对每种药物一般都记载了名称、产地、形态、采集方法、炮制程序、药物的性味和功用等，指出了过去本草书中的疏漏和错误。①

虽然徐弘祖和李时珍几十年坚持不懈，辛勤努力，实地考察和科学著述，也留下了两部划时代的科学巨著《徐霞客游记》和《本草纲目》，但是他们仍然停留在经验性的科学活动阶段，并没有通过理性思维的方式上升到系统理论研究和认识的高度。总的来说，晚明社会的应用技术和理论研究是相脱离的，这种脱离使应用技术本身的发展失去其科技活动内在

① 参见杜石然等编著：《中国科学技术史稿》下册，科学出版社1983年版，第172—173页。

的推动力。

科技活动作为一种相对独立的社会实践活动，其体系内在结构的复杂性和矛盾运动在一定程度上决定了科技体系发展的总体特征。下面简要地从结构分析的角度分析一下晚明社会中国传统科技体系的基本特征和可能发展的趋向。同时，也从社会的物质系统、精神系统和科技体系内在结构的相互作用，揭示科技发展所需的必要的社会条件。

科技活动以认识自然规律，利用自然规律为根本目的。因而对自然界普遍的自然现象的一般看法，认识自然的基本途径，对自然规律的概括和归纳，形成一定水平的物质生产手段，构成了科技活动的基本方面，即科学思想、科学方法、科学理论、技术应用是科技活动的四个构成方面。中国传统的科技体系的科学思想是以元气、阴阳五行为基本框架的天人感应式的有机自然观，始终没有把自然作为独立的考察对象，形成了一个先天的宇宙模式，似是而非、模棱两可地解释一切自然现象。这种解释系统既不能证实，也不能证伪，容易蜕变成为一种僵化的神秘主义的理论框架，变成宗教迷信的思维工具。它渗透到科学理论认识的各个领域，从秦汉以来一直占据着统治地位。梁启超、严复在第二次西学东渐，近代科学与中国传统文化尖锐冲突的历史背景下，都对这种科学思想提出过中肯的批评："今试问先生所云气者，究竟是何名物？可界说乎？吾知彼必茫然不知所对也。然则先生一无所指，皆谓之气而已，指物说理如是，与梦呓又何以异乎？"① "阴阳五行说为

① 严复：《名学浅谈》。

二千年来迷信之大本营。”①传统的科学方法是经验观察与表象直观类比相结合的方法，忽视了对各种事物内在结构差异的分析，也不深究万事万物相互关联的物质基础。这种科学方法很难从自然现象的表层深入下去，得出规律性的认识。传统的科学理论，从某种意义上说并没有形成相对独立的体系，并没有形成独有的概念和范畴，其发展也缺乏相应的独立性，科学认识的内容和结论作为“取辨之物”来论喻政治原则或人生哲理，直接为现实的政治服务。政治意识、伦理原则可直接干涉或替代科学认识的具体过程和结论。传统的技术发展和以家庭为单位的农业、小手工业为主的自然经济相关联，社会生产对技术的依赖性和需求程度较低。社会重农抑商的传统政策，官营手工业制度，土贡制度，禁榷制度，技术父子相授的家传、继承、发展的途径，以四书五经为主要内容的教育入仕体系，从政策、市场、交流、推广、人才培养多种渠道堵塞了技术的进一步深入和发展。这样，技术既不能有力地刺激科学活动的活跃，也不能卓有成效地改变社会的物质生产系统。中国封建社会技术发展和科学思想、科学方法、科学理论相游离，处于孤立、超前的状态。

嘉靖、万历时期虽然出现了以李时珍、徐弘祖、朱载堉、宋应星、徐光启为代表的科学家群体，也涌现了一大批关于医药、地理、乐律、手工业技术、农业、应用算术等诸多方面的科技专著，但是从科技体系的内部结构来看，并没有质的飞跃。对自然现象的整体认识仍局囿于元气、阴阳五行的先验解释

① 梁启超:《阴阳五行说之来历》,《古史辨》第五册，上海古籍出版社 1982 年版。

系统之中，科学认识的结论仍在传统的思想规范中被理解和认可。例如，宋应星一方面十分注重生产实践中经验知识的系统总结，重视感性认识在科学知识形成过程中的重要作用，在经验描述中注意到细节的准确性和定量关系的明确性，注意到技术实践过程中技术经验和知识的不断积累和修正。《天工开物》不仅以详细的文字记载总结了各种生产技术，而且用大量清晰的插图形象地显示了生产流程和操作程序，弥补了文字记载的歧义和模糊性。但是，另一方面由于宋应星对因果关系的寻求，对宏观自然现象的解释，不能从具体的物质结构的分析出发，不能从各种具体物质相互作用的物质关系来理解自然现象的形成及其变化。因而，他仍然局囿于元气、阴阳五行的解释框架中，仍沿用直观类比、"观物取辨"的认识和解释途径。他没有能够应用归纳分析，通过建立概念，运用逻辑构造和数学推理的方式来构筑其理论认识的成果。宋应星承认："《观象》、《乐律》二卷，其道太精，自揣非吾事，故临梓删去。"① 理论抽象与经验认识的脱节是相当明显的。《谈天》、《论气》是宋应星两本阐述其对自然界存在和自然现象整体看法的科学理论认识的著作。它们和《天工开物》之间缺乏中介和有机的联系。因此，在理论认识和对自然现象的解释中往往夹杂着神秘主义的内容，多具天人感应的迷信色彩。例如，《天工开物·珠玉》篇说，珍珠"映月成胎"，蚌孕珠是"取日精以成其魄"，"金银受日精"等等，可见一斑。

朱载堉创立的十二平均律的系统理论，无论是在理论的结论，还是在研究和表述的方法上都已具有近代科学的意义，

---

① 宋应星：《天工开物·序》。

但是他仍将他的立论基础建立在《周礼》之上。朱载堉说他的新法密率"本诸《周礼·㮚氏为量》,内方尺而圆其外"①。对音乐的起源,朱载堉仍持古代儒家"大乐与天地同和","乐由天作"②的神秘思想,认为"是故有定形而后有容受之积,有真积而发中和之音,有正音而感天地之气"③。

古代中国技术的发展对社会生产需要的依赖性远大于对科学理论的依赖性,嘉靖、万历时期各种技术虽然有了长足的发展,但它仍然是和家庭式的经营方式相联系。由于经营规模小,对技术进步、工具改进、工艺改革的要求不是很迫切,同时资金的限制也影响了改进技术的积极性。只要社会的物质生产不朝社会化、工场化的规模方向发展,社会对技术的刺激和推动就不会产生深远的、决定性的影响。技术只是朝个人工艺水平提高的方向发展,而不是注重于技术分工、工具改良和工艺流程的变革。也就是说,只要农业、手工业生产仍然停留在家庭经营的水平上,没有走向商品化和社会化,那么技术的发展就是不可能的。对于科技体系来说,这样的技术存在和发展状况是很难对科学方法、科学理论的建构具有推动作用的,更难以改变它们的发展方向和研究内容。虽然晚明社会一些有眼光的知识分子和商人意识到了这一点,但毕竟只是极个别的,不能形成规模效应,产生社会的连锁反应。徐光启在《农政全书》中建议合股建立浆纱、刷纱的厂房。④ 明末一个书商大

① 《律吕精义·内篇》卷一。

② 《乐记》。

③ 《律学新说·序》。

④ 王重民辑校:《徐光启集》,上海人民出版社 1981 年版,第 168 页。

力推崇宋应星的《天工开物》，他说："内载耕织造作炼采金宝，一切生财备用秘传要诀。"[①]但这些真知灼见犹如世纪绝响，未能引起社会应有的回声。科学发展的历史已经证实，近代技术革命、技术的突飞猛进与新兴的资本主义生产方式、新生的资产阶级的社会活动密切相关。资产阶级只有不断地扩大再生产，其财富的积累和社会地位的提高才有雄厚的物质基础。因而，从某种意义上说，新生的资产阶级其政治斗争和经济斗争所依凭的最有力的武器就是技术。所以他们会不遗余力地从物力和人力方面动员起来投入到技术的学习、改进、应用和发展中去。技术的发展为科学理论研究的深入提出了问题、课题、方法和物质手段。这样，科技体系内在结构的矛盾运动才会有效地、正常地推动科技活动的向前发展。

科学方法是人的思维、实践和自然联系的一种方式，是人认识、利用自然现象、自然规律的基本途径。它表明了科学思维的一种程序，既是对各种自然现象的一种分析，取得更为可靠的感性材料，又是科学理论认识形成的必要条件，用更为准确和严密的方式来表述对自然规律的认识。如果说，哥白尼的太阳中心说是从科学思想方面为近代科学的产生起了思想启蒙的作用，那么以伽利略的斜面实验和数学—逻辑方法为代表的近代科学方法则表明了近代科学的真正开始。牛顿正是在这个科学方法的基础上才构筑起经典力学的理论大厦，完成了近代科学的第一次革命。中国晚明时期的科学方法仍然是传统的方法，直观的经验观察，表象的无限类比，先验的解释框架，猜测性的思辨，可作多方领会和理解的陈述，用几个包

① 转引自邱锋：《宋应星和〈天工开物〉》，中华书局 1981 年版，第 35 页。

容性极大、确定性内容很少的概念包罗万象地说明天文地理,乃至人的生理和心理现象。由于内容缺乏确定性,可证伪度也就很小,理论认识就不能在科学实践中得到修正、发展和深入。这些概念既可任意地解释、比附各种现象,又隐含着通过迷信和玄学的途径走向宗教神秘主义的可能性。现象观测再惊人,个人的技艺再高,却无法归纳成普遍法则,科技体系始终只能在旧传统的规范内徘徊。晚明社会杰出的科学家,除了徐光启、李之藻等人,大都没认识到传统科学方法对中国科学技术发展的阻力。徐光启、李之藻面对传教士带来的西学,敏锐地意识到《几何原本》所蕴涵的科学方法和思维方式,正是中国传统科技体系所最为缺乏的,亦是中国传统科技要获得突破性发展的最迫切需要的一个条件。在如何介绍引进西学的问题上,徐光启和利玛窦发生了分歧。徐光启坚持先译《几何原本》,而利玛窦则希望先译天文历法,因为利玛窦希望以此进入中国的朝廷,所以他只帮助徐光启翻译了《几何原本》的前六卷。清代数学家梅文鼎对只译《几何原本》前六卷甚为不解:"言西学者,以几何为第一义,而传只六卷,其有秘耶?"① 其秘正在于利玛窦看到了科学方法、思维方式的改变对中国科技发展的重要作用。徐光启把《几何原本》所体现的科学方法比作绣鸳鸯的金针,步入科学大殿的奥秘,"渐次推广,更有百千有用之学出焉","若此书者,又非止金针度与而已,直是教人开草冶铁,抽线造针;又是教人植桑饲蚕,湅丝染缕。"②

① 《梅氏丛书辑要》第十八卷,《几何通解》。

② 《徐光启集》卷二,《几何原本杂议》。

晚明时期西方传教士输入的西方科学技术，大致可分为数学、天文、地理、水利、机械，先后翻译、编译的西方科技著作主要有《几何原本》、《测量法义》、《同文算指》、《圆容较义》、《职方外纪》、《远西奇器图说》、《崇祯历书》等介绍给中国社会。这些输入的西方科技学说对中国社会的文化变迁起了一定的积极作用。

文化是人在一定历史、地理环境中，在人和自然、人和人、人和社会相互作用过程中形成的一种价值体系。它既体现在物质生产、物质生活的方式上，也体现在国家行政管理的结构上。历史证明，各种不同形式、内容的文化，通过经济、军事、宗教等途径，彼此融合、冲突是文化发展的基本形式。在文化合汇的过程中，其主导方向是与物质生产水平、科技经济发展的方向相一致的。经济落后的征服者在文化上往往被经济先进的被征服者同化的历史事实就是例证。以利玛窦为代表的传教士输入的西方科技使正处于文化反思和自我批判的思想与活动带有近代意义。钟表、火器等精确、精致、高效的器具机械等等显示了西方科技的物质水平，使当时的中国社会不得不看到自己物质水平的低下。西方的几何学、水利学等各种科学理论与实用技术使当时的中国社会认识到其至当不易的作用。西方科技对自然图景和结构的认识，具有实证分析、逻辑论证的思维方式都给当时的中国社会带来一种新鲜感，从文化内容、文化形式到发展趋向都为中国传统文化树立了一个能揭示其固有缺陷的对比参照系。忧国忧民的忧患意识，在这种背景下，会促使知识阶层突破封建中国的地理局限，在世界范围内寻找致富、致强、安邦、济世的出路。当时中国社会对西方文化的接受，主要并且首先是被其科技的成就所征服。传教士输入的西方科技对中国社会的影响表现在社会的各个领域,“西士所著之书,在我国学术界,其影响不限于局部,而为整个者也”[①]。“渐次广译,其于鼓吹休明,观文成化,不无裨补”[②]。“实有益于民生日用,国家兴作”[③]。从文化的层次看,传教士输入西方科技的影响已涉及文化的物质层次,文化的理论、意识形态层次和文化的社会心理层次。具体表现为五个方面:为当时的救世与启蒙思潮提供了思想和物质武器;形成了一种议、学、传、用西学的社会风气;造就了一批新型的知识分子;推动了对文化传统的反思和批判;动摇了传统的价值观。

以徐光启、李之藻为代表的知识分子从输入的西学看到了经世致用、富国强兵的实用之学,“泰西诸君子,以德上才,利宾于国。其始至也,人人共叹异之,及骤与之言,久与之处,无不意消而中悦服者,其实心、实行、实学,诚信于士大夫也。”[④]“顾维先生(指利玛窦)之学,略有三种。大者修身事天,小者格物穷理。……而余乃极传其小者”[⑤]。徐光启十分注重西学中有益于经世致用的关于格物穷理的科学技术,认为它们“于民事似为关切”,因而“须接续讲求,若得同事多人,亦可分曹速就”[⑥]。他自己在农业、练兵、制历的活动中实践了自

---

① 徐宗泽:《明清间耶稣会士译著提要》,中华书局 1949 年版,第 4 页。

② 李之藻:《请译西洋历法等书疏》。

③ 宋伯胤编著:《明泾阳王徵先生年谱》,陕西师范大学出版社 1990 年版,第 224 页。

④ 《徐光启集·泰西水法序》。

⑤ 《徐光启集·刻〈几何原本〉序》。

⑥ 《徐光启集·条议历法修正岁差疏》。

己的思想和主张，因为他认识到“富国必以本业”，“强国必以正兵”，历法是涉及到“授民以时”国计民生的大事。由于徐光启他们致力于西方科技的学习与应用的社会实践，是与他们的政治实践相联系的，因此他们学习、应用西方科技的活动在当时中国社会经世致用实学思潮中具有相当的实效和社会影响。

其一，晚明社会的启蒙思潮是随着商品经济的发展和市民阶层的崛起而兴起的。这股启蒙思潮以提倡个体解放，肯定人的主体意识和人的社会价值，用自然人性的平等代替、否定天理人性为基本内容。这股启蒙思潮在其发展过程中从当时输入的西学中吸取了思想素材。当时启蒙思潮的思想代表李贽和利玛窦在南京结交，对利玛窦的人品学问极为推崇。“人以群分，物以类聚”，李贽正是从利玛窦传入的西学中看到了和其启蒙思想相吻合、相一致的地方，有发其所未发的人文主义思想，才会极力赏识利玛窦的。何心隐“交尽于友”，“人伦有五，公舍其四，而独置身于师友贤圣之间”[①]的思想已经把仁爱突破了“亲亲”的原则。这和西方天主教中凡人皆是上帝之儿女、皆是兄弟姐妹的思想无疑是相似的。利玛窦的《交友论》首重友爱，以友爱涵盖社会的人际关系。《圣经》所强调的上帝面前人人平等的观念，无疑为否定儒学“万世之至论”的神圣性，也为启蒙思潮关于人性自然平等的思想提供了一种例证，为反对“以孔子之是非为是非”的批判，为以“民情之所欲”为“至善”的立论提供了一种思想武器。西方天主教教义中某些关于友爱、博爱、至爱的观念确实为启蒙思潮突破血缘亲缘的道德伦理关

① 李贽：《何心隐论》。

系网的束缚提供了一种批判精神。

晚明社会救世与启蒙虽政治目的不同，阶级基础各异，思想内容有别，但都是符合社会政治、经济、文化需要的实学思想。而当时输入的西学满足了这股实学思潮发展的要求。因而，当时社会各阶层从各方面评价当时输入的西学，谓之实。“实义”、“实心”、“实学”、“实行”、“实事”、“实功”、“实感”、“实应”是当时社会对输入西学的较为普遍的评语。

其二，社会形成了议、学、传、用西学的风气。利玛窦在华传教28年，结交了许多不同社会地位、不同思想观念的士大夫，根据已有的文献记录多达一百三十余名。[①] 这些士大夫上至内阁大臣如东林党人叶向高、浙党领袖沈一贯、吏部尚书李戴、礼部尚书冯琦、刑部尚书肖大亨下至名宿鸿儒如章潢、焦竑、李心斋、李贽、祝世禄。当时士人以与利玛窦结交认识为荣，“自是四方人士，无不知有利先生者，诸博雅名流，亦无不延颈愿望见焉。”[②]“公卿以下重其人，咸与晋接”。[③] 西学作为一种异质文化无论是物质形态的器具机械，还是意识形态的理论学问，对当时的社会极有刺激性和吸引力。因而西人、西学一时成为世人议论的中心也是必然的。其原由，一方面固然是因为西学的新鲜感，上层政治集团对它的赞赏，另一方面西学的有用长处，使士一时热衷于学习西学。利玛窦死前一年的日记记载：“这一年来访人之多确实使我应接不暇，不知所

① 参见林金水：《利玛窦在中国的活动与影响》，载《历史研究》1983年第1期。

② 王重民辑校：《徐光启集》上册，中华书局1963年版，第87页。

③ 《明史》卷三二六。

措。……从各地进京朝觐的官员达五千多人，又恰逢会试时间……进京应试的考生却有五千之多。这两件大事大大增加了我的工作量。"[①]而且全国各地的士大夫写信与利玛窦联系，"全国各地给我寄来了很多信件，有的我熟悉，有许多不熟悉，他们向我询问基督的各种教律，……我一一给予回信。"[②]西学的各种影响也就通过社会关系横向的网状联络被传播到社会的各个角落和学术活动的各个领域。在具体的学习、应用过程中也引起了社会或是赞成拥护或是否定反对的不同态度。例如，宋应星是一代科学巨匠，但他对待西学的态度和徐光启不同。宋应星只愿意接受西学中的实用技术成果，"凡焊铁之法，西洋诸国别有奇药。中华小焊用白铜末，大焊则竭力挥锤而强合之，历岁之久，终不可坚"[③]。宋应星承认中华焊法的牢固度不如西洋焊法，但是对西学中的一些科学理论认识则往往存有偏见，"西人以地球为圆球，虚悬于中，凡物四面蚁附，且以玛八作之人与中华之人足行相抵。天体受诬，又酷于宣夜与周髀矣。"[④]徐光启则是将西学作为一种经世致用的方略和手段，从理论、思想、方法、技术应用有机联系的整体角度来理解和应用。应该说，徐光启信教、入教不单是一个宗教信仰问题，而是在寻求社会发展的新方向和新手段。徐光启在南京教案后挺身为天主教的传教士辩护是需要极大的政治

---

① 《利玛窦日记》，第 561 页；转引自林金水：《利玛窦在中国的活动与影响》，载《历史研究》1983 年第 1 期，第 31 页。

② 《利玛窦日记》，第 560 页；转引自林金水：《利玛窦在中国的活动与影响》，载《历史研究》1983 年第 1 期，第 31 页。

③ 宋应星：《天工开物·锤锻》。

④ 宋应星：《谈天》。

勇气的。支持的信念只从宗教信仰的角度来理解是很片面的。徐光启在其著名的《辨学章疏》中明确地阐述了自己的观点，认为西方耶稣教所构成的大同世界完全可以替代儒、佛的理想世界，“灼见国家致盛治保太平之策，无以过此”[1]。

一批突破文化局限，以欣喜欢迎的态度拥抱输入西学的人，虽然各人的具体情况不同，但知识结构、知识兴趣、知识素养的变化是共同的。在学习西学的过程中形成了一批新型的知识分子，其一，他们的政治、思想观念已不再局囿于四书五经及先哲时贤的注疏，他们抨击在八股文中讨生活的人生态度，摈弃了在训诂词章、帖括经书中皓首穷年的治学风气。徐光启直斥“若今之时文，直是无用”[2]。宋应星批判八股取士制度误国误民，应举者“作官只是为了阶荣祖父，荫及儿孙，身后祀名宦，入乡贤，墓志文章夸扬于后世”，“荐人之人与人所荐之人，声应气求，仍在八股文章之内，岂出他途”，而“遇寇逢艰”，这些八股中人就只会“迁延观望”[3]。宋应星花费人生大部心血完成的科技巨著《天工开物》于国强民富极为有利，然却伤心地感叹，“丐大业文人弃掷案头，此书于功名进取毫不相关也”[4]。对这批知识分子来说，知识结构和知识的价值判断起了很大的变化。他们不再认为“半部论语治天下”，不再认为四书五经及其先哲时贤的注疏是治国济世利民安家的有实用意义的知识，而是从输入的西学中吸取各自认为于国于民有利

---

① 《徐光启集》卷九。

② 同上。

③ 宋应星：《野议·进身议》。

④ 宋应星：《天工开物·序》。

的实用知识。其二,他们大都具有相当的科学技术知识,不同程度地从事科学技术的理论和实践工作。通过西学,他们对中国的外部世界有了一定程度的了解,并有进一步求知的欲望,希望并努力通过实践将输入的西学渗透到中国传统的知识体系。这种努力学习中国的外部知识和经验,在世界范围内寻找经世致用的方略和实学对当时社会的知识分子的心态具有很大的震撼力量,似乎给他们指出了一条新的成功道路,无论是对国家,还是对家庭,对自己。同时,实事、实测、实证的学风也成为这批新型知识分子的典型特征。他们不谈星命风水、巫觋谶纬,也不谈阴阳理气、五行生克,不沉湎于心性空谈,也不迷恋于空虚禅悦。他们一方面开始整理中国古代的科技遗产,另一方面以务实的精神,应用、推广西方技术,购买与制造西洋火器,出现了议办"洋务"的萌芽。这批经过西学初步洗礼的知识分子开始以一种比较开阔的眼界,比较清醒的头脑,比较新型的知识价值标准,重新审视中国社会的政治、文化、知识、风俗。他们或是从政或是从教,言传身教,影响了传统教育的内容和方式,也影响了一代士、吏的素质和知识结构。

晚明社会的政治危机、社会矛盾使一批有见识的士从两方面对中国的文化传统进行了反思和批判。一是针对积重难返、岌岌可危的时局,一些慨然以天下为己任的士倡导经世致用,志在除弊务新。一是面对封建社会禁锢人性的腐朽与黑暗,疾呼人存在的价值,追求物欲的自然合理性,意在否定传统的观念。但是,这两者都缺乏一种新的文化规范来重新整合社会的道德律令、行为规范和价值标准。批判、否定旧的传统是激烈、深刻的,但是如何重建一个新的社会秩序来符合各自的政治主张和政治斗争的目的,却是空白。社会的道德混乱、价值虚无，造成世风日下，社会在否定、批判旧传统的过程中寻找支持力，寻找一种新的意识形态体系，从根本的社会心理出发为否定、批判旧传统提供一种稳定的信念、有说服力的理论和具有针对性的批判力量。输入的西学中由于存在着物质器具机械方面上的明显的长处，在具体的科学理论认识和方法上的别具一格，社会容易接受输入的西学作为一个文化形态所具有先进性和优越性的观念，容易将输入的西学作为一种否定、批判旧传统的文化实体力量，为社会提供了与救世与启蒙政治实践和行为规范相联系的道德、价值的心理依据和判别标准，这在一定程度上可以纠正道德混乱、世风日下的无序状况。输入西学中的天主教的某些教义为社会道德价值秩序的重整提供了一种范例。儒家圣贤的学说只能规定人们的外部行为，而没有能通过理性，通过无条件的服从和自律来触动人的内心。这容易造成言行不一，口是心非的伪君子。“穷理而不博学，闻道而不为善”是儒生在道德行为上的通病。所以中国的文化传统虽然注重道德行为，却没有得到应有的效果。佛教虽然从因果轮回上影响了人们的心理深层，但是却也使人们陷入了浅陋的现实功利主义。佛教在教义和操作仪式上的异化和反社会性，如坐视穷人不救，却花费大量金钱去斋僧建寺，塑像妆金，又妄想渡蚁登第，救雀获宝，等等。佛教并不能真正有益于社会道德的改善。天主教对全能全知天主的敬畏，天主作为一种明察秋毫的惩赏力量对世俗社会来说是一种绝对命令。这样天主教的教义既在本体论方面为社会道德价值的重整提供了判别依据，又能具体规范人的言行举止，并为道德的改善标示了一条切实可行的途径。天主教道德规定：爱天主和爱人如己，“行斯二者，百行全备”，“爱人非虚爱，必将渠饥则食之，渴则饮之，无衣则衣之，无屋则舍之，忧患则恤之、慰之，愚蒙则诲之，罪过则谏之，侮我则恕之，既死则葬之，而为代祈上帝，且死生不敢忘之。”① 无条件服从绝对命令的敬畏，简单明确可行的道德律令，明白真切，是以耸动人心，赏善罚恶的价值判定，构成一种具有逻辑规则，概念明确，体系严谨，切实可行的道德形态，具有否定旧传统的理论力量、逻辑力量和批判力量。

传教士输入的西学也动摇了传统的价值观。中国文化传统的价值观念有两大重要支柱，一是崇尚义理，轻视末技，二是贵义贱利。这两个价值观念一方面由于封建中国的政治、经济结构所决定的诸如重农轻商，崇本抑末等政策的影响，另一方面也由于封建中国政府取仕标准规范了广大士现实功利的倾向。再者，被定为一尊的儒家学说重伦理道德，重修心养性，长期积淀，成为一种社会普遍认可的价值定势，所谓“立国之道尚礼义，根本之图在人心”。这种观念具有鲜明的、非物质功利的持征，强调抽象的精神和心理满足，“不义而富且贵，于我如浮云”。② 因而因技致富，因商致富是被社会认为是不义的行为。孔子倡导“君子谋道不谋食”。同时，为现实人生的功利观在“万般皆下品，唯有读书高”的信条中体现出来，仕途成为满足士阶层利禄渴求的唯一途径。因为，其中既有书中自有黄金屋，书中自有颜如玉的物质好处，也满足了士阶层安邦济世救民，成仁取义，清廉刚正的心理向往。在这种价值观念的规

① 《天主实义》第七篇，《论人性本善而述天主门士正学》；转引自郭熹微：《天主教与明清实学思潮》，载《世界宗教研究》1993 年第 3 期，第 23 页。

② 《论语·述而第七》。

范下,科学技术活动一方面被认为是“奇技淫巧”,是君子不为的“小道”,另一方面又不时地将一些科学知识和经验技术作为“取辨之道”,与道德伦理原则,社会人生准则,国家政治观念相结合,“文以载道”,用以说明种种政治、道德、人生的大道理。“格物致知”,“技进于道”是古代中国认识自然的基本目的,即认识自然是为了说明社会现象,格自然万物是为致知现实人生之道。

传教士的活动和输入的西学给晚明社会的士一个启迪,人生的成功不只是八股取士一条道。从好的方面说,通过学习、推广、应用西方科学技术也能达到施展抱负,居庙堂之高为国为民分忧的目的,徐光启、李之藻就是典型的榜样。从坏的方面说,学习西学也为自己在社会上的活动增加好处,因为当时传教士和西学在社会上很受欢迎和推崇。士都以与传教士认识、结交为荣,懂得西学和结交传教士为自己的社交活动和社会地位增加了砝码。所以,社会关于人生价值的功利主义内容有了变化。学习西方科学技术不再是君子不齿的行为,而是一种时髦;追求物质利益不再被认为是小人之利。传教士正是以其精巧、精致、准确、实用的钟表、火器等器具机械赢得社会从上到下的青睐,而西方实用数学也为当时繁荣兴旺的商业活动提供了有效的计算工具。西学、传教士由于得到从皇室公卿到名宿缙绅的肯定、欢迎,其社会地位很高,那么西学中的实用技艺所产生的物质利益也为社会认可。因而,传教士的活动和输入的西学改变了传统重义理轻艺事,贵义贱利的社会观念和社会心态,在晚明社会的价值体系中输入了重技艺、重物质利益的观念。

第二章　孤寂、奋斗的一生和矛盾、痛苦的心态

一、生平和著作

朱载堉字伯勤，明仁宗朱高炽的第六代孙，郑恭王朱厚烷的世子，是出身于皇族的一位杰出的科学家和艺术家。特殊的家庭出身和社会地位给朱载堉的人生道路带来的影响具有两重性。一方面显赫的身世、优厚的物质和文化环境使他具有充分的条件从事他所喜欢的工作，另一方面，明朝对藩王政治上的监管很严，虽然在经济待遇上很优厚，但是不允许他们介入政治。嘉靖皇帝是由藩王入继大统，对皇族涉政更是十分忌讳。在这种险恶的政治环境中，朱载堉虽有安邦济世的抱负，

但也只能在乐律、数历的钻研中落落寡欢地度过一生。

对朱载堉一生成长、人生道路起决定性作用的事件是其父亲郑恭王朱厚烷因上书规谏嘉靖帝，触犯帝怒，族叔祐橏夺爵心切乘机诬告朱厚烷叛逆。明世宗削朱厚烷爵位，将其禁锢于安徽凤阳。关于这段事实，史书有较为详尽的记载：

> 帝修斋醮，诸王争遣使进香，厚烷独不遣。嘉靖二十七年七月上书，请帝修德讲学，进《居敬》、《穷理》、《克己》、《存诚》四箴，《演连珠》十章，以神仙、土木为规谏。语切直。帝怒，下其使者于狱。诏曰："前宗室有谤讪者置不治，兹复效尤。王，今之西伯也，欲为为之。"后二年而有祐橏之事，厚烷遂获罪。
>
> 至是祐橏求复郡王爵，怨厚烷不为奏，乘帝怒，摭厚烷四十罪，以叛逆告。诏驸马中官即讯。还报反无验，治宫室名号拟乘舆则有之。帝怒曰："厚烷讪朕躬，在国骄傲无礼，大不道。"削爵，锢之凤阳。[①]

> 厚烷读书能文，折节下士，好为诡故不情之事，欲以钓奇取誉，以是大为诸宗所忌。盟津王子祐橏以请复父爵不行，尤恨之。会进万寿表，厚烷失称；陶仲文建醮天坛，祐橏独遣使进香，而厚烷不与，反作四箴，连珠以讽。上怒，下其使者于狱。祐橏乘间遂讦奏厚烷招集亡命，私造兵甲，及与妖人宋刚等通谋为不轨。厚烷亦讦祐橏擅称长子，僭系玉带及逼杀良民等事，词连厚烔、祐楞。有诏遣官会勘，至是

---

① 《明史》卷一一九。

覆言厚烷谋反无验，然信惑群小，多为不法，所创有二仙庙、育才等馆，皆上僭无状，而方掉弄章句，规切至尊，法当首论。祐橏纵恶殃民，厚炯等偏党乱法，宜以差治罪。上命法司再勘，乃降诏数厚烷骄淫欺慢、不臣、无亲等罪，降发高墙，仍暴其罪恶于各王府，祐橏等各削罪有差。①

朱厚烷遭此劫难起因虽是族叔告发，但其根本的原因是宫廷政治斗争的牺牲品。明世宗朱厚熜是以藩王入继大统，因而对其出身很为敏感，即位后的第五天就下令礼官集议崇祀其父兴献王的典礼，从而引起关于“大礼议”长达20年左右的朝廷斗争。这场斗争在心理上给明世宗留下了非常深刻的影响，使明世宗对涉及到自己言行权威的言论特别猜忌和敏感。明世宗为肯定其在“大礼议”中的胜利，颁布了一部《明伦大典》，对反对派的官员进行打击和清除，并在处理朝政时往往将不相干的政事与这场“大礼议”的争论联系起来，打击异己的朝臣，树立自己的绝对权威。所以明世宗斥朱厚烷上书规谏是“谤讪朕躬”、“无礼”、“大不道”，特别是朱厚烷和明世宗原本都是近支藩王，更易遭忌，上书规谏，已触其忌，如再有藉口，便被削爵禁锢杀威。另外“世宗起自藩服，入缵大统，累叶升平，兵革衰息，毋亦富贵吾所已极，所不知者寿耳。以故因寿考而慕长生，缘长生而冀翀举。惟备福于箕畴乃希心于方外也”②。信方术、求长生成仙已是明世宗头等大事。明世

① 《明世宗实录》卷三六五。

② 《明史纪事本末》卷五二。

宗一方面崇信封赏妖妄的方术之士，一方面则是严厉处罚反对斋醮的大臣，直至杖死廷前，斩于西市。朱厚烷上书明谏世宗应修德、明理、克己、戒醮。这一行为一是逆明世宗自诩圣明，唯求长生之意，二是藩王上书明谏犯明世宗猜忌，虽一时不便发作，只治罪为朱厚烷送规谏书的长史，但只要有了更好的藉口(如祐橏诬告朱厚烷叛逆)便秋后总算帐。这场因宫廷政治斗争涉及到家庭的事件对朱载堉人生道路与心理都有极大的影响。

朱厚烷削爵、幽禁那年(嘉靖二十九年，1550)，朱载堉年仅15岁。史书记载：

> 世子载堉笃学有至性，痛父非罪见系，筑土室宫门外，席藁独处者十九年。厚烷还邸，始入宫。万历十九年，厚烷薨。载堉曰："郑宗之序，盟津为长。前王见滤，既锡谥复爵矣，爵宜归盟津。"后累疏恳辞。礼臣言："载堉虽深执让节，然嗣郑王已三世，无中更理，宜以载堉子翊锡嗣。"载堉执奏如初，乃以祐橏之孙载玺嗣，而令载堉及翊锡以世子，世孙禄终其身，子孙仍封东垣王。二十二年正月，载堉上疏，请宗室皆得儒服就试，毋论中外职，中式者视才品器使。诏允行。明年又上历算岁差之法，及所著《乐律书》，考辨详确，识者称之。卒谥端清。崇祯中，载玺子翊钟以罪赐死，国除。①

这段史书记载说明了几点：(1) 筑土室宫门外，席藁独

① 《明史》卷一一九。

处 19 年是对当时政治斗争黑暗、父亲无罪被禁的一种无声的抗议。独居土屋的 19 年正是朱载堉从 15 岁到 33 岁的少年到壮年时期，是其心理、学识、见解逐渐成熟的年龄段。他对社会和人生的看法也显现两重性，一方面潜心于乐律、数历的学习，他在独居土屋时，于 1560 年完成音乐学著作《瑟谱》(时年 24 岁)，另一方面在其序中自称"狂生"，署名为"山阳酒狂仙客"，这个自称、署名说明朱载堉当时不平的激愤心情。(2) 朱载堉复世子冠带，还宫后，仍继续潜心于其"志之所好，乐而忘倦"[①]的乐律、数历的研究。从 1560 年的《瑟谱》成书至 1581 年二十余年的时间内完成了《律学新说》、《律吕精义》、《乐学新说》、《算学新说》、《律历融通》附《音义》一卷、《操缦古乐谱》、《旋宫合乐谱》、《乡饮诗乐谱》、《六代小舞谱》等著作。这些著作包括了朱载堉基本的学术成就和对乐律学的重大贡献。同时，又于万历二十一年(1593)冬上疏，请为宗室有才能的子弟亦能通过应举入学兼官的途径为国效力(朱载堉时年 58 岁)，这个上疏反映了他经世致用的思想，既是为自己在事功上碌碌无为、蹉跎岁月而鸣不平，又体现了他忧国忧民的忧患意识。(3) 朱载堉在其父于 1591 年离世后，15 年内曾七次上疏，请让爵位给当年诬告其父的祐橏之孙。这一让爵行为与其家族内的倾轧争斗相关，也反映了朱载堉对政治黑暗、世态炎凉、人心险恶的失望和灰心。"郑端清世子让国，自称道人，造精舍于怀庆郭外居之。"[②]从青年时代独居土屋自称狂生、酒狂、仙客到老年时自称道人，隐居精舍，可见朱载堉心态的变化。

① 朱载堉：《进历书奏疏》。

② 王世祯：《池北偶谈》。

万历三十四年(1606)明神宗万历皇帝批准了朱载堉累疏恳辞,将王爵让给了载玺,朱载堉时年70岁。明神宗并为此敕建玉音坊:“尔能非道不处,惟义是循,固逊王爵,至廑屡疏,敦复伦序,克振纲常,朕心喜悦。兹特敕旌奖,给禄建坊,以示优贤之意。仍令有司办彩币羊酒,以为诸藩矜式,尔宜益懋素修以永令誉,钦哉故敕。”①

在让爵的过程中,朱载堉为了献书朝廷供纂修本朝正史之用,着手重校自己的著作,完成了《乐律全书》的雕版印书工作,撰写了《进律书奏疏》。其中说明了雕版印书进呈的原因,“奉都察院巡按河南六千六百九拾一号勘札,为恭请圣明敕儒臣开书局,纂修本朝正史……即检阅书笥,见有律历家新说凡若干种,除《历书》已进外,其《律书》经臣手重校编成,内有数目字样及乐舞图像,虑恐誊写舛误,就令画图刊版。”

让爵之后,朱载堉迁居河南怀庆府城外,基本上过着隐居著书的生活,从1606年到1611年去世,撰有《嘉量算经》、《律吕正论》、《律吕质疑辨惑》三书。朱载堉在怀庆居住的晚年生活时期,和当时的历、律学家邢云路有过一段相见恨晚的知音之感的交往。万历二十三年(1595)朱载堉上《圣寿万年历》,他在《上进表文》中说:“臣以昔年所撰《律历融通》四卷附《音义》一卷,并臣近年新撰《圣寿万年历》二卷,《万年历备考》三卷,共为拾册,装潢成帙,奉表进呈。”朱载堉上的新历得到礼部尚书范谦的支持。此后邢云路也上书改历,被钦天监监正张应侯所阻,欲治邢云路妄议之罪,并引明初禁例,斥邢云路“僭妄惑世”。邢云路上书改历也得到范谦的支持,范谦援引

① (清·顺治)《河南通志》卷三五《艺文》。

了弘治、嘉靖年间访求精通历算人才的规例，认为“历为国家大事，士大夫所当讲求，非历之士所得私”。国初所禁，只是“民间妄以管窥而测妖祥，伪造历书而紊气朔者”，并引大明朝的律例：“据大明会典，明开天文……三人，礼部务要备知，以凭取用。”①在范谦的支持下，邢云路奉调进京。朱载堉和邢云路的历法与旧历相比，改进不大，预报考验也不够精确，故都未被采用。朱载堉和邢云路同时参加改历的活动，为他们的交往打下了基础。以后邢云路曾写信给朱载堉求《历书》全稿，后因公路过怀庆，曾拜访朱载堉，促膝夜谈。朱载堉曾记载：邢云路“政务余暇，与余面讲古今历事，夜深忘倦。乃摘历史紧要处问难焉，余于灯下步算以答，咸蒙印可。公携余手，散步中庭，仰窥玄象”②。在朱载堉去世前一两年，1610 年左右邢云路曾将自己的《古今律历考》寄赠给朱载堉，并请他作序。朱载堉回赠自己的著作《律吕正论》给邢云路。朱载堉在《律吕正论·自序》中记载了这段交往和友情：邢云路“以《古今律历考》寄余，命余序之。余虽不敏，敢不承命。盖公与余，虽非同山之朋，实乃同志之友，故余复著此书以答，聊投桃报李之意”。对朱载堉来说，一生孤寂坎坷，磨难不少，除了和父亲在乐律上交流外，很少有在人生学问上可以畅谈的知己、朋友。所以朱载堉在晚年遇到邢云路这样一位在历法、乐律上很有造诣，而且志向、趣味也很相投的朋友，很觉心慰。从朱载堉自己的记载看，“实乃同志之友”，“夜深忘倦”，“公携余手，散步中庭”，这些文字明显表露了朱载堉对晚年这段友情的重视和珍惜。这段友情无疑给朱载堉孤寂的晚年生活增添了快慰、灿烂的色彩。

---

① 参阅《明史·历志》。

② 同上。

根据出土墓碑，朱载堉卒于1611年。明神宗于万历四十年(1612)"赐世子载堉谥端清"①。

综观朱载堉一生，童年、少年生活在物质条件优厚的王府，出生后便被封为世子，15岁那年家遭突变，父亲削爵被禁，自己独居土屋19年。父亲复爵后，朱载堉虽有报国之心，并作了一定程度的努力，但基于对皇族内部争斗、倾轧的黑暗大为厌倦，所以，在父亲死后，朱载堉经过15年七疏恳辞让爵，可见其看破红尘之意。耐人寻味的是，朱载堉让爵给载玺，但是载玺子却不得善终，"崇祯中，载玺子翊钟以罪赐死，国除。"②让爵在朱载堉看来可能是明哲保身，保护子孙后代身家性命安全的明智之举。让国高风，无疑为朱载堉赢得了从皇帝到朝臣的一片赞誉，这为朱载堉在皇族内部的斗争倾轧中避免被陷害，增加了一道保护屏障。《明神宗实录》对此有一详细记载：

> 万历三十四年五月乙酉(1606年6月23日)，先是郑世子载堉让归载玺祖爵，诏褒嘉，尤从复其本爵东垣郡王。至是东垣长子常藻意不肯让，东垣乃上疏，诋载堉为大奸，冀行更正。礼部侍郎李廷机驳卷略云："载堉求仁得仁，前旨处分曲当。常藻此疏，其妄有六……臣又审知，载堉俭而易足，即东垣所有，愿尽让常藻。如此亦何于常藻哉。"疏上，奉旨："载堉恳辞王爵，让国高风，千古载见，朕嘉尚不已。

① 《明神宗实录》卷四九〇。
② 《明史》卷一一九。

业有旨赐敕建坊，彰天潢之美。乃常滮挟私逞臆，不畏公论如此，念以宗亲，故不究。着遵前旨行，其常滮府策庄田等项，待另起郡名之日，载垕会同载堉通融议处，使之得所可也。”①

儒家以“立功、立德、立言”为人生奋斗的理想目标。朱载堉是一个极有才华和抱负的知识分子，但是受皇族宗室身份等社会条件的制约，他只能在自己钟爱的学科著述中，抒发自己的情怀。朱载堉不像同时代的其他大科学家如宋应星、徐光启、李时珍、徐宏祖等注重于经世致用的实用科学技艺。朱载堉所注重的不是和国泰民安相关连的实用学科如农、兵、医、技，而是和国家政治秩序及统治观念相关的乐律、历数。他一生著述勤奋，留下著作不少。关于朱载堉的著作戴念祖先生曾作过一简洁明了的列表归纳，这里转引此表（见表2.1），供读者参考。②

二、入世与出世的两重心态

朱载堉受的是传统的儒家教育，他对人生和社会的看法也基本上是传统的君子儒的观念，“达则兼济天下，穷则独善其身”，忧国忧民的忧患意识和明哲保身、洁身自好的独善观念相混杂，在追求艺术、宁静淡泊、超脱俗世纷争物欲的理

---

① 《明神宗实录》卷四二一。

② 转引自戴念祖：《朱载堉——明代的科学和艺术巨星》，人民出版社1986年版，第38—46页。

表 2.1 朱载堉的著作

书名	卷数	成书时间	作序时间	篇章目录或主要内容	版本及藏书	备注
瑟谱	10	嘉靖三十九年(1560)	嘉靖三十九年六月十三日(1560年7月6日)	内容主要为瑟属源流考,包括筝、蓁、筑、箜篌等乐器的源流及其与瑟的关系;对历代有关瑟的音乐理论的辨证;琴与瑟在乐器史中的关系;鼓瑟事类须知;历代有关瑟的名贤故事、诗词歌赋等。	汲古阁藏明毛子晋转抄本,1927年曾据此版本影印。藏中国科学院图书馆。	似是朱载堉最早的著作。
律学新说	4	嘉靖四十五年到万历九年之间(1566—1581)	万历十二年正月吉日(1584年2月14日)	卷一无篇名,下分十二节:律吕本源;约率律度相求;密率律度相求;密率求方积;密率求圆幂;密率求周径;造律;吹律;立均;论准徽与琴徽不同;论大阴阳小阴阳;论有变音无变律。在卷一里,关于不同进位的小数换算(以算盘演算)、十二平均律的定义和计算结果、求圆周率值、计算律管的横截面及容积、依十二平均律造定律器“准”、和音乐方面等内容是值得注意的。 卷二、三为审度篇;卷四为嘉量篇。均属考析历代度量衡,属计量学方面的内容。 书末附《律学四物谱》“序”。	见1595—1606年刻版《乐律全书》,藏北京图书馆、中国科学院及下属自然科学史研究所图书馆。——(1)	初稿书名为《律学四物谱》。

续表 2.1

书　名	卷　数	成书时间	作序时间	篇章目录和主要内容	版本及藏书	备　注
					又见于《万有文库》第一集0735号《乐律全书》第1—4册，商务印书馆1931年版。——(2)	
律吕精义	内篇10卷；外篇10卷。共20卷。	同上	万历二十四年正月朔日(1596年1月29日)	内篇 卷一共四节：总论造律得失；不宗黄钟九寸；不用三分损益；不拘隔八相生。主要内容为提出十二平均律的具体计算方法及其灵活运用。 卷二、卷三同为不取围径皆同篇。论述依十二平均律的律管各参数计算法及管口校正方法，详尽列出三个八度内36根律管的长度、内外径等计算数据。 卷四，新旧法参校；卷五，新旧律实验和候气辨疑两节。指出三分损益律和十二平均律二(接下页)	同上(1)。同上(2)，第7—18册。内篇在第7—13册；外篇在第14—18册。	又名《律书》。在该书前有朱载堉于万历三十四年七月初九日(1606年8月)(接下页)

续表 2.1

书　名	卷　数	成书时间	作序时间	篇章目录和主要内容	版本及藏书	备　注
				者的不同计算方法及其近似之处，以吹律实验证明二者发音的差别，论述了律管制作的一系列工艺学问题，并对历代候气说作出批判。 卷六，旋宫琴谱(上)。包括六十调指法，五音琴图，论琴律，论五音，论操缦，论旋宫等内容。 卷七，旋宫琴谱(下)。论七音为均及周乐不用商声等内容。 卷八、卷九，乐器图样。考析历代金、石、丝、竹、匏、土、革、木八音乐器。 卷十包括审度、嘉量和平衡三篇，为计量学内容。内画各种尺的实际长度图。 外篇 外篇总名为“古今乐律杂说并附录”。 卷一，辨蔡元定、李照之失。指出王莽尺度之误，晋前尺非周尺等内容。 卷二，辨李文利、张敔之失，驳其黄钟为最清或最浊之说。 卷三，辨李文察、刘濂之失，指出他们二人以隔八相生和切韵等作谱的错误。		12 日)写的《进律书奏疏》。

续表 2.1

书　名	卷　数	成书时间	作序时间	篇章目录和主要内容	版本及藏书	备　注
				卷四，辨何妥、陈旸在音律方面的错误。 卷五，论周乐忌商、具谱异常。 卷六、卷七，论礼、乐二者不可偏废。 卷八，论弦歌二者不可偏废。 卷九、卷十，论舞学不可偏废。提出了一门新的学科即舞蹈学的内容大纲。		
乐学新说	不分卷	同上	无序	书前有所谓《乐经》一篇，即《周礼·春官·宗伯》中有关司乐的职名和人数的一段文字以及《周礼·春官》"大司乐"到"司干"各篇合并而成。本书为此《乐经》注释。	同上(1)。 同上(2)第5册。	
算学新说	不分卷	同上	无序	运用算盘进行音律计算，其中涉及开平方、开立方演算方法及其口诀；结合音律详细叙述等比中项及其他各项的计算方法。	同上(1)。 同上(2)第6册。	该书于1603年9月7日刻完。

续表 2.1

书　名	卷　数	成书时间	作序时间	篇章目录或主要内容	版本及藏书	备　注
圣寿万年历	2	万历二十三年(1595)之前几年		以我国传统形式编撰了两种历法:黄钟历与圣寿万年历。它们除假设历元的有关诸应值与授时历不同外,得到了比授时历、大统历较为精确的回归年长度值。此外,以一种新方法较准确地测量了北京的地理纬度和地磁偏角。	同上(1)。 同上(2)第31册。	该三书统称为《历学新说》。书前有朱载堉于万历二十三年六月十九日(1595年7月25日)写的《进历书奏疏》和《上进表》,书末附有礼部关于朱载堉进历书的上进书及处理意见。
万年历备考	3	同上		《律历融通》包括"黄钟历"(共二卷九篇)、"黄钟历议"(共二卷三十六篇)两部分。 《音义》一卷,对《律历融通》中述及的历史人物、典籍、历法与音律学术语作出解释,并从音韵学角度解读一些字、词。	同上(1)。 同上(2)第32—33册。	
律历融通附《音义》一卷	5	嘉靖四十五年到万历九年之间(1566—1581)	万历九年正月吉日(1581年2月6日)		同上(1)。 同上(2)第34—36册。	

续表 2.1

书名	卷数	成书时间	作序时间	篇章目录或主要内容	版本及藏书	备注
操缦古乐谱	不分卷	嘉靖四十五年到万历九年之间（1566—1581）	有总论，无年月记述。	叙述琴瑟演奏方法，兼论乐学起源、定弦方法及学习演奏的注意事项。内有乐谱多种。	同上(1)。同上（2）第19册。	此书署为“载堉编述”。书前有“玉音坊”图及神宗帝敕文。
旋宫合乐谱	不分卷	同上	有总论，但无年月记述。	乐谱	同上(1)。同上（2）第20册。	
乡饮诗乐谱	6	同上	有总论，无年月。	大量的乐谱	同上(1)。同上（2）第21—24册。	
六代小舞谱	不分卷	同上	有总论，无年月。	舞谱和舞蹈绘画。提出舞学大纲，以图画表示字舞谱的内容、规范。	同上(1)。同上（2）第25册。	

续表 2.1

书名	卷数	成书时间	作序时间	篇章目录或主要内容	版本及藏书	备注
小舞乡乐谱	不分卷	同上	有总论，无年月。	字舞谱	同上(1)。同上（2）第26册。	
二佾缀兆图	不分卷	同上	有总论，无年月。	舞谱，以字舞谱和方位脚步图联合表述。	同上(1)。同上（2）第27册。	
灵星小舞谱	不分卷	同上	有总论，无年月。	系统、全面的舞蹈图谱和字谱，大量的舞蹈绘画。有歌曲“豆叶黄”、“金字经”、“鼓孤桐”、“青天歌”四首。	同上(1)。同上（2）第28—30册。	
律吕正论	4	万历三十八年(1610)	万历三十八年清明节（1610年4月4日）	书中主要叙述制律管、尺度考与琴律等内容。	万历刻本。藏北京师范大学图书馆。	
律吕质疑辨惑	1	同上	万历三十八年(1610)	考正历代黄钟律管长度、容积及度量衡。	同上	序为其友人或弟子所作

续表 2.1

书　名	卷　数	成书时间	作序时间	篇章目录或主要内容	版本及藏书	备　注
嘉量算经	3	同　上	万历三十八年闰三月初十日（1610年5月2日）	求圆周率，以算盘进行开方演算，结合音律计算演示了不同进位的小数换算方法，求解等比数列各项的计算方法。	宛委别藏抄本，1930年代故宫委托商务印书馆影印。藏北京图书馆。	
圜方句股图解				求解圆周率。	据《四部总录·算术编》有乾隆年重刊万历本。	
醒世词				流传至清代道光年间的73首歌词汇编。	1821年河南贺汝田刻本。 路工编《明代歌曲选》列入21首，上海古典文学出版社1956年版。	

续表 2.1

书名	卷数	成书时间	作序时间	篇章目录或主要内容	版本及藏书	备注
韵学新说				疑已佚。部分思想见《律历融通》附《音义》。		据清·雍正《河南通志》卷五十八载。
切韵指南				疑已佚。部分思想见《律历融通》附《音义》。		同上。
先天图正误				疑已佚。部分思想可能与《乐律全书》中散见的有关内容相似。		同上。

想境界中，仍然对生活、对生命无限热爱和眷恋。他愤世嫉俗，他对社会的黑暗和人心的丑陋总有一种按捺不住的激愤，他常常深夜“散步中庭，仰窥玄象”，以那种宁静淡远的心态或情感去领悟宇宙及人生的种种哲理。这些都体现了朱载堉对人生的积极态度。他并不怀有对死亡的恐惧和哀伤，也不用现世的禁欲、苦己来求得心灵的平衡和精神的超脱。无论是他入世的忧患，还是他出世的艺术探索，都没有丝毫的颓唐和沮丧。北宋朱长文的《琴史》所说的“是故君子之于琴也，非徒取其声音而已，达则可以观政焉，穷则于守命焉”，正是朱载堉在艺术探求中服膺的准则。朱载堉既在艺术的殿堂里找到一种宁静与和谐，又在乐舞的研究中表达了他对自己所属社会的那种眷恋、爱护、支持的心态。他对现实的批判，对理想人格的追求，对身心自由的渴望，都保留着对美好人生目标孜孜不倦的向往和追求。

朱载堉皇族的特殊身份和社会地位，残酷的政治斗争，家族内部的倾轧、陷害对他家庭的打击，人生的坎坷和磨难，家道失势后世态的炎凉，人心的势利，独居土屋19年的苦难经历等等，对朱载堉来说，无疑有一种大彻大悟的人生启迪和社会教育。现实遭遇的变幻莫测，社会矛盾的纷攘百出，世道险恶，人心不古，使朱载堉对人生、生命有一种更为切肤的体验和深刻的领悟。朱载堉入世与出世的两重心态具体表现为：(1) 对社会政治积弊、道德沦丧激愤的批判与一种无法抗拒命运、无力改变现实的感叹相夹杂。(2) 随俗与孤傲，对现实人际关系的厌恶，对矛盾斗争的反感，想远离俗世，在乐舞的圣殿中悠然自得，追求精神自由，保持内心的高远和贞洁，以轻蔑的态度与俗众和顺相安。另一方面他又只能以俗世的做法来处理人际关系，屡次上疏献书，希望社会和人们能理解他在乐律、数历方面的研究成果，希望自己在乐律、数历方面的研究成果能为自己的朱家王朝带来一种安邦济世的作用。他虽然深感政治的残酷，社会的黑暗，世道的不公，人生的不测，但是皇族的身份能使他避免物质的困扰，有利于他进行学术研究，同时，这也是一种枷锁，使他远离沸腾的社会思潮，不可能平民化。无论是当时经世致用的实学思潮、市民阶层的启蒙意识，还是传教士输入的西学思想，都没有影响到朱载堉的学术研究。而照朱载堉当时的科学、艺术活动完全有可能有条件接触到这些社会思潮和各种相关知识，而且也应该了解当时学术界、思想界围绕着雅与俗、天理与物欲、自然人性和纲常伦理之间的斗争，但是“情合乎于古”始终是朱载堉所追求的审美情趣，献书朝廷，期待圣听圣褒，以求佑社稷、佐皇命亦始终是朱载堉所具的济世抱负。然而，作为一个追求真、善、美的艺术家和科学家，在自己的艺术和科学实践中更多体现的是其人格的独立，个体身(生命)心(精神)存在价值的自我肯定，有一种众人皆醉、唯我独醒的精神优越。下面具体分析一下朱载堉入世的积极精神和出世的超然态度的两重性。

万历十九年(1591)朱载堉的父亲朱厚烷病卒，朱载堉即上疏让爵。让爵一方面固然是淡泊名利的高风亮节，但另一方面也是保全身家性命，以退为进的俗世谋略。万历二十一年(1593)朱载堉就宗室子弟可以应举入学兼官的问题上疏，条奏七事，具体拟定了操作程序和方法：

万历二十二年正月甲辰，礼部复郑世子载堉条奏七事：

1. 宗室子弟自奉国中尉以下,有不愿受封者,许同民俊考送泮学。

2. 宗生旧制虽有考验换受之文,第辅国中尉以上诚难更受,请如近议不应举者照旧宗学作养,无得杂青衿就试督学。

3. 宗藩子弟入学者,如生员永冠。

4. 奉国中尉等即以赐名应试,若无名禄者,从便起见,不混同玉牒,中试榜录,皆著国姓,下书宗室封爵。

5. 镇国、辅国等兼官署事之例,请自上裁。

6. 铨除考课,向来宗生未闻中式,候临期奏请。

7. 宗室入学,自世子郡王以至庶宗,但视各以别齿。

上令即行各藩,大破拘挛,从公用舍,以称朝廷激励贤宗之意。①

在上疏让国的第三年,朱载堉就上疏专论宗室子弟入学应举从政的问题。藩王宗室介涉政事一向是明王朝最高统治者所忌讳和敏感的大问题。朱载堉敢于为天下先,直接、具体地论及宗室子弟入学应举从政的方法和途径,而条奏七事皆为朝廷接受。这个事实说明了,其一,朱载堉届时已58岁,自己的仕途是不可能很光明的,但他仍时刻关注着朝廷和社会的大事,是比较了解当时社会吏治腐败,政权无力,政治上积弊难返的事实真相。对社稷、国事的忧患意识,儒学以天下为

① 《明神宗实录》卷二六九。

己任、安邦济世的历史责任感,使他有一种责无旁贷、义不容辞、弘毅扬道的自觉意识。这种强烈的家(指朱家王朝)、国责任感和以道自任的自觉意识已超越了个人的安危与利益。为朱姓社稷,为大明国家,为众生百姓,以身殉义,以身践道,挺身而出,阐述自己挽救国是的主张,并不顾及自己的主张是否触犯了大明禁例,是否会因此而给自己与家庭带来灾祸。介入国事政治,祸福难测,这点朱载堉是有深刻的切身体验的。但苟利国家,不避祸福生死,他条奏七事,切实可行,简洁明了,即被上令即行各藩。这个事实说明朱载堉不是一个不谙世事的书呆子,而具有敏锐的政治感觉和政治目光,也具有务实的政治才干。

在上疏条奏七事后两年,万历二十三年(1595)朱载堉又进献历书:"臣以昔年所撰《律历融通》四卷附《音义》一卷,并臣近年新撰《圣寿万年历》二卷,《万年历备考》三卷,共为拾册,装潢成帙,奉表进呈。"[①]万历二十四年(1596)又进献《律吕精义》等乐律书,"兹奉明诏,徵取律书,谨将旧藁删润以献。愚见浅陋,理有未然,伏俟圣裁,不胜幸甚。"[②]"除历书已进外,其《律书》经臣手重校编成,内有数目字样及乐舞图像,虑恐誊写舛误,就令画图刊版。"[③]朱载堉进献历书、乐律书之勤,其立意和上疏条奏七事一样是为了维护朱姓王朝的江山社稷。如果条奏七事是为国家不拘一格选拔人才出谋划策,那末进献历书、乐律书、舞谱则是直接以自己的研究成果来强

① 朱载堉:《进历书奏疏》。
② 朱载堉:《律吕精义·序》。
③ 朱载堉:《进律书奏疏》。

化思想、政治的统治观念。

晚明时期多次改历是和朝廷的政治斗争相联系的，朱载堉不避宗室涉政之嫌，敢于献历。中国古代的乐律亦和统治观念紧密关联。在三分损益律被奉为神圣法则的时代，在传统保守势力的重压、包围之下，朱载堉创立的十二平均律"虽得之以心而缄之于口，韫藏有年不敢形于纸笔"①。最后他不忍目睹音律久废，雅乐衰败，宫廷乐舞荒芜，乐官不晓雅乐之义，不懂五音六律之协，至使殿廷燕享，郊坛祭祀，教坊羽流，慢渎苟简令人深慨之况，慨然进献乐律书和舞谱，是需要政治勇气的。因为政治斗争朝夕莫测，极有可能因之致祸。朱载堉敢冒身家性命的风险而进献历书、乐律书和舞谱，其原因仍出于朱载堉忧国之心，希望自己能为衰败的国运竭尽微力，大有救危补天之心。这种心情正如他在舞学的创立过程中孜孜不倦、锲而不舍的奋斗目标一样。从舞义诠释、舞姿设计、舞形编排到伴舞曲词、教舞方法都以孔孟儒学教义为本，以阐发弘扬传统德、礼为基本内容，以全面复兴古代雅乐为己任。朱载堉以毕生精力研究乐舞，是因为深知乐舞教化社会的作用，使之达到乐平和、舞翩翩、民齐顺、政清明的政治目的。古代雅乐所表达的封建纲常伦理的政治内容正是朱载堉悉心研究乐舞所企盼达到的真、善、美的境界。朱载堉冒着政治风险进献历书、乐律书具有明显的政治目的，因为历法、乐律是国家治乱、世道安危、民风淳险的一种标志，它们在社会教化、观念统治方面的社会效应是不容忽视的。

朱载堉少年时期家遭突变，一日失势，饱尝了人间的辛酸

① 朱载堉：《进律书奏疏》。

苦辣。复爵后又因家族内部的倾轧，以让国之举明哲保身。从中朱载堉深切地体会到人事的险恶无耻，社会的冷酷无情，故而对世态炎凉有独特的感受和强烈的反应。由此，他才会满怀激愤，写下了大量揭露性、批判性的民歌。这些民歌一是揭露当时的社会为了铜钱而道德沦丧，人格堕落的丑恶；二是告诫人们人生道路全靠自己，鄙视小人得志，鼓励暂时失意的人要有信心，坚持奋斗，等待成功的时候；三是鼓励人们坚持做正直人，做正直事，既不媚俗，也不谄谀；四是表达了他对为富不仁的愤慨、为贫富不均鸣不平和对喜富厌贫的鄙视。这些民歌的主题就是关于处世做人和待人接物的道理。所以朱载堉以《醒世词》作为民歌集的题名。朱载堉用相当生动、口语化的语言，用“不问南北，不问男女良贱，人人习之，亦人人喜听之”的民歌曲调谱写，其用意就是希望广大的社会群众，能够接收它，能从他的醒世、喻世、警世的歌词中汲取教训，懂得人生哲理，使世风日下、道德沦丧、美丑标准混乱、是非观念颠倒的社会伦常秩序能得到纠正，能荡涤种种铜臭、势利、卑贱、寡廉鲜耻等等污泥浊水，恢复敬老爱幼，知书达礼，济贫援弱，人道仁义那种温情脉脉、充满谦恭互让的礼义之邦的道德伦常秩序。朱载堉愤世嫉俗，对金钱、势利小人等等人性丑恶面的激烈批判，正反映了他对美好人性、美好品德、美好人际关系的执著追求和热切向往。下面摘引一些朱载堉写的民歌歌词[①]：

① 摘引的朱载堉的民歌皆取自路工编的《明代歌曲选》，上海古典文学出版社 1956 年版。

至亲人说的是隔山话，虚情儿哄咱，假意儿待咱，还将冷眼观。……亲骨肉深藏远躲，厚朋友绝交断义。相见时项扭头低，问着他面变言迟。俺这里未曾开口，他那里百般回避。锦上花争先添补，雪里炭谁肯送去。听知！自已跌倒自己起，指望人误耽搁了自已。

《黄莺儿·求人难》

堪叹世情疏，但得志，气儿粗，从前亲友全不顾。穿一领好衣服，动不动赤着膊，开口便讲谁穷富。

《黄莺儿·戒得志》

指望人家衣，冻的我咳嗽打颤。指望人家食，饿的我肝肠气断。指望人家耕牛，荒坏了我的田园。指望人家财富，哄的我脚手撩乱。如今人敬的是有钱，弃的是穷汉。人有了钱，邓通说话也新鲜。听言！但有银钱，白丁做官。听言！只说时运，休提炎寒。

《山坡羊·休望人》

劝人没钱休投亲，若去投亲贱了身。一般都是人情理，主人偏存两样心。年纪不论大与小，衣衫整齐便为尊。恐君不信席前看，酒来先敬有钱人。

《叹人敬富》(曲名已佚)

这几段歌词充分体现了朱载堉对世间人情淡薄、趋炎附势，对富贵之人趋之若鹜，对贫贱之人则避之如祸等社会现象的悲愤。这种切肤的体会是他遭受家庭变故和家族倾轧后亲身经历和体验过的。然而这种社会炎凉,令人齿寒的寡薄人情并没有使朱载堉颓丧,相反更激励了他与命运抗争的信心和勇气,"自己跌倒自己爬","时下且休夸,十年富贵,再看在谁家"。在失势的困境中,面对别人的冷漠寡情,朱载堉承受了心灵的痛苦,坚持了清白做人的志向,"君子失时不失像"①。在复爵得宠之后的顺境中,面对家族内部的诬陷倾轧,朱载堉以让国让爵之举,以德报怨,仍然坚持正直做人的准则,不谄、不媚、不欺、不压。"不孝漫烧千章纸,亏心枉爇万炉香;神明本是正直做,岂受人间枉法赃。"②朱载堉不仅从自己的磨难和体验中认识了社会人际关系的丑陋面,增强了自己生活的勇气和力量,而且写成民歌,广泛传播,告诫善良的人们,不要因贫穷而攀富谄贵,这样只能给自己带来羞辱,只有自立才能自尊,才能保持品格的独立。这种积极的人生态度与他安邦济世、以天下为己任的社会道义感和历史责任感是相一致的,都是一种积极入世精神的体现。

晚明社会商品经济发达,社会价值观念剧变,拜金主义和享乐主义成为社会崇尚的一对双胞胎,金钱不仅败坏了人心和社会风气,而且也腐蚀了各级官吏,亵渎了朝廷王法。对这种黑暗、腐败的社会现象,朱载堉深恶痛绝,义愤填膺,并慷慨激昂地进行控诉、揭露和鞭挞。

拐子有钱,走歪步合款。哑叭有钱,打手势好

① 朱载堉:《诵心令·驴儿样》。
② 朱载堉:《通子令·讥谄神》。

看。如今人敬的是有钱，蒯文通无钱也说不过潼关。实言，人为铜钱，游遍世间。实言，求人一文，跟后擦前。

《山坡羊·钱是好汉》

孔圣人怒气冲，骂钱财：狗畜生！朝廷王法被你弄，纲常伦理被你坏，杀人仗你不偿命。有理事儿你反复，无理词讼赢上风。俱是你钱财当车，令吾门弟子受你压伏，忠良贤才没你不用。财帛神当道，任你们胡行，公道事儿你灭净。思想起，把钱财刀剁、斧砍、油煎、笼蒸！

《黄莺儿·骂钱》

朱载堉出身于皇族，物质生活条件优厚，就是被削爵幽禁，生活亦应不成问题，不会为金钱所困。朱载堉对金钱的口诛笔伐，其义愤更多是基于对当时社会风气不振，王法吏治受金钱腐蚀而堕落的焦虑和忧患。面对着犹如洪水猛兽、横冲直撞的金钱潮，朱载堉大声疾呼，欲力挽狂澜，重整社会纲常秩序，人心风气。然而，时代潮流如此，非人力所能阻挡，朱载堉充满道德义愤的疾呼、批判，其实也隐含了一种无可奈何的哀叹。朱载堉对金钱的声讨，从另一侧面表明了他对社会问题的关注，对美好人生和人心的热爱和向往，对国事社稷的关心，仍是一种忧国忧民忧患意识的表现。应该说，朱载堉这些揭露性的民歌并不如嘉靖万历年间的《金瓶梅》、三言两拍等话本小说和汤显祖等人的戏剧传奇那样生动而深刻地反映了当时社会意识和社会风尚的巨大变化，表达了新兴市民阶层的思想、生活和审美情趣，揭示了当时社会的政治、经济矛盾，朱载堉更多地是以传统儒学的道德伦理为标准，对社会黑暗面的一种暴露性的描述和揭示。他希望的是，社会的道德风气能重新返回到儒家所憧憬的理想状态。因而，朱载堉创作大量民歌的思想意义主要在于表现了朱载堉关注社会、忧国忧民的积极入世的精神。民歌体现的入世精神和朱载堉条奏七事，进献历书、乐律书等维护朱姓社稷、大明王朝的活动都是基于同一种思想动机，即为趋于腐烂、危机四伏、矛盾剧变，即将崩溃的自家王朝捡漏、补洞。只不过民歌是悲愤的呐喊和声讨，上疏条奏七事和进献历书、乐律书却是冷静、现实的出谋划策。它们从两个侧面表现了朱载堉对自己所眷恋、所热爱的社会的一种努力和倾注。

和同时代的海瑞相比，朱载堉由于身份束缚，没有海瑞那种“抗言争日月之光……揽辔励澄清之志”① 气吞山河的气慨，也没有为国家社稷的长治久安，直责皇帝无道，申斥满朝文武无所作为皆妇人的磅礴无比、无私无畏的凛然大义。但是，他们在以圣人之道规范言行，以古圣先贤为做人的标准，愤世疾俗，力除积弊，澄空扫雾，重振朝纲，恢复道德伦常秩序等方面的理解和努力是一致的，对修身、安国、济世内圣外王的认识和履践也是相似的，他们都是传统君子儒的风范。

朱载堉始终关注着国运、世风、社稷，忧国忧民的情怀亦伴随他的一生。19 年独居土屋的学习、研究、思索，虽然没有挫折他积极人生的努力，然而他的努力和成就并没有带来应有的反响和慰藉。故而，他不免对命运的不可抗拒、自己时运不济的坎坷有一种无可奈何的悲哀，而把自己对社会、人生的

① 《海忠介公年谱》，《海瑞集》下册，中华书局 1962 年版，第 599 页。

关注和热爱倾注于他所喜爱的学术研究中，在乐舞的研究中忘却尘世俗间种种的不愉快和勾心斗角。朱载堉感到一种不被社会和世人认识、理解和承认的孤独感，“聊述愚见数篇，刻而传之，以俟方来具眼之士或有可取焉”[①]，大有藏书于名山，寄望有后人掘而发现之意。事实也如此。《明史》记载：“神宗时，郑世子载堉著《律吕精义》、《律学新说》、《乐舞全谱》，共若干卷，具表进献。……宣付史馆，以备稽考，未及实行。”[②]进献的《乐律全书》“奉圣旨览奏，具见留心乐律，深可嘉尚”。朱载堉献书虽没有招灾惹祸，但也未被朝廷和社会接受、认可。一种学术研究成果最大的厄运，莫过于人们对它的不予理会而备受冷落。这种社会的冷落对研究者来说也是一种最大的悲哀和沉重的打击。《明史》对朱载堉的学术成就，特别是他所创的新法密率都未提及它们的具体内容。虽然朱载堉一再大声疾呼，他所创立的新法密率“盖二千余年之所未有，自我圣朝始也，学者宜尽心焉”[③]，然而却如空谷绝响，前无古人，后无来者，只能独怆然而涕下。一项划时代的发现，最终被湮灭、尘封，这是历史的悲剧。直到300年后朱载堉的研究才找到了一个知音——江永。江永在当时的历史条件下，正确评价了朱载堉新法密率的成就及其对乐律发展的贡献。“今得载堉书，则昔人仍有四蔽焉：以黄钟为九寸，不知原是约十为九，非即十即九，其蔽一；以汉斛铭文定黄钟，不知黄钟空围非九分，实积非八百一十分，其蔽二；以三分损益定十二律，不知其数近以

① 《律学新说》卷一。

② 《明史》卷六一。

③ 《律吕精义·内篇》卷一。

为真，相生未尝往而不返，其蔽三；以诸律围径皆同，不知律管相应之理，长短既殊，则广狭亦异，其蔽四。”① 江永所说的破昔人四蔽，正是朱载堉对乐律学发展的重大贡献。江永的正确评价对九泉之下的朱载堉是一种慰藉，然而在300年前，朱载堉生时却绝少知音。这种冷漠的境遇对朱载堉耗费两代人的心血、几十年的努力来说，不能不让他心寒。朱载堉晚年让爵，隐居城外，著书立说，自称道人，再无献书之举。从青年时代自称狂生，酒狂仙客到晚年心静如水，亦可知潜伏于当年经世、入世的积极精神下的出世无争，明哲保身的意念。随着时间的流逝，生活的起落，年岁的增长，出世明哲的观念逐渐占据了思想的主流。朱载堉对生命、自然的认识有了一种超然的顿悟。

朱载堉创作了大量的民歌，全都是些对社会政治、道德丑恶面的批判之作。这种激烈的批判和他对“情合于古”雅乐的追求似乎是很不相容的。其实，在对社会弊病的激愤抨击下，蕴涵了他独善自身，对理想人格和人生理想境界的追求。朱载堉入世和出世的两重心态，是古代中国传统知识分子君子儒的入世精神和庄禅的超脱风范的结合与矛盾。这种人生心态的两重性是和社会进步的两重性相关联的，物质文明与道德沦丧，欢乐享受与黑暗苦难。朱载堉对人间不平，强者卑劣，金钱异化的否定性批判不仅异常深刻尖锐，能引起社会共鸣，而且透过这些批判，表明了朱载堉对人生、人世的一种看破红尘的清醒认识，对自己人格独立和精神自由更加关注。这种关注是以保证个体存在，以摆脱人际关系来寻求个体存在的价值。

① 江永：《律吕阐微·序》。

朱载堉15年七疏锲而不舍地坚持让爵的行为，正是他看透尘世，以保全身家性命为首务的具体体现。朱载堉晚年和邢云路的知己之交，促膝交谈，夜深忌倦，散步中庭，仰窥玄象的情境更是生动地体现了朱载堉在对艺术的追求中、对自然奥妙的探索中，不计较尘世俗间的功过、利害、是非，以一种宁静、淡泊的心态、情感和自然宇宙融为一体去领悟宇宙、人生、时间的意义。这是个人主体的自觉、自立、自由意识的觉醒，是以出世的态度，达到一种齐物我，同生死，超利害的境界。他既不畏惧死亡的威胁，也不哀伤富贫贵贱的起落。他既不用现世他人的痛苦来求得自我的心灵平衡，也不用宗教意识的麻醉来求得精神的超脱。他是从艺术和科学探索活动中顿悟了人生的终极意义，获得了一种精神和道德的愉快。朱载堉虽然有以天下社稷为己任的经世意识，也曾为此以自己的活动方式努力实践过。随着艺术修养的日趋成熟，生活磨炼的积累越多，年岁、经验、履历的增长，使他对个体存在的关注超过了对社稷、人世的忧患。这种心态的变化固然有儒家保全生命思想的影响，如"邦有道，危言危行；邦无道，危行言逊"，[①]"国有道，其言足以兴；国无道，其默足以容。"[②]但这种心态的变化更多是从消极人格理想的追求中、从摆脱人际关系中寻求个体的价值，而不是从社会群体的活动、社会的人际关系中来实现个体的存在价值。朱载堉在长久的艺术探索中，忘怀了个人社会地位的得失，摆脱了物质上的利害关系，不计较现实生活种种庸俗无聊的束缚和影响，在对艺术美的追求中获得了生命的乐

① 《论语》。
② 《中庸》。

趣、精神的欢愉和心灵的慰藉。所以，朱载堉在家庭遭受阴谋诬陷迫害，自己用毕生精力研究的成果被社会漠视、冷落、尘封，其报效国家社稷的热情被冷却的境况下，对生命、艺术、自然美的追求却仍一如既往。这种执著与当时新兴的市民阶层的启蒙意识是有所区别的。

市民阶层的启蒙意识更多表现的是对自然人性激起的感性物欲的满足，更多地是表现自然情欲对程朱道学天理伦常的否定和冲击，更多肯定的是血肉之躯——"身"的生存和享受，从百姓日常物质生活的满足中体会生的欢乐。市民阶层正是从自然物欲的平等性来肯定人的自然平等。趋利避害，饮食男女，"圣人之道，无异于百姓日用。凡有异者，皆是异端"①。平民百姓"虽终日作买卖，不害其为圣为贤"②。"人但率性而为，勿以过高视圣人之为可也。尧、舜与途人一，圣人与凡人一"③。从自然人心、物欲的平等到伦理道德上圣贤与凡人划一而成的社会地位的贵贱之别，市民阶层的平等意识是建立在物质生产和物质生活自然平等的基础上。朱载堉并不为物质生活所累，也不追求物质财富，所以他不关注物质生产和物质生活的平等性。他对金钱异化的批判和控诉是基于儒家旧有的道德秩序。他对现实世界的热情和关注，由于现实生活的无情，俗世力量的不可抗拒和自己的无能为力，因而避开了俗世的烦恼，在学术的殿堂里寻找人生的寄托，而在学术上的成功给他一种与俗世相衡的人格力量，使他认识和肯定自

---

① 王艮：《王心斋先生遗集》卷一。

② 王守仁：《传习录拾遗》。

③ 李贽：《李氏文集》卷一八。

身存在的价值，精神自由的欢愉，保持节操和内心高远、纯洁的傲世态度，使他能以超脱尘世的视野和心态来审视俗世的人生百态。朱载堉这种出世态度虽然是基于积极入世的失败，但是与庄禅无心无情，安之若命，虚静无为，顺从自然，以“圣人不从事于务，不就利，不违害，不喜求，不缘道；无谓有谓，有谓无谓，而游乎尘垢之外”① 的消极的自由观不同，朱载堉由入世到出世是一种在学术研究的实践中积极悟出的人生哲理。朱载堉体现的是一种个体的独立，个性的自由。以道自任，弘毅殉义，人格自尊在朱载堉身上有更多的闪光，“古士穷不失义，达不离道。穷不失义，故士得已焉；达不离道，故民不失望矣。古之人，得志，泽加于民；不得志，修身见于世。穷则独善其身，达则兼善天下。”② 这种穷达、贵贱、贫富不改其志的尊严感在朱载堉身上得到了充分的体现。朱载堉具有的人格平等、个体独立的平权观念，虽然和市民阶层的平等意识的内涵有所不同，但是，他的平等意识却是晚明社会知识分子面对封建社会末期政治、经济、道德危机进行自我批判、自我反思的一种结果，具有启蒙思想的色彩。朱载堉的晚年是以宁静、积极、乐观的人生态度走向生命的终点的，他泯灭颓废、消沉、沮丧的心态。这说明朱载堉体验到了人生独立的瞬刻永恒。这种精神和道德的欢愉既给了他人生美好的心态，也赋予他面对衰败世道，险恶人心而保持宁静淡远的情感。这点可从他让爵隐居后，“晚节务益著书”③，从 70 岁到 75 岁朱载堉撰有

① 《庄子·齐物论》。

② 《孟子·尽心上》。

③ （清·雍正）《河南通志》卷五八。

《嘉量算经》三卷，75岁（1610年）即去世前一年撰写了《律吕正论》、《律吕质疑辨惑》二书，同时为邢云路的《古今律历考》作序，及晚年和邢云路知己之交的欢乐心情可得到佐证和说明。

三、思想渊源

朱载堉是一代科学家和艺术家，他在乐律学方面的杰出成就，他的艺术美学思想，他的科学思想，他对人生入世和出世的两重心态；既是对文化传统积淀的某种吸收和继承，又有自己长期学术研究的心血及对社会、人生长期积累形成的个人的独特感受。从朱载堉的思想活动，即从朱载堉对传统的继承和突破、个人研究的体验和创见分析一下朱载堉的思想渊源，能较为清晰地了解他的思想变化发展的来龙去脉。

早年由于皇族的特殊地位和家庭的优越环境，朱载堉接受了传统儒学的正统、全面的教育，并具有比较广泛地接触传统文化的各种理论与具体形式的物质条件，这使他能较快且全面地接受和熟悉当时社会思潮、文化观念、审美情趣、价值标准的各种信息。正是在历史传统的积淀和现实社会的变化中，朱载堉特殊的社会地位和独特的家庭个人遭遇，使他在众多历史和现实的文化素养中汲取到了他认为是真、善、美的东西，从而构成了朱载堉特有的个性特征和思想成果。

朱载堉曾这样阐述自己所受教育的影响："臣笃好数学，弱冠之时，读《性理大全》，见宋儒邵雍《皇极经世书》，朱熹《易学启蒙》，蔡元定《律吕新书》、《洪范皇极内篇》等而悦之，口不绝诵，手不停披，研究既久，数学之旨颇得其要。”[①]虽然在乐律的具体理论和方法方面，朱载堉对蔡元定、朱熹的看法颇有微词：“世之言律者，多宗蔡元定，其法备载《性理全书》中。朱熹固之，著于《仪礼通解》，其说盖详明矣。然观二子，虽尝著书，而实未尝审定其音。盖儒者所理惟律之理耳。至于听音或未尽善，抑有其要而未之得也。夫审音乃乐律之本，岂徒空言已乎。”[②]

传统文化在思维框架和思路的形成方面对朱载堉的影响是存在的，虽然朱载堉认识到自己创立的新法密率“盖二千年来之所未有，实自我圣朝始也”，然而却又一再强调其新法密率“本诸《周礼·桌氏为量》，内方尺而圆其外”[③]。又说：“《周髀》曰：‘冬至夏至，观律之数，听钟之音，知寒暑之极，明代序之化。’是知律者历之本也，历者律之宗也，其数可相倚而不可相违。故曰《律历融通》，此之谓也。”[④]

北宋儒者邵雍的象数之学以道教的生成说为基础，以阴阳五行、八卦为形式框架来推衍解说自然和人事的关联变化。“先生（指邵雍）……观天地之消长，推日月之盈缩，考阴阳之度数，察刚柔之形态，故经之以元，纪之以会，始之以运，终之以世。又断自唐虞，讫于五代，本诸天道，质以人事，兴废治乱，靡所不载。”[⑤]邵雍是用数字形式、图形模式来描述自己的宇宙图景。邵雍的宇宙模式在表现形式上有一种整齐和谐的

① 《进历书奏疏》。
② 《律吕精义·外篇》卷一。
③ 《律吕精义·内篇》卷一。
④ 《律历融通·序》。
⑤ 《宋元学案·百源学案下》。

美感，对后世的学人有一种博大精深、引人入胜的吸引力。

南宋律学家、理学家蔡元定是朱熹的学生，“其律吕象数之学盖得其家庭之传”①。蔡元定是用象数之变化关系来推断律吕的有序变化，虽然是空言定律，但在研究和表述的方法上有一种形式整齐、变化有序的规律感。这种理论形式上的美感对后世的影响很大，所以当时谈乐律者，多宗法蔡元定。

南宋学者蔡沈所著的《洪范皇极内篇》，继承了邵雍的象数学的思想，提出了“天地之所以肇者数也，人物之所以生者数也，万事之所以失得者亦数也”。《洪范皇极内篇序》认为数是宇宙万物的根本。以西汉刘歆关于《河图》、《洛书》互为表里，八卦、九章相为经纬之说为基础，以《尚书·洪范》的五行来表述《易》的卦象，从而形成了八卦六十四乂，九章八十一畴的解释系统。

两宋理学家在象数学方面的观念和方法对朱载堉的影响表现在两个方面：

其一，对世界图景的看法，朱载堉认为，“凡天地造化，莫能逃其数”，“数者，自然之用也，其用无穷而无所不通”，“日月之食，预算可推而知，则是数自当然”。②“象之与数，若异用也，而本则一；若殊途也，而归则同。不明乎数，不足于语象；不明乎象，不足于语数。是故欲明律历之学，必以象数为先。”③“天运无端，惟数可以测其机；天道至玄，因数可以见其妙。理

① 《宋元学案·西山蔡氏学案》。
② 《律历融通》。
③ 《律历融通·序》。

由数显，数自理出，理数可相倚而不可相违。”①

在朱载堉看来，天道自然是有规律可寻的，这种规律是可以由数度形式表现出来。正是朱载堉具有这种对天道万物可用数度形式表现的规律性认识，所以在律学、历学等具体学科的研究中，他始终关注如何用数字关系来表述自己的研究成果。

其二，朱载堉认为，数学手段作为一种有用的研究工具，可应用于具体学科的研究中。朱载堉对自己的科研工作曾做过这样一个分析：“臣所撰新说凡四种：一曰《律学》，二曰《乐学》，三曰《算学》，四曰《韵学》。前二者其书之本原，后二者其书之支脉，所以羽翼其书者也。”②

朱载堉对两宋理学家的思想和成果是一种批判性的吸收和继承，对先儒时贤的说法，朱载堉主张“宜先辨其是非”③，“臣读《性理大全》等书，摘取先儒要语与夫古今儒者式论律学之正理，或辨乐家之邪说，附录于此卷末，兴乐君子览焉，庶几知所取舍之耳！”④ 对两宋象数学中主观臆想的、神秘的、繁琐的、穿凿附会的内容朱载堉都完全摈弃了，而在实测、实验、实证的过程中，修正以往的陈说，提出自己的创见。“凡造乐者，学士大夫之说卒不能胜工师之说。”⑤“数真则音无不合矣。若音或有不合处，是数之未真也。”⑥ “新法所算之律，一切本诸

① 《进历书奏疏》。
② 《算学新说·前言》。
③ 《律学新说·序》。
④ 《律吕精义·外篇》卷一。
⑤ 《律吕精义·内篇》卷五。
⑥ 《律学新说》卷一。

自然之理。而后以数求合于声，非以声迁就于数也。”①

对朱载堉的思想和科学活动有直接影响的是其父亲朱厚烷和其外舅祖何瑭。朱厚烷、何瑭都具有深厚的艺术修养，深受宋明理学的影响，在人生、处事方面信奉儒学教诲。从天道阴阳到伦常秩序的思想体系，宋明理学对个体的社会责任感和道德的自我意识与律令，以道义为己任，遵道不趋势，认识和实现自我的社会价值，对理想人格、事业真理的执著追求，一直是朱厚烷和何瑭的精神源泉。这种执着事业、严守道义、保持情操、对抗邪恶的精神和道德，朱厚烷通过言传身教，何瑭通过自己的著作、思想、行为，都对朱载堉的人生道路、学术研究和思想观念有相当重大的影响。关于朱厚烷、何瑭的情况，现将史书的有关记载集录如下：

厚烷自少至老，布衣蔬食。②

帝修斋醮，诸王争遣使进香，厚烷独不遣。嘉靖二十七年七月，上书请帝修德讲学，进《居敬》、《穷理》、《克己》、《存诚》四箴，《演连珠》十章以神仙、土木为规谏。语切直。帝怒，下其使者于狱。③

厚烷读书能文，折节下士，好为诡故不情之事，欲以钓奇取誉，以是大为诸宗所忌。④

郑王厚烷忠孝兼全，善行表著。礼部请遣官旌

① 《律学新说》卷一。

② 《明史》卷一一九。

③ 同上。

④ 《明世宗实录》卷三六五。

奖，报可。①

郑恭王母阎太妃遘疾，王七十余岁，吁天祷神，亲尝药耳以疗疾，将革业就正寝，王握母手跪其侧，尽夜不离。②

这些记载大致勾画出朱厚烷的精神、思想和道德面貌，体现了朱厚烷克己、修身、追求道德完善的人格理想的信念和履践。

何瑭……年七岁，见家有佛像，抗言请去之。十九岁读许衡、薛瑄遗书，辄欣然忘寝食。……阁试克己复礼为仁论，有曰："仁者，人也。礼则人之元气而已，则见侵于风寒湿者也。人能无为邪气所胜，则元气复，元气复而其人成矣。"宿学咸推服焉。刘瑾窃政，一日赠翰林川扇，有入而拜见者。瑭时官修撰，独长揖。瑾怒，不以赠。受赠者复拜谢，瑭正色曰："何仆仆也！"瑾大怒，诘其姓名。瑭直应曰："修撰何瑭。"知必不为瑾所容，乃累疏致仕。后瑾诛，复官。以经筵触忌讳，谪开州同知。……提学浙江，敦本尚实，士气丕变。……与湛若水等修明古太学之法，学者翕然宗之。③

是时，王守仁以道学名于时，瑭独默如。尝言陆

① 《明神宗实录》卷二二〇。

② （清·顺治）《河南通志》卷二九。

③ 《明史》卷二八二。

九渊、杨简之学，流入禅宗，充塞仁义。后学未得游、夏十一，而议论即过颜、曾，此吾道大害也。里居十余年教子姓以孝弟忠信，一介必严。两执亲丧，皆哀毁。后谥文定。所著《阴阳律吕》、《儒学管见》、《柏斋集》十二卷，皆行于世。①

时四方多盗，瑭上袪贼三事，时论韪之。未几，直经筵进谏。②

辞职里居时，“修经授徒，不间寒暑，家徒壁立，乃怡然自乐。”③

在何瑭的著作里大都是关于天地万物之理和经世致用实学的研究心得。何瑭常就阴阳、五行、律吕等自然天道万物问题与王廷相进行反复的论辩。何瑭在主持考试时，出的题目有问海潮等事，因为这是穷经之学，出题的目的就是看考生如何理解。何瑭对田赋、徭役等治世实事也多有研究和见解。例如，何瑭认为以田土均徭役是使“农”代当士、工、商的差役，非“均平之道”，亦不合原本抑末之义。④ 认为用丈地以均粮也未必能达到均粮的目的，因为“田有上下，……大抵上田一亩之收抵下田五亩”⑤，每亩均等交纳，不符均粮之意。

这些记载也基本反映了何瑭的处世、为人、思想、观念，他和朱厚烷志同道合。朱载堉对何瑭的思想、道德、人品、操行也

① 《明史》卷二八二。

② （清·顺治）《河南通志·人物》卷二六。

③ 同上。

④ 参阅《柏斋集·均徭私议》。

⑤ 《柏斋集·均粮私议》。

是极为仰慕和推崇的，“臣父恭王壮年尝师友于瑭，臣虽未面觌，而亦幸私淑焉。”① “慨生之既晚，不获与前辈同游，虽有一得之愚，无凭质问。”② 何瑭死后，朱厚烷出资刻版印刷何瑭的著作《柏斋集》，体现了他们同声相应、同气相求的相知情谊。分析一下朱厚烷和何瑭的思想言行，可见他们服膺两宋朱子理学，即在个人道德自律和个人的社会与历史的责任感的自我意识中，在社会事业和个人人格完善的履践中实现自己的人生价值和享受积极人生的欢愉，反对陆王空谈心性，流于主禅的玄疏之学。

两宋理学在思想体系、理论结构上是从天道到人性。王夫之说：“宋自周子（指周敦颐）出而始发明圣道之所由，一出于太极阴阳人道生化之终始。”③ 范文澜曾说：“宋学以周易来代替佛教的哲学。”④ 邵雍完成的那种形式齐整的数学图象所表示的宇宙时空图式，构成了从天道到人事的解释系统。这种知识结构和思维框架成为一种思维定势，影响了一代学人。明代编纂的《性理大全》是朱载堉爱不释手的一部宋儒理学集，从知识和思想体系的结构看，也是从天道讲到人道。其体例也是首先阐述一通理、气、无极、太极之类的宇宙观，然后论证“大学之道在明明德，在新民，在止于至善”仁义之道的合理，论证重建“三纲五常”、“明人伦之本”的现实社会伦常秩序的合理性。从宇宙万物存在的合理性、规律性、自然性中得到了解释

① 《进历书奏疏》。

② 《律学新说》卷一。

③ 《张子蒙注·序论》。

④ 《范文澜历史论文选集》，人民出版社1979年，第325页。

和肯定，从格物致知到穷理、尽性、知命成为宋儒理学的学问之道。宋儒理学的这个特征在朱厚烷、何瑭身上烙有印记。他们两人论学都以格致为宗，注重“究心世务，切中时弊”的实用之学，学问涉及到天文历法、乐律算学等多科领域，且各有心得收获。这种种又都以追求最高的道德境界、完善自己的理想人格为目标。他们对宋儒理学的服膺正基于朱熹对天理的论述，“天理流行触处皆是：暑往寒来，川流山峙，父子有亲，君臣有义之类，无非这里”①。“命犹令也，性即理也，天以阴阳五行，化生万物，气以成形，而理亦赋焉，犹命令也。于是人物之生，因各得其所赋之理，以为健顺五常之德，所谓性也”②。“万物皆有此理，理旨同出一源，但所居之位不同，则其理之用不一。如为君须仁，为臣须敬，为子须孝，为父须慈。物物各具此理而物物各异其用，然莫非一理之流行也”③。朱厚烷、何瑭不仅笃信宋儒的理学，而且在自己的实践行动中表现和实现这个天理。这种实践表现在两个方面：进则，以道义自任，亲身参与“外王”的事功致用，从中领悟和实现个人在现实社会中的人生价值和位置，坚守“富贵不能淫，贫贱不能移，威武不能屈”的儒家大丈夫的精神，洋溢着尊道、殉道的浩然正气。他们以气节相尚，志于道义，从道不屈于权势。认为道义、天理是天下之尊，任何人不得以权势而私有。正因为如此，何瑭才敢于面对权势熏天的时称刘皇帝的太监刘瑾，自尊、尊道而不趋势，持节不屈。又能为天下计，何瑭敢冒忌讳，直言进谏，遭谪

① 《朱子语类》卷四〇。

② 朱熹：《四书集注 · 中庸注》。

③ 《朱子语类》卷一三。

而不悔。朱厚烷敢犯颜上书，进谏爱方术，好祥瑞，奢靡浪费的明世宗，请帝修德讲学，以简礼、怠政、饰非、神仙、土木为规谏。后虽遭削爵幽禁之罚，终不为之悔。这种在道德信念和现实政治尖锐冲突时不计较身家性命和利害得失，以道自任，为生民立命，为往圣继绝学，为宇宙万世之天理，超越现实的利害关系，为理想和信念而奋斗的品格力量，无异对朱载堉的理想人格和精神境界的培养起过积极的影响。朱载堉在父亲死后累疏让爵，又疏"请宗室皆得儒服就试，毋论中外职，中式者视才品器使"[①]之后又接连进呈各种历书和律书等等，这些行为都反映了朱载堉对"士志于道"的一种履践，充分体现了对"士不可以不弘毅，任重而道远。以仁为己任，不亦重乎？死而后已，不亦远乎"[②] 的精神境界的执著追求。

退则，修身养性，洁身自好，以圣人之道自律，戒慎，使之在日常生活中，不论是顺或逆，富或贫，贵或贱，都能安身立命。事亲不得不孝，事兄不得不悌，交友不得不信，君须仁，臣须敬，正是在日常的行为规范、伦理道德中，使自己的言行、思想、观念合天理。在穷天理、灭人欲的过程中，寻找和体验"孔颜乐处"的最高道德境界。何瑭退职，穷居乡里，修经授徒，传孝悌忠信，不问寒暑，怡然自乐。朱厚烷虽身居藩王，却"布衣蔬食"一生；虽蒙冤削爵幽禁十九年，却仍以历律研究自勉、自重，不以俗世荣辱为惊，也不以个人进退喜悲为变。不以物喜，不以己悲，正是在这种淡泊名利，心中无世俗之忧，追求道德自我完善的磨炼中获得了心理的平衡和执著的理念。朱厚烷

① 《明史》卷一一九。

② 《论语·泰伯》。

和何瑭在修身、养性、自律、戒慎方面的努力和修养，不媚、不谀、不俗、不屈的人格力量，忧民济世殉道成仁的精神，对朱载堉来说，是其思想和精神力量的源泉。他们是朱载堉一面道德的镜子和仿效的榜样。所以，朱载堉在独居土屋19年的孤寂生活中能矢志潜心研究学术；在遭本家倾轧陷害之后，仍能以德报怨，以让国之大度相报本家的诬陷。晚年隐居乡间致力著书，以认识和相交知音邢云路而欢乐。也就是说，朱载堉在现实的社会中能以平常之心相处，超脱了俗世的利害得失关系，体会到"孔颜乐处"的人生的价值和人生的欢乐。

在具体的学术研究中，朱厚烷和何瑭具体的研究成果、思想和方法为朱载堉的学术研究提供了起点、基础和众多的素材，其具体情况，将在第四章中予以说明。

第三章　广泛的学术兴趣和严谨的学术态度

一、百科全书式的学者活动

晚明社会是一个文化、思想急剧变化的时代，思想、文化、知识的各个领域都开始进行全面的总结和历史的批判，显现出一种脱离中世纪旧轨道的欲望和努力。除春秋战国之际诸子纷起、百家争鸣、学派林立、挥斥方遒、学术繁荣辉煌时期之外，晚明时期是中国古代社会一次内容最为丰富，形式最为多样，思想斗争最为激烈，学人思想最为自由的文化变革时期。因而犹如欧洲文艺复兴时期，“是一个需要巨人而且产生了巨人——在思维能力、热情和性格方面，在多才多艺和学识渊博方面的巨人的时代”。① 李贽、徐光启、汤显祖、徐霞客、朱载堉等人正是晚明时期思想、文化领域的历史巨人。朱载堉在他的学术活动中充分体现了百科全书式的时代特点。朱载堉数十年的学术活动涉及到音乐、天文历法、数学、舞蹈、文学创作等诸多领域。下面逐一进行简单的介绍。

朱载堉在音乐方面的研究相当广泛，对乐理和律制、乐器的制作和考证、作曲、记谱及音乐的教学朱载堉都作了大量的研究和实践的工作。

朱载堉总结了前人在律制研究方面的成败得失，系统地提出了十二平均律的理论和具体算法，并将在弦乐中得出的新法密率，将管口校正的科学方法应用到律管上，从而使十二平均律的理论得到了系统的表述，解决了乐器演奏和作曲过程中所必然碰到而前人从未彻底解决的历史难题。朱载堉所创建的十二平均律无论在理论成果上，还是在计算方法上都是领先于当时的世界水平的。朱载堉本人也充分认识到自己创建十二平均律的历史意义，“盖二千年来之所未有，实自我圣朝始也”。② 西方科学史专家都高度评价了朱载堉这个具有近代科学意义的律制理论和计算方法的独创性。不管在西方音乐理论史上第一次提出以 $\sqrt[12]{2}$ 作为平均律等比数列公比的荷兰数学家斯特芬是否受到朱载堉成果的影响，还是朱载堉和斯特芬完全是各自独立的发明，他们两人的成果、思想和

① 恩格斯：《自然辩证法》，人民出版社 1984 年版，第 6 页。

② 《律吕精义·内篇》卷一。

方法都是一种首创。[①] 从思想史研究的角度看，关于十二平均律发明优先权的确定，其意义还是很大的。朱载堉成果的意义，在于说明中国传统科技体系有可能脱胎出近代意义的科学形态，中国的科学工作者有可能独立地走出中世纪。至于这种可能能否实现，不仅取决于中国传统科技体系内在的特有结构，而且取决于社会的经济、政治和文化环境。

在十二平均律的研究过程中，朱载堉对乐器的发声过程作了研究分析，正确地指出了影响弦乐器和管乐器发音的几个要素：弦长、弦质及其粗细，管长、簧片、管径，并对乐器的共振现象作了研究和正确的阐述，提出了旁合和正合的和声概念，"凡丝弦之属，宫与宫协为正合；宫与徵协为旁合。正合为同，旁合为协"[②]。界定了纯八度和声与纯五度和声的概念。在具体的乐器中作了和声应用的说明，"筝弦隔六为正合，隔三隔四为旁合"[③]，并在乐器的演奏中验证和声现象及声学效应。

朱载堉一方面从音乐演奏的事实中看到历代延用的三分损益律不能解决旋宫转调的问题，悟出了创建十二平均律的思路，另一方面也从乐器的制造中实际验证了自己所创建的十二平均律。他在《律学新说》中记录了自己制造的定律器，并详细列出了十二徽位在十二弦上的空弦散音和按音。这种定律器实际上是建立在十二平均律基础上，可以实际进行演奏的一种新的弦乐器。朱载堉的《律吕精义·内篇》记载了倍正半

① 可参阅李约瑟先生和库特纳先生的有关论述，见戴念祖《朱载堉——明代的科学和艺术巨星》的附录 4，《国外学者论朱载堉》，人民出版社 1986 年版，第 303—318 页。

② 《瑟谱》卷四。

③ 同上。

三十六律管的制作规范，从竹管材料的选择，管长、管内外的尺寸到测音、吹气都作了具体的规定和说明。在《律学新说》中，朱载堉记载了铜质律管的具体制造工艺。律管的制作是朱载堉自己对十二平均律在管上的一种验证。朱载堉自己制作乐器是为了验证自己创建的十二平均律。朱载堉还对古代八种乐器作了考证，研究了这八种乐器的发音特点和规律，从而探讨了和律制相关的一些乐器的制作、尺寸、开孔等具体问题。朱载堉对古代八种乐器的考证和研究亦是和他创建、验证十二平均律的理论相关联的。

十二平均律的创建和实践是朱载堉音乐研究活动的中心，他“用旋宫法拟造新谱”的作曲实践包括三个方面的内容：

一是，系统地用旋宫法创作成套可实际演奏的乐谱，采用了各种谱式，诸如琴谱、工尺谱、瑟谱、总谱形式的“合乐谱”等等，是十二平均律付诸于音乐实践的一种探索和努力。

二是，设计了几种“旋宫图”的直观教具，通过音乐教学使十二平均律在音乐教学的实践过程中为人认识和了解。

三是，用精确的记谱方式，将以十二平均律为指导创作各种曲谱，用特定的符号系统将其记录下来。这样用旋宫法创作的新谱才有可能为社会接受、流传、积累和继承提供了基本的条件。

朱载堉在天文历法方面的研究花费了很大的精力和心血，其研究成果集中在他的《历学新说》一书中，其包括《律历融通》四卷（包括《黄钟历》二卷，《黄钟历议》二卷）、圣寿万年历二卷、万年历备考三卷（包括《诸历冬至考》、《二至晷景考》和《古今交食》各一卷）及《进历书奏疏》和《上进表》二文。

晚明社会由于张居正的改革，社会物质生产需要，刺激了科学技术的发展，天文历法直接涉及到“敬授民时”，与百姓的生活、生产，特别是与农业生产密切相关，而当时使用的大统历又出现了明显的误差。万历二十年五月甲戌夜月食，钦天监算错一天。从明初到明万历年间的二百来年中，曾发现过不少次大统历预报与实际天象不符合的事实①。这两种状况促使朝野人士关注天文历法的研究，要求改革历法，一时出现不少杰出的天文学者和天文历法的著作。当时对天文历法的改革有两条途径：

一是，以中国传统天文学的模型观点和计算方法，对一些与历法相关的天文数值和计算进行修正，这是修历改历的基础。如邢云路在《戊申立春考证》中提出回归年长度值等于365.24219日。在这方面，朱载堉和邢云路是两个典型代表，他们同声相应，同气相求。朱载堉的《圣寿万年历》和邢云路的《古今律历考》可谓代表作。

二是，以徐光启、李之藻和西方传教士为代表，以西方天文学关于行星运动的模型观点为指导，应用西方几何学、球面和平面三角学的计算方法和西方传入的各种观察仪器、量度制度，引进介绍了一些较为精确的天文数据，编纂新的历法。这两派学者都加入了晚明修改历法的工作。《明史》记载了这种状况："精通历法，如云路、守己为时所推，请改授京卿，共理历事。翰林院检讨徐光启、南京工部员外郎李之藻亦皆精心历理，可与迪峩、三拔等同译西洋法，……未几云路、之藻等皆召至京，参预历事。云路据其所学，之藻则以西法为宗。"② 随着

① 参阅陈遵妫：《中国天文学史》第一册，上海人民出版社1980年版，第243页。

② 《明史·志第七·历一》。

朱载堉、邢云路、范守已等人的去世，晚明了解传统天文学方法的学者已不多见，徐光启以西法为主的修历，进行《崇祯历法》的编纂，标志着中国传统天文学体系的根本变化，从传统的代数学体系转为欧洲古典的几何学体系。[①] 从这个意义上可以说，朱载堉的天文学研究是中国传统天文学的最后代表之一。

朱载堉的修历是针对当时延用的大统历，朱载堉虽然没有机会通读过大统历，但朱载堉是了解大统历关于节气、闰月、月朔日、月交食、岁差等概念的，“以未睹皇朝大统历，于是犹未慊耳。后读丘祭酒所撰《大学衍义补》，内载大统历气、闰、转、交四准分秒，心窃喜曰：大统历经全文未见，而其大略已得之矣”[②]。修历是否被社会认可，归根结底看其历面与天象、二十四节气是否相符合，这涉及到回归年长度、朔望月长度的确定，由此决定了岁差的多少和闰月的置定。另外，看历法预测交食周期的准确性。关于传统天文法和西洋天文法在历法上孰精孰疏的争论，《明史》记载，判定“历法疏密，莫显于交食，欲议修历，必重测验”[③]。朱载堉在回归年长度的研究和日、月食计算中关于时差的订正方面有其独到的贡献。

明朝运用的大统历只是将郭守敬的授时历作了一些次要的变动，如把元大都所见的昼夜时刻改为南京的时刻，以洪武十七年(甲子年，1384 年)为历元，去掉了授时历的岁实百年

① 参阅陈遵妫：《中国天文学史》第一册，上海人民出版社 1980 年版，第 243 页。

② 《进历书奏疏》。

③ 《明史·志第七·历一》。

消长之法等等。朱载堉看到了大统历与授时历关于回归年长度古今消长的差别。从两者在回归年长度计算方法中的差异，发现了问题，并作了比较和分析研究，提出了自己的见解，“臣尝取《大统》与《授时》二历较之，考古则气差三日，推今则时差九刻。夫差虽九刻，处夜半之际，所差便隔一日。节气差天一日，则置闰差一月。闰差一月，则时差一季。时差一季，则岁差一年。……盖因《授时》减分太峻，失之先天，《大统》不减，失之后天。因和会两家，酌取中数，立为新率”[①]。

朱载堉关于每年岁余约取中数，作为计算回归年长度的新法，是基于朱载堉认为“阴阳消长之理，以渐而积，未有不从秒起”。而《授时历》不论是上考往古实加还是下求将来都是“于百年之际顿加一分”，由于岁余计算太粗，所以历面与历史上的计时、天象实测不符合。朱载堉举例说明《授时历》由于岁余计算的失误而导致回归年长度古今变化的错误，“假如鲁隐公三年辛酉岁，下距至元辛巳二千年，以授时本法算之，于岁实当加二十分，得庚午日六刻，为其年天正冬至。次年壬戌岁，下距至元辛巳一千九百九十九年，本法当加十九分，得己亥日五十刻四十四分，为其年天正冬至。两冬至相减，得相距三百六十五日四十四刻四十四分，则是岁余九分日之四，非四分日之一也。历法之谬，莫甚于此”[②]。在这些分析比较研究的过程中，朱载堉提出了他的计算新法：“新法酌量，设若每年增损二秒，推而上之，则失昭公己丑；增损一秒至一秒半，则失僖公辛亥。今约取中数，其法置定距自相乘，七因八归，所得百，约之

① 《进历书奏疏》。

② 《律历融通》卷四。

为分，得一秒七十五忽，则辛亥、己丑皆得矣。”[①]朱载堉用新法确定每年的岁余为一秒七十五忽，即 0.000 001 75 日的新值，并用这岁余的新值验证史书关于历史上两条历面和天象的记录，“僖公五年春壬正月辛亥朔，日南至”[②]和“昭公二十年春壬正己丑，日南至”[③]，彼此符合，“则辛亥、己丑皆得矣”。

在黄钟历和圣寿万年历中，朱载堉根据岁余的比较分析，确定了岁余的新值，从而建立了回归年长度古今变化的新公式。由于黄钟历和圣寿万年历对回归年长度及其古今变化作了新的调整，这对于许多历法问题，诸如历元年的回归年长度值，冬至时刻和五星近日点黄经及其进动值等等问题的计算精确度产生了很大的影响。[④] 回归年长度为 365.242 5 日是由南宋杨忠辅在 1199 年的统天历中确定的，元朝的郭守敬在授时历中接受了这一概念，并且接受了杨忠辅统天历关于回归年长度古大今小的变化概念。

在黄钟历中，朱载堉设实际历元(1281 年)的回归年长度为 365.242 5 日。回归年长度古今变化的公式为：

$$T = 365.242\,5 - 0.000\,001\,75(t - 1281)$$

在圣寿万年历中，朱载堉设实际历元(前 3007 年，即 1554 年前的 4560 年)的回归年长度为 365.25 日。回归年长度古今变化公式为：

---

① 《律历融通》卷四。

② 《左传·僖公五年》。

③ 《左传·昭公二十年》。

④ 详细请参阅陈美东的研究，载戴念祖《朱载堉——明代的科学和艺术巨星》，人民出版社 1986 年版，第 170—173 页。

$$T = 365.25 - 0.000\,001\,75(t + 3006)$$

黄钟历和圣寿万年历的这两个公式 T 值间的误差只有 0.000 002 日，基本上是等价的。

分析比较表明：黄钟历和圣寿万年历所取回归年长度值，木、水二星近日点黄径值和五星近日点每年进动值的总精度均较《授时历》为佳，而冬至时刻，火、土、金三星近日点黄径值的精度，则以《授时历》为高。上述各值中除水星近日点黄径值外，其余的值都是圣寿万年历的精确度为高。① 这说明朱载堉对《授时历》的修正有其成功之处，同时也有其缺陷和不足。朱载堉的工作只是在对历代诸史书中的五十余家名历进行考其异同，辨其疏密，而不是如郭守敬等制定的授时历是在全国范围内进行规模空前的测地工作，在获取一系列精度较高的观测数据的基础之上，他所确定和使用的天文常数值也较为准确，同时又吸收了前人各历的精华，才能编成中国古代最优秀的历法。郭守敬的《授时历》是中国传统历法的高峰。从这个意义上看，朱载堉的工作也只能是在传统天文历法的范围内作一点修补的工作，未能从方法和体系上作根本的突破，从而制定出更准确的历法。这说明中国传统天文学的观测手段、观测方法、计算方法、宇宙模型观等方面，在郭守敬等人的研究工作中已得到充分的体现。这点从邢云路修历失败的实践也可以看出。邢云路曾被召至京，参预历事。在中国古代天文历法的研究中，日、月食的推测是判定历法疏密的一个重要标准，然而邢云路的推测同样不准，“云路复详述古今日月交食

① 请参阅陈美东的研究，载戴念祖：《朱载堉——明代的科学和艺术巨星》，人民出版社 1986 年版，第 170—173 页。

数事，以明《授时》之疏，证新法之密。章下礼部。四月壬申朔日食，云路所推食分时刻，与钦天监所推互异。自言新法至密，至期考验，皆与天不合。”① 中国传统天文学走出中世纪从而从本身脱胎出近代的天文学是困难的，因为在宇宙模型，测量和计算方法上存在着根本的局限和差距。

朱载堉在《圣寿万年历》中对计算日食和月食是否应作时差订正的认识亦有他独到的认识。朱载堉指出，由于视差引起月球视轨道和真轨道不一致，所以计算日食的时候，应作时差订正；而月食由于月球进入地影，太阳光被地球挡住，射不到月面，视差在此不起作用，所以计算月食时不应有时差的订正。“日如大赤丸，月如小黑丸，共悬一线，日上而月下，即其下正望之，黑丸必掩赤丸，似食之既；及旁观有远近之差，则食数有多寡矣。春分已后，日行赤道北畔，交外偏多，交内偏少。秋分已后，日行赤道南畔，交外偏少，交内偏多。是故有南北差。冬至已后，日行黄道东畔，午前偏多，午后偏少。夏至已后，日行黄道西畔，午前偏少，午后偏多。是故有东西差。日中仰视则高，日暮平视则低。是故有距午差。食于中前见早，食于中后见迟。是故有时差。凡此诸差，唯日有之，月则无也。”② 并进一步用实验模拟的方法说明月食不应有时差的道理，“譬如悬一黑丸于暗室，其左燃烛，其右悬一白丸，若烛光为黑丸所蔽，则白丸不受其光矣。人在四旁观之，所见无不同也。故月食无时差之说。自《纪元历》妄立时差，《授时》因之，误

① 《明史·志第七·历一》。

② 《圣寿万年历》。

矣。"①

朱载堉在天文历法研究上所作的努力并不亚于对音律的研究，在研究的出发点上也完全一样，都力图用新法来取代旧法，研究的方法上也相类似，都是尽可能地研究前人在历法和音律研究上的成果及其得失，通过比较分析，从文献实例模拟推算或实践来发现问题，然后找出一个解决方法，再进行验证。但是，朱载堉在天文历法和音律领域研究工作所取得的成果，在价值上却有很大的差别。如果说十二平均律的发现和创建是和近代科学精神一脉相承，那么，朱载堉的《黄钟历》与《圣寿万年历》并没有脱离中国传统天文学的体系。为什么会出现这种差别？为什么朱载堉在天文历法的研究上没有能像十二平均律那样形成、产生"如哥白尼日心说"那样的成就和影响呢？

天文历法与音律同样都是中国封建社会政治观念的一个构成部分，对它们进行理论体系的变革都会引起社会政治上的反应，产生社会争论和社会反响。但是到晚明社会，朝廷对音律已远不如以前那样重视了，"音律久废"，"殿廷燕享，郊坛祭祀，教坊羽流，慢渎苟简"，乐官"施诸五音六律辄多未协。……不晓其义……不复知有黄钟等调"。② 这种状况意味着社会和朝廷已不再关注乐律的政治作用。乐舞在社会生活中的作用已从政治观念的有机构成下降到一般的娱乐性质。同时，乐舞和社会生产、百姓生活的关系也不是十分密切。而天文历法一方面因为"敬授民时"的社会功能和社会的生产、百姓生

① 《圣寿万年历》。

② 《明史》卷六一。

活密切相关，另一方面由于皇权神授的观念，天象变化和政治更迭密切相关，明王朝开国以来就对私习天文历法者制定了严厉的法律制裁条例，“习历者遣戍，造历者殊死”[①]。到了明宪宗时期，曾有俞正已在成化十七年(1481)因献历被宪宗帝以“正已不谙事体，妄议历法”为由，令“锦衣卫执其治之”[②]。万历年间邢云路上疏修历，险些被钦天监监正奏以“僭妄惑世”的罪名治罪。[③] 正因为当时这两门学科所处的政治环境的宽松程度不一，对朱载堉做具体研究时的心态和目的有很大的影响。在律制研究中，朱载堉是以彻底否定三分损益律的理论体系为根本目的的，在天文历法研究中，朱载堉的目的是为了修正《授时历》的一些缺陷。当然，造成这种差别的另一个原因也在于天文历法和乐律研究所需的具体条件不同。乐律的研究是个人可以独立进行的一种研究工作，朱载堉在音乐演奏和音乐理论方面都具有很高的水平，使他能从旧律制——三分损益律和音乐实践之间的矛盾发现问题，提出问题，通过比较分析，能够找到正确的解决方法，得到十二平均律的新律制，再在乐器的制作、作曲和演奏中得到验证。但是，天文历法的研究不是一个个人可以独立解决的问题。正确历法的制定，需要持久广泛的定点网络式的天文观测，也需要对一些特定的天文现象进行长期的追踪观测，这样，才能较为精确地测定历法制定所必需的天文常数值。这种工作需要有组织的政府工作。像朱载堉个人闭门造车式

① 沈德符：《万历野获编》。

② 《明大政记》。

③ 《明史·志第七·历一》。

的研究，是不可能提出一种制定新历法的关于日、月、地空间模型的天文学新学说的，他本人也不可能进行这种广泛、长期的天文观测，或是有效地利用社会同行的观测记录和有关数据。朱载堉虽身为皇家世子，也未能看到明朝所用的《大统历》。

中国传统的天文学以历法为中心内容，而历法具有很强的现实应用性，这个特点使一般的中国天文学者都以验证历面和天象的符合为研究的目的。所以，从思维方式和研究方法看，他们一般不会先从宇宙模型的构造出发，对日、月、地三者的运行规律有一个新的空间概念，以此为基础进行天文观测，确定天文常数值，制定历法。所以，哥白尼日心说式的天文学革命在中国传统天文学的这种模式中是很难出现的。

数学研究亦是朱载堉从事的另一项重要的学术研究工作。朱载堉关于数学的研究工作是和他的乐律研究工作密切相关的，为乐律研究提供一种有效的计算方法。照朱载堉本人的说法，他的《算学新说》是《律学新说》和《乐学新说》的辅助工具，“所以羽翼其书者也”①。从这个意义上看，朱载堉在数学上的贡献是找到了求解等比数列的方法和用珠算进行开方运算的方法。因为朱载堉的十二平均律是一个以$\sqrt[12]{2}$为公比的等比数列。因此，$\sqrt[12]{2}$值的计算和求解等比数列的方法是具体应用十二平均律所必需解决的问题。

$\sqrt[12]{2}$值的计算，朱载堉是用算盘来完成开方的复杂计算，“凡学开方，须造大算盘，长九九八十一位，共五百六十七

① 《算学新说》。

子，方可算也”。“凡开立方，将算盘梁上贴纸一条，写上百十寸、百十分、百十厘、百十毫、百十丝、百十忽、百十微、百十纤之名，至于纤已下位数，不立名色，只隔二位画一圈，使开方除实不错耳”。[①] 具体拟定了运算口诀，并举例作了详尽的说明，这使得用算盘进行开方运算的方法得以流传和推广。用算盘进行开方运算，在当时是朱载堉的创造。

珠算盘的记载最早见于元末陶宗仪的《南村辍耕录》(1366)。珠算盘是逐渐替代算筹的一种新的计算工具。到了1578年柯尚迁的《数学通轨》已记载了一个有十三档的珠算盘图，且上二珠与下五珠之间用横梁隔开，已与现在通行的算盘相同。到了1592年程大位的《直指算法统宗》不仅将一切筹算的加、减、乘、除运算转变成珠算运算，并用口诀的方式规定了运算过程，还进一步提出了开平方、开立方的珠算方法。从珠算发展的过程看，朱载堉在《算学新说》(成书于1581年)中所拟定的珠算开方的计算方法远早于程大位的《直指算法统宗》。珠算开方是朱载堉的首创，是在寻求十二平均律的数学计算方法的探索过程中的一种创造性工作。

朱载堉是用数学表达式来表述他的十二平均律理论的。在一个八度音程内，十二平均律的各个音高值构成了一个以$\sqrt[12]{2}$为公比的等比数列。朱载堉用珠算开方解决了$\sqrt[12]{2}$值的计算。公比的值可以计算出来，那么已知首项a_1(设定为1)，公比q($\sqrt[12]{2}$的值可以计算)，项数n，能否求出等比数列的任意项的值，即研究、寻找一个求任意项值的通项公式：$a_n=$

---

① 《算学新说》。

a_1q^{n-1}。朱载堉虽然没有从求等比数列通项公式的途径研究等比数列的求解法，但是朱载堉从求解等比中项，以及在四项构成的等比数列中，已知首项、末项、公比的情况下求解第二项和第三项的值。这两种方法解决了求解等比数列任意一项的问题，这两种求解方法朱载堉是用实例求解计算的方法表达出来的。

由于朱载堉在数学计算这两个方面的成就(指公比$\sqrt[12]{2}$的值的珠算计算方法和求解等比数列的方法)，最终使朱载堉的十二平均律不仅在理论上，而且在实践应用上确立起来，成为一种可以通过确定的数学关系式表达和可用精确的数值来验证的科学理论。

作为一个百科全书式的学者，朱载堉不仅在音律、历法、算学这三个主要领域取得了不少很有水平的研究成果，而且在文学创作、舞蹈、绘画艺术、艺术教育等诸多方面也具有相当的造诣，取得了一定的成果。朱载堉不仅仅是一个学识渊博的学者，而且是勇于艺术实践，善于在艺术实践中充分展现其理论素养的实践者。朱载堉在晚明社会的出现，是封建社会内部文化反思和总结，文化批判过程的一种反映。他和欧洲文艺复兴时期出现的那些文化巨匠相比，虽然在多才多艺和学识渊博方面有其相似之处，但朱载堉基本上是封建时代的补天派。朱载堉的学术活动是为重建封建社会的秩序而努力的。欧洲文艺复兴时期的巨人是给“现代资产阶级统治打下基础的人物”，他们或是用笔，或是用剑在与封建中世纪的教会、神权浴血斗争中生活和活动着，而朱载堉是在隐居式的学者生涯中进行自己的学术活动，用进呈朝廷的方式，恳请封建皇帝肯定自己的研究成果，接受自己的理论观点。朱载堉是一个孤寂的、隐士的百科全书式的学者,他的光辉被时代尘封,其中既有客观环境的限制,也有主观因素的作用。

二、严谨的学术态度

朱载堉学术研究的领域很广,在各研究领域所取得的成果其价值大小也不尽相同。但是,朱载堉学术研究的严谨作风是持之以恒的。这种严谨的学术态度具体表现在以下几个方面。

其一,对每一个进行学术研究的领域,朱载堉所作的第一项工作就是尽可能全面地阅读、了解、研究前辈和同时代人在这个研究领域所做的工作及其所取得的成果,分析理论认识和经验事实之间的差异和矛盾,比较各人研究成果的同异得失、优劣长短之处,总结别人的经验和教训,从而能提出新的研究问题,探索解决问题的新思路和新方法。在乐律、历法的研究中,朱载堉博览群书,研读了历代史籍。在《律吕精义》一书的撰写过程中,朱载堉应用的明代的各种参考书就有六十余种。朱载堉在学术研究的过程中,一再强调了自己学习前哲世贤成果的事实和目的。

> 弱冠之时,读《性理大全》,见宋儒邵雍《皇极经世书》、朱熹《易学启蒙》、蔡元定父子《律吕新书》、《洪范皇极内经》等而悦之,口不绝诵,手不停披,研究既久,数学之旨颇得其要。①

---

①《进历书奏疏》。

臣读《性理大全》等书，摘取先儒要语与夫古今儒者式论律学之正理，或辨乐家之邪说，附录于此卷末，兴乐君子览焉，庶几知所取舍云耳！①

壮年以来，复观历代诸史志中所谓历者五十余家，考其异同，辨其疏密，志之所好，乐而忘倦。②

缉名历五十家，倾心考证。③

臣于经史百家书中，礼乐名物、车服器物、近取诸身，远取诸物，凡有关涉于度数者无不博采以为证据，间有相传之讹，亦与辨析，使之昭然无可疑焉。④

采众说之所长，羽翼大统，广其未备。⑤

凡为律学者，宜先辨其是非。⑥

正是在这种大量、广泛而深入的研读前人研究成果的基础上，朱载堉开始了自己的研究。只有洞悉了各家的研究工作，才能了解各家得失及所用的研究方法，避免新的研究工作可能走的弯路，才能利用各家的研究成果心得，作为进一步研究的基础，才能敏锐、正确地发现前人研究工作的问题所在，以此作为自己研究工作的突破口。这点在朱载堉关于乐律研究的工作中表现得最为突出。朱载堉批评"王莽为作"，指出王莽所制定的度、量、衡的新规定与实际有误差，这种误差在应

① 《律吕精义·外篇》。
② 《进历书奏疏》。
③ 《律历融通》卷四。
④ 《律学新说·审度篇》。
⑤ 《律历融通》卷三。
⑥ 《律学新说·序》。

用于定律上便会造成较大的音高差异。律制涉及到长度和径围尺寸,因此,律尺和日常用尺必然会有联系,朱载堉提出了"律可以制度量衡,因度量衡可以制律"[①]的结论。朱载堉批判"刘歆伪辞",指出刘歆为适应王莽新政的需要,用谶纬神学来附会音律学,"倚数配合,穿凿附会,而与律吕之理全不相关。"[②] 朱载堉批判三分损益律"疏舛",指出历代律家,从京房的六十律,钱乐之的三百六十律到何承天的新律,蔡元定的十八律都是因为他们信奉的三分损益律"非天成自然之理",所以他们都"是皆惑于数而昧于声者也","声音有出于度数之外","不能取信于人"[③]。

朱载堉正是在研究了前人在律制研究方面的三个根本的失误之处,发现了问题,从而提出了三个根本性的解决手段、定黄钟之长为一尺,摈弃音律学上的谶纬神学的内容,不用三分损益律。正是在这样的基础上,才形成了"新法密率"的新思路,创建了"十二平均律"的新理论。

其二,朱载堉不拘陈说,不囿于定见,具有一种不断怀疑、批判和修正的科学精神,力求理论认识和实践能相吻合,使理论认识具有更多的真理内容。对真理的追求是朱载堉坚持严谨学术作风的动力。

> 今见太常雅乐及天下学官所谓大成乐者,盖汉津之律也。夫汉津之杜撰,自不能服宋人之心,而金

① 《律吕精义·内篇》。
② 《律学新说·序》。
③ 《律学新说》卷一。

元以来返遵用之，无敢议其失者，理不可晓。①

世之言律者，多宗蔡元定，其法备载《性理全书》中。朱熹因之，著于《仪礼通解》，其说盖详明矣。然观二子，虽尝著书，而实未尝审定其音。②

若夫礼乐气象，律吕名义，则缙绅先生类能言之。凡非数术音声之技，兹并不述，所谓各志其志而已。③

未睹历经，不识仪表，粗晓算术，罔谙星象，惟据史册成说。④

朱载堉的这些批判性的论述，其要旨就在他坚持严谨的学术态度。他认为历史上传下来的一种理论学说，或是流行一时的认识定见，并不一定是真知灼见，有可能因讹传、附会、臆测、空想而带有不可避免的疏漏和谬误。例如，用埋管飞灰作候气之说，乃不经之谈。因"光武以谶兴命，解经从谶，汉儒遵时制不得不然也。隋唐已后，疏家逅相祖述而遂为定论矣"，"迄于宋元朱熹、许衡，中历多儒，未尝辩论，以破其谬，是故学者惑之久矣。"⑤因而，朱载堉认为，对史册记载和世贤的定论不能盲目信奉，而应据实修正，去芜存精，去谬存真，以新说代陈见。朱载堉"惟求实理，不事文饰"，力矫史家之通弊。就是对自己的研究成果，朱载堉也是持一种客观的、精益求精的批

① 《律吕精义·外篇》。
② 同上。
③ 《律学新说》卷一。
④ 《进历书奏疏》。
⑤ 《律吕精义·内篇》。

判态度。朱载堉虽著《算学新说》一书，仍承认自己“虽好算术而实未臻其奥”，[①] 以待进一步的修正、完善。朱载堉虽用“旋宫法拟造新谱”，写下了不少新乐曲，但仍提出“谱无定法，勿惮改定润色”[②]的主张，力求做到尽善尽美。应该说，在当时的社会历史背景下，朱载堉对流行陈说的学术批判是需要很大的理论勇气的。因为，一则历法、乐律都具有很强烈的政治色彩，社会的习惯看法具有很大的惰性。二则朱载堉身为皇家世子，涉及社会政治和是非争论是一件很忌讳的事情。所以，没有对学术的严谨态度是很难支持这种理论勇气的。朱载堉对陈说定见作批判的一个基本理由，是因为他们“不假以手亲验也”，“总似道听途说而未尝试验耳”，“被无稽之谈欺惑千载而未能觉，则格物致知之学安在哉？”[③]

其三，朱载堉严谨的学术态度也突出地表现在他对从经验世界获取科学事实的重视，表现在他对用实践来检验理论认识真伪、来区分科学与伪科学界限的重视，“埋管能飞灰，吹箫能引凤，此类乃乐律末，而神之以为重，尊信耳闻之虚说，诬蔑眼见之实理，乐律绝传，盖有由矣。”[④] 所以，朱载堉断然宣称“不取埋管验气等术”，[⑤] 从而与伪科学划清了界限。

朱载堉“新法密率”思路的产生得益于古琴的律位与琴音不相协而疑之。他关于乐律理论认识的内容依赖于他长期与琴师、乐工在演奏实践和民歌采风的过程中所积累起来的丰

① 《进历书奏疏》。

② 《律吕精义·外篇》。

③ 《律吕精义·内篇》。

④ 《进律书奏疏》。

⑤ 《灵星小舞谱·序》。

富的音乐感性知识。十二平均律的最终确立也是经过朱载堉制造乐器,乐师演奏,作曲制谱等音乐实践的验证。对音乐实践验证十二平均律的过程,朱载堉有较为详细的记载,使别人根据他的文字记载也同样可以重复他的验证过程。例如,朱载堉依据十二平均律的理论及数据制造律管来验证十二平均律,详细记录了两种质地的律管:竹管和铜管的制作工艺和制作规范。从竹管的选材、采集、加工、制作,具体的尺寸或式样到铜管的模具制作,浇铸方法,精细加工都作了相当明确的记录①。按照朱载堉记录的方法和具体尺寸,别人同样可以制造出相同的律管。律管制成之后,对吹律试音的实验,朱载堉也行文详细说明了具体的吹气方式及其音响效果。通过这样的制律,吹律的实践验证,只要符合朱载堉以十二平均律为基础制定的规范,则"律名同者,新律皆相协,旧律则不协",②完成了十二平均律的验证过程。正是在批判陈说和实践验证相结合的学术活动中,朱载堉才修正了谬误,并使自己的研究成果更趋完善。

其四,朱载堉在构筑自己的理论、学说时,其结构在内容和形式上也尽量做到完备和符合逻辑,这也体现了朱载堉严谨的学术态度。十二平均律和舞学是朱载堉构筑的比较完整的理论体系。

十二平均律的思想应是由朱载堉的父亲朱厚烷在其获罪被禁锢于凤阳时萌生的,1567年还国复爵以后,传授给朱载堉,"臣既受教,乃于暇日,采古今传记及先儒旧说,续以新闻,

① 参阅《律吕精义·内篇》,《律学新说》卷一。
② 《律吕精义·内篇》。

附以愚见，著成琴瑟《操缦》、《旋宫》等谱。臣父览之，颇以为然”[1]。朱载堉从 1560 年到 1581 年二十余年间，即 25 岁到 45 岁期间，将朱厚烷十二平均律的思想具体理论化并确定了计算公式。[2] 关于十二平均律的思想、理论及方法，朱载堉在其《律历融通》、《律学新说》、《算学新说》、《乐学新说》中都有不同程度的论述和记载，而其《律吕精义》一书，比较完整地表述了他的关于十二平均律的理论。朱载堉本人也一再肯定《律吕精义》一书是其新法密率理论的代表作品，多次提到“其详则见诸《律吕精义》”。朱载堉在 1596 年为《律吕精义》作序时说：“兹奉明诏征取律书，谨将旧藁删润以献。”这说明朱载堉从创建十二平均律的理论到最后将这理论进行内容和文字上的修订，中间经历了十五余年。这个事实说明朱载堉在构筑理论体系时，有着不断进行自我批评和修正的严谨态度。他力求理论表述的精确、简洁和明了，表明其在形成理论的过程中具有踏实严谨的学术态度。

朱载堉的十二平均律理论所根据的科学事实是：三分损益律、隔八相生法不能解决旋宫转调的理论和实践问题。其基本概念是：黄钟一尺、密率和异径管律。其基本关系是：弦长的等比关系。这些科学事实、基本概念、基本关系奠定了朱载堉新法密率理论的逻辑基础。这些科学事实、概念、关系作为理论体系的知识元素，按其固有的内在关系，通过一定的逻辑联结方式结合起来，表明了它们在理论体系中所占的地位及其

① 《进律书奏疏》。

② 十二平均律创建于 1581 年之前。参阅李纯一《朱载堉十二平均律发明年代辨证》，载《音乐研究》，1980 年第 3 期。

彼此的关系。朱载堉在确立这些基本概念时,相当详细地说明了这些概念形成和确立的事实理由。并由这些基本概念推演出其他的一些概念规定和关系。例如,朱载堉通过对历代史书律志的比较分析,得出了所谓作为神圣法典遵守奉行的黄钟尺寸只是律算的一种主观规定的认识,“盖算家之立率耳”①。这样,如何选取起始音弦长对计算最为方便合适的数值,就有了合理的根据。规定黄钟一尺、完全八度音程的弦长比值,则由此可定,倍黄钟 ∶ 正黄钟 ∶ 半黄钟 ＝2∶1∶0.5。完全八度音程的弦长比为2∶1,使完全八度音程的关系表现为一种最简单的数值关系。这为十二平均律数理方法的具体可解性提供了一个可靠的基础。朱载堉又将密率$\sqrt[12]{2}$作为一个完全八度音程内各律之间的一个固有的数值关系,再用完全八度音程内各律弦长的等比关系将“黄钟一尺”和“密率”连结起来,从而使弦乐的各律关系用其弦长的等比级数的方法将十二律彼此间平均音程的关系用数值关系精确、明了地表达出来。由于十二平均律是关于各律关系的普遍规律,因此不仅适用于弦乐器,也应适用于管乐器。朱载堉用异径管律的方法,以$\sqrt[24]{2}$为公比的等比数列解决了一个完全八度音程内一组律管的管口校正的问题,并通过制造乐器,乐器演奏,作曲等音乐实践的验证,从而使十二平均律完整地确立起来。朱载堉新法密率理论的构造过程完全符合近代科学构造理论的逻辑过程:从科学问题出发,经过感性具体(科学事实的获取),抽象规定(基本概念、基本关系的确定)到思维中的具体(十二平

① 《律学新说》卷一。

均律的确立)，从理论高度解决了科学问题——旧律制和旋宫转调的矛盾，其理论构造的逻辑过程和理论本身的逻辑结构都是严密的。这个理论的最后确立是朱载堉花了十余年的时间、精力和心血，从中可以看出朱载堉严谨的学术态度。

朱载堉关于舞蹈学的研究，其理论成就虽然不能和十二平均律相提并论，但是其舞蹈体系构造的严密并不逊于十二平均律的理论构造。朱载堉用文字形式说明舞姿的具体动作及其表达的具体内容，用图谱标定舞者在舞蹈表演的每一过程，在舞台上的具体位置、脚步姿势、群舞的队形的变换、组合和各种舞姿的分解动作，并配以伴奏的乐谱和节奏谱。朱载堉用文字、图谱、乐谱和节奏谱构成的总舞谱是很严密的，至今人们可以按照他的总舞谱重新排演这种舞蹈。这充分表现了朱载堉严谨的学术态度。

《明史》称朱载堉"博通今古"，所著历、律、算之书"考辨详确"，[1] 这些赞语是对朱载堉百科全书式的知识和严谨的学术作风的一种评价。从朱载堉学术研究活动的全部来看，这种评价是相当公允的。

---

① 参阅《明史·志第七·历一》。

第四章　十二平均律的系统理论

一、旋宫转调和三律并用

在我国封建社会，音律学有其特殊的政治地位。音律学和历法都是历代王朝统治者十分重视的两门学科，它们具有强烈的政治色彩。律制和历法的理论和王朝占统治地位的思想观念相一致，《乐记·乐本篇》云："宫为君，商为臣，角为民，徵为事，羽为物。"由于天人感应理论的成熟，渗透到中国封建文化的各个领域，星占、声占直接和国家的政治生活相关联：

凡天变，过度乃占。[①]

政失于此，则变见于彼，犹影之象形，响之应声。[②]

自初生民以来，世主何尝不历日月星辰？及至五帝、三代，诏而明之，内冠带，外夷狄，分中国为十有二州，仰则观象于天，俯则法类于地。[③]

凡音者，产乎人心者也……是故闻其声而知其风，察其风而知其志，观其志而知其德。盛衰、贤不肖、君子小人，皆形于乐，不可隐匿。[④]

治世之音安以乐……乱世之音怨以怒……亡国之音悲以哀……故有道之世，观其音而知其俗矣。[⑤]

这样，乐律理论与历法也被认为是相通的，学者往往治律同时也治历，朱载堉就是明显的例子。所以，在历代史书中，律学和历法大都是合为一篇《律历篇》。另外，音律学的发展和历法发展一样也存在一个实践发展受理论框架制约、束缚的状况。因为理论认识带有强烈的政治色彩，使得实践中出现的任何新问题都只能牵强附会地在旧的理论框架中得到解释和认可。虽然古代音律学的理论认识起源于音乐实践、耳齐其声定律和乐器定律，但是，一旦到三分损益法的定律理论占了统治地位，则无稽的候气之法定律，死板的数度定律便成了一种陈

① 《史记·天官书》。
② 《汉书·天文志》。
③ 《史记·天官书》。
④ 《吕氏春秋·音初》。
⑤ 《吕氏春秋·适音》。

规。由于数学计算方法发展的局限，以原来的简单的数学方法已无法处理音程之间的数学关系。朱载堉之前，在中国古代音律学中，不论是哪一种形式的度量，所用的计算方法都是三分损益法。以三分损益法的数学关系来处理音乐实践出现的问题，在理论处理方法、理论认识和音乐实践之间往往呈现脱节状态。另则，从音乐实践看，从"以耳齐其声"到"假数正其度"是律学发展的一种进步。一旦律历之学和王朝政治相关联则会产生一种颠倒的认识，如日月之行由历法决定一样，音律是由数度而定，"音乐之所由来者远矣。生于度量，本于太一"①，《淮南子》则更趋无稽，"一生二，二生三，三生万物……以三参物，三三如九，故黄钟之律九寸而宫音调。因而九九八十一，故黄钟之数立焉"。以后的学者文人更是将律、历附会于《周易》象数学。律学的数量关系呈现出一种神秘化的色彩。

另外，研究音乐理论的文人学者和从事演唱、演奏实践的艺人之间也不相联系，艺人的社会地位低下，属"优娼"之类。这样，理论研究不能和音乐实践相结合。在古代中国的音乐实践中，五度相生律、纯律和十二平均律是同时存在的。由于人耳听觉的敏感度容许一定音差的存在，所以在音乐演奏中旋宫转调的问题是可以得到解决的，但在理论认识上始终是由三分损益法确定的五度相生律。而五度相生律却不能满足十二律的"旋相为宫"的理想要求，也不能解决伴奏、演唱、演奏实践中的定音和转调问题，乐曲的记录和创作记谱也受到限制，乐器的制作、改进也不能达到定音准确的要求。因而如何解决这些问题是历代音律学研究的重点。解决的思路大致有

① 《吕氏春秋·大乐》。

二。其一，是在三分损益法的基础上，相生到十二律后，再继续往下生，以至能回到出发律上。例如，汉代京房（前 77 年—前 37 年）提出六十律制，“以上生下，皆三生二；以下生上，皆三生四。阳下生阴，阴上生阳；终于中吕，而十二律毕矣。中吕上生执始，执始下生去灭；上下相生，终于南事，六十律毕矣”①。由于五度相生律五个音阶之间的音程距离是不相等的，因而要回到出发律，这样的生律循环数是很大的。例如，有的人生律竟生到三百六十律，“宋元嘉中，太史钱乐之因京房南事之余，引而申之，更为三百律。……总合旧为三百六十律，日当一管”②。生律三百六十律以合一年三百六十天，但仍不能回到出发律。这种生律的解决方法在音乐实践中是不可操作的，无论是乐器制作，还是演奏时的定音和转调，都有实际上解决不了的困难。其二，是设想在十二律本身内调整各律的高度，使一个完全八度音内的十二律的每一律相隔一个完全八度音程后能回到出发律。这个思路是解决律制困难的正确办法。但这个解决办法首先取决于音乐实践的发展，即音乐实践（从记录总谱、伴奏、合奏的定音、转调到乐器的改进和创制）对律制的准确、合理有强烈的要求。其次，也取决于社会的政治、思想条件是否存在一种宽松、活跃的思想环境，使研究者有可能对占统治地位的由三分损益法确立的五度相生律产生怀疑和否定，因为五度相生律是宫廷雅乐的基础，是和封建王朝的政治观念相关联的。其三，取决于解决等程各律音高之间的数学计算的方法是否成熟。例如，南北朝

① 《汉书·律历志》。

② 《隋书·律历志》。

时的何承天（370—447）反对京房一味增加律数的做法，曾努力在十二律本身内调整各律的长度，创制了最早的十二平均律。何承天曾说："上下相生，三分损益其一，盖是古人简易之法。……后人改制，皆不同焉。而京房不悟，谬为六十。承天更设新率，则从中吕还得黄钟。十二旋宫，声韵无失。黄钟长九寸，太簇长八寸二厘，林钟长六寸一厘，应钟长六寸一厘，应钟长四寸七分九厘强。"[①]由于数学计算方法的局限，何承天是从某律开始，用三分损益法生律十二次之后，得到一个律的长度，它和开始律有一个长度差，他将这个音差分成十二等分，分别加在五度相生的每一次相生上，即把这个音差的十二等分之一累加到十二个律上。何承天创制的新律不是准确的十二平均律，他并没有从数学方法上解决各律之间的比率问题。

能自由地旋宫、转调是古代中国音律学家从理论上迫切想解决的问题。旋宫，就是宫声在十二律之间自由流转，按现代的说法，就是调高的改变，即十二个音名 c、$^{\#}$c、d、$^{\#}$d、e、f、g、$^{\#}$g、a、$^{\#}$a、b，不管哪个音名作音阶的主音，其音阶排列任何相邻两音名之间的音程都是相等的。在音乐实践中，在听觉误差容许的范围内，乐器的制作者和演奏者用自己的经验方法得到了比较满意的结果，"五声、六律、十二管，还相为宫也。"[②]《国语·周语》也记载乐官伶州鸠历举了十二律的律名，七个音阶的阶名，并且说明了十二律与七个音阶之间的关系，观念上的这种认识是音乐实践的结果。如以黄钟为宫

① 《隋书·律历志》。

② 《礼记·礼运》，"还"读作旋。

（调首）这两者的关系如下：

十二律	黄钟	大吕	太簇	夹钟	姑洗	仲吕	蕤宾	林钟	夷则	南吕	无射	应钟	清黄钟
音阶	宫		商		角		变徵	徵		羽		变宫	清宫
音名	f	#f	g	#g	a	#a	b	c^1	#c^1	d^1	#d^1	e^1	f^1

1978年在湖北随县曾侯乙墓中出土的大批乐器中有一套战国编钟，虽是根据五度相生律铸造，而辅以纯音律音程（纯律大小三度），以解决回到出发律的问题。编钟共分上、中、下三层，其中、下两层除可演奏C大调外，尚可转E、D、G、A等四五个调以上，其旋宫的能力在当时是相当可观的，解决了当时实际演奏时的旋宫转调。这套编钟的乐律基本上能适合五声音阶、六声音阶或七声音阶的各种调式。① 1957年河南信阳出土的春秋编钟，根据杨荫浏先生的研究，编钟的音律接近于十二平均律和纯律，较远离五度相生律，可以演奏各种调式。② 另外，从现存的民间小曲的工尺谱抄本中，一个套曲往往包含着几个前后不同的调性，存在着转调关系，在记谱时都记作一个调性。这种移调记谱法类似于现代的固定唱名法，是在音乐实践的经验中产生的，便于唱、奏者的使用。

如要在理论上真正解决旋宫转调问题，则只有以数学表

---

① 请参阅缪天瑞的《律学》，人民音乐出版社1983年版，第115—117页；及黄翔鹏的《先秦音乐文化的光辉创造——曾侯乙墓的古乐器》，载《文物》，1979年第7期。

② 杨荫浏：《信阳出土春秋编钟的音律》，载《音乐研究》，1959年第2期。

达式表示十二律之间音程的关系，才使其成为可能。在朱载堉完成这个历史任务之前，古代音乐的实践和理论认识实际上是五度相生律、纯律和平均律三律并存，有时同时并用。为了更清楚地理解朱载堉创建十二平均律系统理论的音乐历史背景，有必要对古代中国音乐中三律并存的情况作些了解和分析。

我国最早的律制理论是弦上的“三分损益律”①，这种律制是五度相生律。在《管子·地员》篇中对这种律制用数学方式作了说明：

> 凡将起五音；凡首，先主一而三之，四开以合九九；以是生黄钟小素之首，以成宫。三分以益之以一，为百有八，为徵。不无有三分而去其乘，适足以是生商。有三分而复于其所，以是生羽。有三分去其乘，适足以是成角。

用简单的数学式子将《管子·地员》篇的记载表示如下：

$$1\times 3^4=81\quad 为宫音$$

$$81\times\frac{4}{3}=108\quad 为徵音$$

$$108\times\frac{2}{3}=72\quad 为商音$$

① 杨荫浏先生考证三分损益律是弦律而不是管律，见《管律辨讹》，《文艺研究》，1977年第4期。

$$72 \times \frac{4}{3} = 96 \quad 为羽音$$

$$96 \times \frac{2}{3} = 64 \quad 为角音$$

《管子·地员》篇所说的"三分损益"是一种生律和定律的方法:把一根弦——一个弦振动体在长度上一分为三段,如果增加 1/3,成为 4/3,称为"三分益一",如果减少 1/3,称为"三分损一",合称为"三分损益法"。这是一个弦上的五音推算方法,振动体三分损一,是上生五度,即所发的音比全长所发的音高纯五度。振动体三分益一,是下生五度,即所发的音比全长所发的音低纯四度。下方纯四度是上方纯五度的转位。三分损益法定的律制是五度相生律。

由三分损益法来定律是这样推算的,即将起始音的弦长乘$\frac{4}{3}$得次律,再将次律乘$\frac{2}{3}$得次一律,再乘$\frac{4}{3}$得次二律,再乘$\frac{2}{3}$……因此,三分损益法作为一种弦律推算方法,不止可推算五音,而且可推算七音、十二律,如《吕氏春秋》、《淮南子》算到十二律,有的还推算到十八律(如宋代的蔡元定)、六十律(如汉代的京房)、三百六十律(如南北朝的钱乐之)。但是,用三分损益法推算出来的十二律大都不和起始音在一个八度之内,而且音程大小不一,也就是说不能满足还原返宫和旋宫转调的要求。但是,从听觉审美的角度看,五度相生律所特有的大音阶音程和小音阶音程会产生一种明晰、悦耳的美感,而且在实际演奏中,乐器的改进和发展对律制精确的要求不高,能够通过经验的方法在听觉审美允许的范围内解决旋宫转调的实际问题。古人可用三分损益法求十二律,但求第十三律时,从旋宫转调的理想看，第十三律应是黄钟的高八度音——“半黄钟”，但根据三分损益法，这第十三律与“半黄钟”有差数，不能还原。所以，在理论上往往只求到第十二律，定名此十二律为“正律”，然后将“正律的弦长减半，作为高八度音阶的“半律”，将“正律”的弦长加倍，作为低八度音阶的“倍律”。如此一来，在实用上就可通行无阻。新的乐律理论由于不能将乐器全部改造，对音乐实践的影响不大。所以，由简单明了的三分损益法制定的五度相生律能长久运用。

五度相生律适用于“单音体”音乐的曲调上，当音乐变为和弦结构的“多声部”时，多声部结合的声音和谐问题，就成为音乐理论和实践必须解决的问题。纯律，亦称自然律，它由五度相生律再加入“纯律大三度”构成。这种律制构成和弦时声音较为和谐，所以称为纯律或纯正律。又因为这种律制是根据自然法则（倍音原理）而形成，所以又称为自然律。在我国古代音乐史上，虽然从未出现过有关纯律的理论，这和古代乐器发展的主流是以单音体为主的状况有关，另外，与三分损益法的计算不能精确算出纯律大音阶的弦长比（音程比）等具体因素有关，但是，在七弦琴的弹奏技术中却已开始应用纯律。琴上取音，从按音的徽位和泛音的位置，都可知道应用的是纯律律制。左指对准任一徽位，虚按各弦，右指可弹出泛音。琴上有七弦十三徽，其中第三、第六、第八及第十一等四个徽位上的泛音都是纯律所独有的音，而其余九个徽位上的泛音则是纯律和三分损益律所通用的音。也就是说一首琴曲，若用到三、六、八、十一徽上的泛音，则这首琴曲所用的律就是纯律。琴上十三徽的设置，是纯律应用在乐器制造上的反映。从现存的琴谱看，我国的琴家所演奏的琴曲都是纯律，最早的南北朝梁丘明(494—590)所传的《碣石调·幽兰谱》,其中十三徽上的泛音都已用到。宋代姜夔(1155—1221)作的琴曲,按音在二弦与六弦上用十一徽,在七弦上用八徽。以后明代诸多琴谱,除了十三徽上的泛音位置按音用的是六徽、八徽、十一徽等音位,并将泛音位置和徽间的按音"徽分"都记得十分明确。诸如此类,从琴曲泛音和按音的位置可以看出古人在演奏琴曲时是在应用纯律。

在音乐实践过程中,纯律的应用适应听觉对声音和谐美的追求,也解决了同一乐器(不同声部)和不同乐器合奏时,各种声部之间的和谐。但是,在音乐实践中,首先,纯律并不能达到"回到出发律"的理想要求,也不能解决音乐实践中的旋宫转调的问题,因为纯律定出的十二个音,音程大小不等,固定音高的乐器不能演奏不同音高的不同调式。其次,由于曲调与和弦之间的联系,五度相生律(适用于单音体曲调)和纯律(适用于多声部和弦)之间并不能协调。第三,纯律在当时的数学环境中不能用简洁明了的数学方式表达出来,如三分损益法计算出五度相生律那样。所以,纯律无论是在音乐实践和理论认识上都无法取代三分损益法的正统地位。

在朱载堉用"新法密率"定律法确定十二平均律的数学关系之前,一些学者从"还原返宫"回到出发律的理想要求出发,一些音乐艺人从实际演奏旋宫转调的需要出发,都进行了关于十二平均律的探索和钻研。

中国古代流行的弹拨乐器,是用相和品(古代称"柱")来调节、控制发音的振动弦长。每一个品都要同时控制几条弦上的音,即用一些直形柱位来兼管几条弦上高低不同的音。例如,公元前105年就有的琵琶(就是后来的阮),十二个长柱横贯四根弦之间，不同音高的四弦，共用一个截取相同弦长的柱，可以调和大小音程，是平均律的实际应用。

一方面，由于数学计算方法的局限，三分损益法生律十一次，第十二律不能回到出发律上，十二律不能周而复始，旋相为宫。另一方面，一些学者看到第一音和第十三音之间存在音差，希望用三分损益法继续推算下去，使起始音和终止音的音差趋于消失，汉代的京房作了这方面的努力。《汉书·律历志》记载，京房"受学于小黄令焦延寿六十律相生之法。以上生下，皆三生二；以下生上，皆三生四。阳下生阴，阴上生阳；终于中吕，而十二律毕矣。中吕上生执始，执始下生去灭；上下相生，终于南事，六十律毕矣"。《前汉书·睦·两夏侯·京·翼·李列传》记载京房治《易》："事梁人焦延寿，……其说长于灾变；分六十卦，更直日用事；以风雨寒温为候，各有占验。房用之尤精。"《后汉书·律历志》记载："以六十律分期之日。黄钟自冬至始，及冬至而复；阴阳寒燠风雨之占生焉。"这些记载大致可说明律学研究发展的几个问题：其一，京房依照三分损益法，推算到第五十四律时，和出发律已极相近似，两者的音差很微小，只有 3.51 音分，称为京房音差。[①] 在实际音乐演奏中，这种很微小的音差可忽略，也就是说京房的六十律在理论上提供了通过一种用极微小的音差来变换音律的可能性。虽然在乐器制造和音乐演奏的实践中这种六十律的律制繁琐复杂，实际应用十分困难，但京房的努力可提供一种启示，即用三分损益法解决回到出发律的问题，在理论和计算上是不可行的，应该另想办法。其二，也正是在六十律的推算过

① 参阅缪天瑞：《律学》，人民音乐出版社 1983 年版，第 20 页。

程中,发现了用管定律与用弦定律之间的差别,首次明确提出了"竹声不可以度调,故作准以定数"。并创造了一种十三根弦的定律器,称为"准"。以准上弦的不同长度,发出了符合六十律的音高。京房曾说:"截管为律。……术家以其声微而体难知,其分数不明,故作准以代之。……然弦以缓急清浊,非管无以正也。均其中弦,令与黄钟相得,案画以求诸律,无不如数而应者矣。"①虽然京房并没有在实质上认识以管定律和以弦定律之间的差别,也没有提出可行的解决方法,但他毕竟发现了问题,提出了问题,并试图解决问题,这为后人解决以管定律和以弦定律的统一提供了启迪。其三,律制的研究一旦和天人感应、象数灾变之说联系在一起,必然走向神秘主义。例如京房之后,南北朝时的钱乐之在京房的六十律的基础上一直生律到三百六十律,以合一年三百六十天。

京房的工作虽然在解决问题的思路上是错误的,但他的错误却引导、推进后人在律制研究方面的工作。无端地增加律数而又不能"还原返宫"的做法,不符合古人万物相生有始有终、离则复合、合则复离、循环合一的自然整体观念。因此,虽然数学方法未能突破三分损益法,但找出十二律之间音程的比例关系,在十二律中如何使其平均,做到可自由旋宫转调,回到出发律,成了一个努力的方向。南北朝钱乐之的同时代人何承天(370—447)作了有益的尝试:

何承天法制议云:上下相生,三分损益其一,盖是古人简易之法。犹如古历周天三百六十五度四分

① 《后汉书·律历志》。

之一，后人改制，皆不同焉。而京房不悟，谬为六十。承天更设新率，则从中吕还得黄钟。十二旋宫，声韵无失。黄钟长九寸，太簇长八寸二厘，林钟长六寸一厘，应钟长四寸七分九厘强。其中吕上生所益之分，还得十七万七千一百四十七，复十二辰参之数。①

何承天用三分损益法从黄钟生律十二次后得到一个律的长度比黄钟短 0.12 寸，不能达到黄钟的长度。因此，何承天将此 0.12 寸平均分配于林钟以后相生的十二律，即每律递加 0.01 寸，使十二律在音差部分形成一个等差数列，也就是说，何承天的新律制是在振动体——弦长的长度计算上，回到了出发律。下面根据何承天的定律方法，用一简表说明②（详见表 4.1）。

表 4.1

律　名	生律次序	音　名	何承天律的计算法	何承天律弦振动体长度	何律与平均律的音分值差
黄　钟	1	$^{\#}f^{1}$	9.00	9.00	0.0
大　吕	8	g^{1}	8.42+0.07	8.49	−0.8
太　簇	3	$^{\#}g^{1}$	8.00+0.02	8.02	−0.5
夹　钟	10	a^{1}	7.49+0.09	7.58	−3.3
姑　洗	5	$^{\#}a^{1}$	7.11+0.04	7.15	−2.0

① 《隋书·律历志》。

② 参阅缪天瑞：《律学》，人民音乐出版社 1983 年版，第 123 页。

续表 4.1

律名	生律次序	音名	何承天律的计算法	何承天律弦振动体长度	何律与平均律的音分值差
仲吕	12	b^1	6.66＋0.11	6.77	－7.1
蕤宾	7	c^2	6.32＋0.06	6.38	－4.8
林钟	2	$^{\#}c^2$	6.00＋0.01	6.01	－1.0
夷则	9	d^2	5.62＋0.08	5.70	－9.1
南吕	4	$^{\#}d^2$	5.33＋0.03	5.36	－3.9
无射	11	e^2	4.99＋0.10	5.09	－15.1
应钟	6	f^2	4.74＋0.05	4.79	－8.6
清黄钟	13	$^{\#}f^2$	$\frac{8.88+0.12}{2}$	4.50	－0.0

对表 4.1 有几点说明：

(1)何承天律制的弦长公式为：

$$\overline{A} = A + 0.01 \times (n - 1) \qquad n = 1\cdots\cdots13$$

A 是五度相生律的弦长。

$\overline{A}$ 是何承天律制的弦长，n 为生律次数。

(2)何承天新律虽然不是准确的平均律，但其各律的音分值和十二平均律比较，差数最大的也只有无射为 15.1 音分。十二平均律纯五度包含七个半音，照音分值 700 音分算，一个半音的音差是 100 音分。所以，从听觉感受上，这种误差是较难辨别的。

(3)当时的黄钟高度，约合今日的$^{\#}f^1$。

继何承天之后，五代时的王朴，隋代的刘焯等继续努力在十二律本身内调整各律的长度。先将史书上的有关记载摘录如下：

《隋书·律历志》记载刘焯所创的律制算法

仁寿四年（公元 604 年）刘焯上启于东宫……兼论律吕。其大旨曰："……律终小吕，数复黄钟，旧计未精，终不复始。……匪直长短，失于其差，亦自管围乘于其数。又尺寸意定，莫能详考；既乱管弦，亦乖度量。焯皆校定，庶有明发。"其黄钟管六十三为实，以次每律减三分，以七为寸法，约之，得黄钟长九寸，太簇长八寸一分四厘，林钟长六寸，应钟长四寸二分八厘七分之四。

《旧五代史·乐志》记载王朴所创的律制算法

以为众管互吹，用声不便，仍作律准，十三弦宣声，长九尺，张弦各如黄钟之声。以第八弦六尺，设柱为林钟。第三弦八尺，设柱为太簇。第十弦五尺三寸四分，设柱为南吕。第五弦七尺一寸三分，设柱为姑洗。第十二弦四尺七寸五分，设柱为应钟。第七弦六尺三寸三分，设柱为蕤宾。第二弦八尺四寸四分，设柱为大吕。第九弦五尺六寸三分，设柱为夷则。第四弦七尺五寸一分，设柱为夹钟。第十一弦五尺一分，设柱为无射。第六弦六尺六寸八分，设柱为中吕。第十三弦四尺五寸，设柱为黄钟之清声。十二律中，旋用七声为均。为均之主者，宫也；徵、商、羽、角、变宫、变徵次焉。发其均主之声，归乎本音之律。七声迭应而不乱，乃成其调，均有七调。

下面根据记载，列表 4.2 比较说明刘焯的律制、王朴的律制和平均律之间的关系。①

表 4.2

律　名	生律次序	音　名	刘焯律振动体长度	与平均律的音分差	王朴律振动体长度	与平均律的音分差
黄　钟	1	g^1	9.00	0.00	9.00	0.00
大　吕	8	$^\#g^1$	8.57	－20.0	8.44	11
太　簇	3	a^1	8.17	－46.3	8.00	4
夹　钟	10	$^\#a^1$	7.71	－48.3	7.51	13
姑　洗	5	b^1	7.28	－55.5	7.13	3
仲　吕	12	c^2	6.85	－57.5	6.68	16
蕤　宾	7	$^\#c^2$	6.42	－53.6	6.33	9
林　钟	2	d^2	6.00	－43.1	6.00	2
夷　则	9	$^\#d^2$	5.57	－24.9	5.63	12
南　吕	4	e^2	5.14	＋1.8	5.34	4
无　射	11	f^2	4.71	＋38.5	5.01	14
应　钟	6	$^\#f^2$	4.28	＋86.9	4.75	6
清黄钟	13	g^2	3.85	＋149.4	4.50	0.00

对表 4.2 作几点说明：

(1)当时的黄钟约合今日的 g^1 音。

① 参阅缪天瑞:《律学》,人民音乐出版社 1983 年版,第 124—126 页。

（2）刘焯是以管定律，振动体管长的计算公式为 $L_n = \frac{63-3n}{7}$，$n = 0、1\cdots\cdots12$，即以 63 除以 7 等于 9 为第一律黄钟，以后各律照半音的次序，每次从 63 减 3，再除以 7 生次律，如此计算，产生各律。这样构成的十二律，相邻两律的长度差为 0.43 寸。刘焯的管律制因为误把两律间的“长度的等差”视为两律间的“音程的等比”。所以，既不能回到出发律，同时也将十二律的音高弄乱了。虽然如此，刘焯仍对律制的发展有三点贡献：其一，已注意到管长、管围的尺寸度量与以管定音，定律密切相关，为以管定律的可能提供了一个启示。其二，刘焯的定律算法已完全不用三分损益法，为后人在定律的算法上开辟了一条新的思路。其三，刘焯以振动体两律间的长度等差作为十二律平均的出发点是错误的，但在十二律内寻找平均的努力，对后人寻找十二平均律有其积极意义。

（3）刘焯的工作有可能是对晋朝荀勗笛律的一种修正。据《晋书·律历志》记载，荀勗于公元 274 年制成十二支笛（直吹），以应十二律，笛上开孔，以合于音阶的各音。他的目的是为了造出既符合于三分损益律，又能旋宫转调的笛律。所以，他是在五度相生律的基础上，调整以他得出的管口校正数，这样来确定十二律笛的长度与笛上各按孔的距离，并得出了一个普遍的计算公式。荀勗的笛律最大的贡献是注意到以管定律，即按照音的高度计算管的长度时，都必须作“管口校正”，因为管内气柱振动时，气柱的一部分要突出在管的外面，即气柱的长度，要比管的长度稍长。但用十二支笛来定十二律在实际应用时是不可行的。刘焯试图以一个新的计算方法，以一支律管来取代十二支律笛，但却无视“管口校正”，所以结果比荀勋的笛律离十二平均律更远。

(4) 王朴并没有得出一个十二律的计算公式，但是其律制与十二平均律音分值差最大的是仲吕为十六音分，是很接近十二平均律的，他可能是用耳齐其声的方法来校正三分损益法算出的十二律之间的音高误差。他是用经验的方式企图达到回到出发律和旋宫转调的目的，所谓"十二律中，旋用七声为均……发其均主之音，归乎本音之律。七声送应不乱，乃成其调，均有七调"。

(5) 刘焯和王朴的努力正好表现了古代律制向平均律接近的两种努力。刘焯更倾向于理论探求，是想从算法上解决十二平均律的各律间的音程关系，并试图证明以管亦能定律。而王朴却基于音乐实践，从听觉的感受来调整十二律各律之间的音程关系，并说明了因用声不便以管定律的困难。这为后人吸收他们的长处，改正他们的错误，创造准确的十二平均律准备了条件。

虽然在中国古代律制上三分损益律(五度相生律)占统治地位，但纯律和平均律在律制的理论探索过程中也同时存在。在漫长的音乐实践中，三分损益律、纯律、平均律常是异律并用的。因为其一，这和中国古代乐器的发展与构造有关。中国古代的乐队大致由弹拨的弦乐器，如琴、琵琶、阮等，管乐器如笙、笛等构成，而一些乐曲中需要这些乐器并用。杨荫浏先生曾考证过①，南朝宋、齐时清商乐的平、清、瑟三调中，都是琴、笙与琵琶并用；隋、唐九、十部乐的清乐中是琴、笙与琵琶并

① 参阅杨荫浏：《三律考》，《杨荫浏音乐论文选集》，上海文艺出版社 1986 年版，第 396 页。

用;宋人临摹五代周文矩的《宫中图》卷中有琴、阮合奏的场面。当时,琴上所用的应是纯律,笙上所用应是三分损益律,琵琶与阮上所用的却只能是平均律。其二,和人的听觉美感有关,三分损益律、纯律、平均律同调七音音高的差别不大,为人的听觉忽略所容许,微小的音差形成的不协和音,能使音色丰富,增强声音的表现力。

中国的古代音乐家(从理论研究者到乐器演奏艺人)为了达到律制理论上回到出发律和演奏实践上可以旋宫转调,在定律的思想方法、计算方法,在以弦定律和以管定律具体音程的调节上作了不少的努力。由于主客观因素的局限,始终未能在理论上找到准确的十二平均律的计算方式,并在音乐实践上(从乐器制作到作曲记谱)使用十二平均律。一直到了晚明,才有朱载堉创造出“新法密率”,用等比级数平均划分音律,确定了准确的十二平均律。

二、朱载堉的解决方法

朱载堉提出“新法密率”的思路,从理论上用一个普遍的数学公式彻底解决了十二平均律。这个重大的理论成果是历史发展的一个逻辑结果,是主观努力和客观条件有效结合的一个结果。

从客观的历史条件看,晚明社会各种思潮沸沸扬扬,汹涌激荡。定于一尊的观念较前淡薄,怀疑、求新成为当时社会思潮的普遍特征。其一,虽然三分损益律作为传统的正统律制是和国家政治统治观念相关联的神圣法则,但当时的思想环境已经容许研究者怀疑、否定它并积极探求、创造新的律制。

朱载堉在将用新法密率确定的十二平均律新律制进献给明神宗时曾说:“律吕之学乖谬久矣,盖由宗守黄钟九寸、三分损益、隔八相生此三言之谬也。夫此三言实为律学之谬,然举世宗守之。闻臣此言而不以臣为大谬者,盖亦几希。是以臣愚虽得之以心而缄之于口,韫藏有年,不敢形于纸笔,为此故也。”①虽然律学领域仍是守旧势力占优,但身为皇族的朱载堉毕竟敢“冒渎之罪”,进献新律,否定旧律。神宗也只是“宣付史馆,以备稽考,未及实行”②,虽然冷落新律,但也未加逆、渎之罪。这表明,当时社会的思想和政治氛围给了朱载堉研究新律的环境。回忆一下历史,南北朝的何承天、五代时的王朴、隋代的刘焯能在律制的研究上有所突破和发现,当时他们所处的时代、思想和政治环境较为宽松不能不说是一个重要条件。十二平均律的研究停滞一千多年后,才能再从朱载堉父子开始新的研究,取得新的发展和新的成果,社会的思想、政治环境是一个不容忽视的因素。

其二,虽然三分损益律长期占统治地位,但是还原返宫,回到出发律的理论要求始终是三分损益律所不能解决的问题。这个问题的彻底解决一直是律制研究者追求的理想,前人在这方面的努力,他们所留下的方法、思路和结果对朱载堉的研究来说是宝贵的财富。朱载堉从中吸取了正反两方面的教训,“凡为律学者,宜先辨其是非”③。通过对历代各种律制学说的批判接受,朱载堉才能在思路和方法上避免前人的失

① 《进律书奏疏》。
② 《明史》卷六一。
③ 《律学新说·序》。

误，不重蹈旧辙。在创造新律的过程中，对影响定律的具体因素，对前人疏漏、谬误、以讹传讹之处都一一作了匡正。

> 律非难造之物，而造之难成。何也？推详其弊，盖有三失：王莽伪作，原非至善，而历代善之，以为定制，根本不正，其失一也；刘歆伪辞，全无可取，而历代取之，以为定说，考据不明，其失二也；三分损益，旧率疏舛，而历代守之，以为定法，算术不精，其失三也。欲矫其失，则有三要：不宗王莽律度量衡之制，一也；不从《汉志》刘歆、班固之说，二也；不用三分损益疏舛之法，三也。以此三要矫彼三失，《律吕精义》所由作也。①

这段论述总结性阐明了朱载堉对古代律制根本缺陷的认识。以弦定律和以管定律都有一个振动体长度的度量问题，除了度量衡之制本身不准确外，用准确的计算方法计算出来的十二律振动体长度，或经管口校正所得的参数，用以具体制作时也会出现实际度量的误差，而产生较大的音程误差。“王莽制作之疏，不可与周公之鬴同日而语也。”所以必须“不宗王莽律度量衡之制”。②

古代律制和历法一样，与《易传》象数观念相关，到了西汉末年谶纬之学盛行，它将天官星历，灾异感应，谶语符命，政治变迁，思想观念混为一体。谶纬和象数观念结合，无根无据的

① 《律吕精义·内篇》卷一。
② 《律学新说》卷四。

数字变化，无稽地成为一切物、象变化的根据。所谓“天数五，地数五，五五相得而各有合，所以成变化而行鬼神也”①。“参伍以变，错综其数，通其变，遂成天下之文，报其数，遂定天下之象”②。《易传》的象数观念引入谶纬之说中，这种数字游戏越加被穿凿附会，成为一种脱离自然的神圣的数字法则。王莽就是利用谶语符命篡夺政权的，王莽当政，以谶纬象数的观念为基础复古改制。刘歆是王莽召来的定律历新制的古文经学大师。他用一套谶纬象数的数字法则，自造一套律历规则，它与实际的律吕之理、天行之法全无相关。所以，朱载堉批评刘歆“与自说亦相乖戾，盖皆倚数配合，穿凿附会，而与律吕之理全不相关”，实为“伪辞”，“全无可取”。

京房用三分损益法推算出六十律，钱乐之进一步衍生出三百六十律，以达到返回出发律的努力。对此，朱载堉中肯地指出“衍之益多而无”③。因为三分损益法本身不合十二律的自然之理，“信三分损其一者，信之弥久而弥疏”④。所以，“苟不因自然之理，而但以三分损益之多衍之，殆不止三百六十，虽至百千万亿，往而不返，终不能合还元之数，况于六十律哉。是皆惑于数而昧于声者也”⑤。何承天的平均律虽仍用三分损益法，但不是在十二律之外增加律数，而是在十二律之内调整振动体的长度以期回到出发律。刘焯的十二笛律则是另用新的计算方式在十二律内调整振动体的长度，刘焯的十二

① 《易传·系辞上》。
② 同上。
③ 《律学新说》卷一。
④ 《律吕精义·序》。
⑤ 《律学新说》卷一。

笛律在形式上表现了十二平均律。何承天和刘焯的工作对朱载堉是极有启示的。所以,朱载堉肯定他们的定律法“似亦有见矣”。

通过对历代各种律制的研究及在音乐实践中的检测,朱载堉对确定新律有几点明晰的认识:

其一,用三分损益法不能返回出发律,必须另求新法,确定准确的十二平均律。“旧法往而不返者,盖由三分损益算术不精之所致也,是故新法不用三分损益,别造密率。”①

其二,返回出发律应在十二律内寻找到弦振动体的一个协调比例,使十二律始、终循环无端,而不应用增加生律次数的方法。

其三,朱载堉认为平均律的思想,“非自古所未有,疑古有之,失其传也。”② 失其传是因为没有一个准确的数学方法表达,而只能是在音乐实践中的笼统朦胧地体会,口传心授的经验式的把握。问题在于找到一个精确的可操作的计算方法。这种计算方法所确定的十二律不仅应在律制理论上解决回到出发律的理论难题,而且也应在音乐实践中能旋宫转调,即律制的数学规律和声音音高变化相吻合。“夫音生于数者也,数真则音无不合矣。若音或有不合,是数之未真也。达音数之理者变而通之,不可执于一也。……创立新法:置一尺为实,以密率除之,凡十二遍,所求律吕真数比古四种术尤简捷而精密。数与琴互相校正,最为吻合。惟博学明理之儒,知音善算之士,详味此术,必有取焉者矣。”“上古造律,其次听律,其后算律。”

① 《律吕精义·内篇》卷一。

② 同上。

“尝宗朱熹之说，依古三分损益之法，以求琴之律位，见律位与琴音不相协而疑之……始知古四种律，皆近似之音耳。”①

其四，晚明社会戏曲音乐发展的相当迅速。多人不同声部演唱的伴奏，多种不同调式的曲调组合成一个戏曲套曲的演奏，同一种曲调不同声部的演唱，多种不同类乐器组成的乐队合奏。这类新的音乐实践碰到诸如定调、转调、和音等问题自然向乐器在自身上实现转调提出了问题，而乐器制造和改进是需要有准确的十二平均律作指导的。另外，当时盛行的民歌、小曲、戏曲唱腔的演唱、伴奏和乐曲创作对定调和转调有直接的要求，同时，音乐实践中对在同一乐器中实现自由地旋宫转调有迫切的需求。这种社会需求促使律制研究的发展。既然三分损益法不能解决问题，那么寻求新的解决方法成了历史的必然。

其五，新的定律计算方法有待于数学的发展和新的计算工具，为其提供计算手段。朱载堉的新律用数学公式表示：$1 \times \frac{1}{\sqrt[12]{2^n}}(n = 0,1,2,\cdots\cdots 11)$，两律之间的音程比为$\sqrt[12]{2}$，即新律制十二律间的弦振动体长度为公比等于$\sqrt[12]{2}$的等比数列。朱载堉的新律碰到两个数学问题：一是开$n$次方的运算问题，二是求解等比数列的问题。当时的数学发展已提供了这两个数学问题的解决手段。明朝商业经济繁荣，各种商品交换，商业贸易结算日益复杂，因而商业算术由于客观上的需要得到了很大的发展。16世纪以来，很多商业算术书提倡用珠算盘计算，珠算术从此得到在全国范围内的广泛传播。这两方

① 《律学新说》卷一。

面具有代表性且流传最广的著作是公元 1450 年出版的吴敬十卷本的《九章算法比类大全》，公元 1592 年出版的程大位十七卷本的《直指算法统宗》，公元 1613 年李之藻编译的《同文算指》。吴敬的《九章算法比类大全》第十卷专论"开方"，论及开平方、开立方开高次幂的具体算法。程大位的《直指算法统宗》在第六卷、第七卷首先提出了开平方、开立方的珠算方法，所有计算步骤与筹算术相同，只要把开方术中的"方法"放在被开方数的右边，所得方根放在被开方数的左边，把原来的上下陈列改为左右并列，就可以依术演算。此书"风行宇内，迄今盖已百有数十余年。海内握算持筹之士，莫不家藏一编，若业制举者之于四子书，五经义，翕然奉以为宗"①。《同文算指》是李之藻主要根据克拉维斯的《实用算术概论》(1585)和程大位的《直指算法统宗》(1592)编译的。在"通编"篇里有关于等比级数与开方运算的内容。② 这些数学典籍根据它们流传广泛的情形，朱载堉应该是可以读到的。

从朱载堉个人的主观条件来看，他具有很多对创立十二平均律有利的因素。

其一，朱载堉出身于皇族，他具备充分的物质条件和充裕的时间去进行音律方面的实践和研究。他既可广泛地研读历代有关律学的文献，又可广泛地接触王室的大型乐队的乐器、艺人和演奏。这样，朱载堉对乐律的理论研究和乐器实测可以紧密地联系起来。这种研究环境使朱载堉在乐律研究中

① 程大位：《直指算法统宗·程世绥序》。

② 参阅钱宝琮主编：《中国数学史》，科学出版社 1964 年版，第 134—135 页，第 138—141 页，第 236—237 页。

既可避免前人只在十二律与振动体长度比例的数字关系上的主观臆测，又可避免前人耳齐其声定律，乐器定律，用听觉感受来调节十二律振动体长度比例的经验做法。

其二，朱载堉从小喜爱律、数之学，且极有天赋。他自述："余少嗜音律，长而益得其趣，是以乐学之说颇异于众。"[①]"弱冠之时，读《性理大全》……等而悦之，口不绝诵，手不停披，研究既久，数学之旨颇得其要。"[②]"载堉儿时即悟先天学。稍长，无师授，辄能累黍定黄钟，演为象法、算经、审律、制器、音协节和、妙有神解。"[③] 从小打下的良好的律、数基础，使朱载堉有专业能力去探求新律制。朱载堉年轻时自称"狂生"、"山阳酒狂仙客"，从这些名号也可看出朱载堉素有怀疑、反逆的性格特征，这对他后来冲破"三分损益律"的束缚提供了动力。因政治原因，家庭剧变，从 15 岁到 33 岁，朱载堉"席藁独处十九年"，沉下心，悉心研究了律制，为其新律制的创立铺垫基石。

其三，朱载堉家学渊源，其父朱厚烷精通音律学，并有独到之见，"臣父恭王厚烷存日颇好律吕，其悟性所自得，虽与先儒不无异同，而臣愚以为，其义或可补先儒所未发。"[④] 朱厚烷早知三分损益律的根本缺陷，对能达到旋宫的调律法，亦已基本形成，并将这些乐律思想都传授给朱载堉。朱厚烷曾对朱载堉说："六经有听律之文，无算律之说。律由声制，非由度出。黄钟之声既定，则何必拘九寸 。执守九寸为说，误矣。况又执守

---

① 《瑟谱》卷二。

② 《进历书奏疏》。

③ （清·顺治）《河南通志》卷五八。

④ 《进律书奏疏》。

王莽尺与斛铭，不亦误甚乎！盖律家所谓三分损其一者，犹历家所谓四分度之一也，皆大略之率耳。……援笙证琴，昭然易晓；援琴证律，显然甚明。仲吕顺生黄钟，返本还原；黄钟逆生仲吕，循环无端。实无往而不返之理。笙琴互证，则知三分损益之法非精义也。”①朱厚烷的这段论说向朱载堉指出了创制新律的方向。古代乐律与振动体的长度有关，而起始音弦长的数值确定得合适与否，与律制算法的难易有关。律由声制，非由度出，因此历代宗守的黄钟尺寸无需执泥。又律制与度量相关，古人守王莽旧制，度量有误，以差定律，难免不误。因此应由声重新定度量。另三分损益法过于疏漏，不能解决返本还原的问题。在定律制时，律数应与乐器互校互证。朱厚烷的这些教诲是朱载堉创立十二平均律的直接思想渊源，“臣闻此语，潜思有年，用力既久，豁然遂悟，不用三分损益之法，其义益精。律历皆赖臣父所诲，岂敢忘父之志而不为芹暴之献乎。”②他们父子还在一起研究乐律，一起合作编写乐书：“臣父昔年居凤阳时，惩艾之余，琴书自适。……彼时亲写《操缦谱藁》，藏诸箧笥。还国，出以示臣，且谕臣曰：‘尔宜再润色之，为我著成一书，以便观览。’及有口授，指示甚详。臣既受教，乃于暇日，采古今传记及先儒旧说，续以新闻，附以愚见，著成琴瑟《操缦》、《旋宫》等谱。臣父览之，颇以为然。”③朱载堉在其父旧稿《操缦谱藁》的基础上，写成了《操缦古乐谱》，是其父子合作的结晶。朱载堉对其创造的十二平均律也一再强调是继承了其父朱

① 《律吕精义·序》。

② 同上。

③ 《进律书奏疏》。

厚烷的思想,“《律吕精义》乃臣父遗志,而臣愚所述也。”①

朱载堉创立十二平均律的另一个直接思想渊源是其外舅祖何瑭的乐律学著作,如《乐律管见》和其关于律制的思想。朱载堉在《进历书奏疏》中曾说:“(何)瑭亦尝著阴阳、律吕之说,名曰《管见》。臣性愚钝,嗜好颇同,忝居桑梓,复与瓜葛,静居多暇,读其书而悦之。探索既久,偶有所得。”朱载堉对何瑭的见解极为推崇。何瑭首先对历代宗守的黄钟尺寸提出质疑,“何瑭曰:‘《汉志》谓黄钟之律九寸,加一寸为一尺。……若加一寸以为尺,则又何取于黄钟?殊不知黄钟之长,固非人所能为!至于九其寸而为律,十其寸而为尺,则人之所为也。《汉志》不知出此,乃欲加黄钟一寸为尺,谬矣!今按《汉志》,度本起于黄钟之长,则黄钟之长即是一尺。所长九寸,长八寸十分之一类,盖算家之立率耳。’”② 何瑭认为黄钟尺寸的确定只是律算家为计算十二律音程的一种自由设定。何瑭这一创见很为朱厚烷所赞同,“其说创于何瑭,而臣父深然之。”③ 朱载堉充分肯定了何瑭这一创见在创建十二平均律过程中的作用,认为其“论议精当,盖多前贤所未发者”。④“古来无此议论,盖自我朝为始,而《律吕精义》之所由作也”。⑤ 其次,何瑭认为在律制研究中应注意俗乐实践的观点也为朱载堉所肯定和重视。朱载堉在《瑟谱》中指出:“柏斋何公著《乐律管见》,其略曰:‘律吕声音,则犹存于俗乐之制作,顾观者不加察耳。’”朱

① 《律学新说》卷一。

② 同上。

③ 《律学新说》卷二。

④ 《律吕精义·序》。

⑤ 《律学新说》卷二。

载堉不仅是一个造诣很高的乐律学家，而且是一个十分全面的音乐实践家。他能制作、改造各类乐器，能和音乐艺人商讨乐器演奏中碰到的各种难题，能采集各种题材、调式的民歌小曲，能作曲记谱……这些实践活动充分说明了朱载堉注意和重视从俗乐实践中吸取素材，作为创立新律的一个来源。

朱载堉也确实在音乐的实践中获得了发现新律制方法的灵感："臣尝宗朱熹之说，依古三分损益之法以求琴之律位。见律位与琴音不相协而疑之，昼夜思索，穷究此理。一旦豁然有悟，始知古四种律皆近似之音耳。此乃二千年间言律学者之所未觉。惟琴家按徽，其法四折去一，三折去一，俗工口传，莫知从来。疑必古人遗法如此，特记载于文字耳。"[①]这段文字记载说明了朱载堉发现新律过程中的几个关键问题。朱载堉用三分损益法确定的律位和琴的音位不相协和。中国的古琴，琴上取音，有"散、按、泛"三种方法，古琴七弦十三徽都有泛音。从按音的徽分和泛音的位置，可知其七弦十三徽的位置在第三、六、八、十一等四个徽上的泛音为纯律所特有，而这些徽位依次是在弦长的$\frac{1}{5}$、$\frac{2}{5}$、$\frac{3}{5}$、$\frac{4}{5}$处。其他各徽的泛音是三分损益律和纯律所通用的，这些徽位依次是在弦长的$\frac{1}{8}$、$\frac{1}{6}$、$\frac{1}{4}$、$\frac{1}{3}$、$\frac{1}{2}$、$\frac{3}{4}$、$\frac{5}{6}$、$\frac{7}{8}$处。[②] 三分损益法定的律位与琴徽分的泛音不相协和。琴的七弦十三徽位的分布都是和弦长成一定的

① 《律学新说》卷一。

② 参阅杨荫浏：《三律考》，《杨荫浏音乐论文选集》，上海文艺出版社 1986 年版，第 397 页。

比例关系，这种比例关系与三分损益法所确定的十二律弦长的比例关系不一样。这个事实对朱载堉来说有两点启迪。一是知道由三分损益法确定的古四种律只是近似之音。二是古琴七弦十三徽位分布是按照四折去一、三折去一的方法，这种方法和三分损益法不同。朱载堉认为这是一种失传的古定律法，对这种定律法的昼夜思索，穷究此理，可能是朱载堉新法密率的助产婆。虽然纯律本身并不能解决回到出发律的问题，但古琴十三徽位的分布和三分损益法不同。虽然"四折去一，三折去一"的方法是"俗工口传，莫知从来"，但预示了一种新律法的思路。

从律制发展自身的逻辑来看，从纯律走向十二平均律比五度相生律走向十二平均律容易得多。因为五度相生律适用于单音体音乐的曲调，而纯律则解决了多声部的和弦问题。平均律虽有可能解决五度相生律和纯律本身以及相互之间的一些矛盾，但平均律构成和弦时也存在和谐性问题，平均律和纯律的矛盾比较显著。① 虽然，如上所述，朱载堉在有纯律关系的古琴上悟出了一种新的定律方法的道理，但其悟出的"四折去一，三折去一"的方法可能不是有纯律的徽位。因为如果"四折去一，三折去一"的折是按照折叠等分的意思来理解的话，古琴五等分的第三、六、八、十一四个徽位的泛音才是纯律独有。戴念祖对"折"的含义提出了一种新的解释。戴念祖认为，这里的"折"可能是古代数学家在进行开方运算过程中说的"折"。《九章算术·少广章》说："开方术曰：置积为实。……其复除，折法而下。……复除，折法如前"。"开立方术曰：置积为

① 参阅缪天瑞：《律学》，人民音乐出版社1983年版，第96页。

实。……复除，折而下。……复除，折法如前。”戴念祖认为“四折去一，三折去一”的意思就是将正律与倍律的弦长比 2 作为被开方数，将 3 和 4 作根指数并进行连续两次开方运算，[①]开 4 次方之后再开 3 次方，也就是“四折去一，三折去一”的含义，即$\sqrt[3]{\sqrt[4]{2}}=\sqrt[12]{2}$，这$\sqrt[12]{2}$正是朱载堉新法密率的一个关键数字，即是十二平均律弦长等比数列的公比。

朱载堉在继承朱厚烷和何瑭有关乐律思想的基础上，在对音乐实践出现的问题的思索、探求中，得出了几个基本结论：(1) 三分损益法过于疏漏，不能解决还本返原，回到出发律的问题。(2) 黄钟尺寸只是算家立率之说。(3) 十二律各律之间的弦长比不应是等差数列。这些结论是朱载堉创立新律制的基础。

> 新法不拘隔八相生，而相生有四法，或左旋或右旋，皆循环无端也，以证三分损益往而不返之误。[②]
>
> 先置黄钟长十寸在位。下生者五亿乘之为实，七亿四千九百一十五万三千五百三十八为法，除之，得林钟；就置就得全数在位，上生者十亿乘之为实，仍以前法除之，得太簇；余律放此，乘除十二遍，则返本还原。此系新法，与古不同。[③]

---

① 参阅戴念祖：《朱载堉——明代的科学和艺术巨星》，人民出版社 1986 年版，第 86—87 页。

② 《律吕精义·内篇》卷一。

③ 《律历融通》附录《音义》。

> 大抵不用三分损益，而用勾股之术及开立方之法求之所得也。是以隔八隔六，循环无端，上下相生，首尾一贯，以证往而不返之说为非。是盖二千余年所未有，实自我朝始耳。①

这三段论述说明，朱载堉的新法正是在否定旧定律法的基础上产生的。不用三分损益，而用开方之术；不用隔八相生，而有相生四法；不用旧法黄钟尺度，而假设其长为1尺，便于运算。根据这种思想，朱载堉得出了新法密率："置一尺为实，以密率除之，凡十二遍。"②

> 新法算律与方圆，皆用勾股术，其法本诸《周礼·㮚氏为量》，内方尺而圆其外。内方尺而圆其外，则圆径与方斜同，知方之斜，则知圆之径矣。度本起于黄钟之长，则黄钟之长，即度法一尺。命平方一尺为黄钟之率，东西十寸为勾，自乘得百寸为勾幂；南北十寸为股，自乘得百寸为股幂；相并合得二百寸为弦幂。乃置弦幂为实，开平方除之，得弦一尺四寸一分四厘二毫一丝三忽五微六纤二三七三〇九五〇四八八〇一六八九为方之斜，即圆之径，亦即蕤宾倍律之率；以勾十寸乘之，得平方积一百四十一寸四十二分一十三厘五十六毫二十三丝七十三忽〇九五〇四八八〇一六八九为实，开平方除之，得一尺一寸八分

① 《律历融通》附录《音义》。

② 《律学新说》卷一。

九厘二毫〇七忽一微一纤五〇〇二七二一〇六六七一七五，即南吕倍律之率；仍以勾十寸乘之，又以股十寸乘之，得立方积一千一百八十九寸二百〇七分一百一十五厘〇〇二毫七百二十一丝〇六十六忽七一七五为实，开立方除之，得一尺〇五分九厘四毫六丝三忽〇九纤四三五九二六四五六一八二五，即应钟倍律之率；盖十二律黄钟为始，应钟为终，……是故各律皆以黄钟正数十寸乘之为实，皆以应钟音数十寸〇五分九厘四毫六丝三忽〇九纤四三五九二九五二六四五六一八二五为法，除之，即得其次律也。安有往而不返之理哉。①

上引这段记叙说明，朱载堉根据新法密率已将十二律一一算出。因为黄钟尺寸只是算家立率，所以不必拘泥于黄钟九寸之说。作为基音，黄钟律在计算中与他律的比值可任意定取。从计算角度看，黄钟定为 1 最方便。根据"内方尺而圆其外"的圆径数值应是：$\sqrt{1^2+1^2}=\sqrt{2}$。另外，黄钟自加，即黄钟倍律的再开方的数值也恰好是：$\sqrt{1^2+1^2}=\sqrt{2}$。$\sqrt{2}$这一数值是一个基本启示，朱载堉已否定了三分损益的等差数列的方法观念，即$\sqrt{2}$的 12 等份$\frac{\sqrt{12}}{2}$不再被作为比例系数来考虑。因此，如果作为等比数列，十二律要达到回到出发律的目的，即设倍黄钟为 2，黄钟为 1，则：

① 《律吕精义·内篇》。

$$2 \div x \div x \cdots\cdots \div x (12\text{次}) = 1 \quad (1)$$

$$1 \times x \times x \cdots\cdots \times x (12\text{次}) = 2 \quad (2)$$

根据(1)式和(2)式,求得 $x = \sqrt[12]{2}$,① 即

$$2 \div (\sqrt[12]{2})^{12} = 1$$

$$1 \times (\sqrt[12]{2})^{12} = 2$$

朱载堉的具体算法是:设定黄钟长 1 尺,则倍黄钟弦长为 2 尺,八度音程的弦长比为 2,十二律音程平均分配,就将 2 开 12 次方,得到一个数 $\sqrt[12]{2} = 1.059463$。这个数值称之为应钟律数,即半音,再将黄钟 1 尺累除以 $\sqrt[12]{2}$,即得到十二律的弦长:

黄钟	大吕	太簇	夹钟	姑洗	仲吕
1	$\frac{1}{\sqrt[12]{2^1}}$	$\frac{1}{\sqrt[12]{2^2}}$	$\frac{1}{\sqrt[12]{2^3}}$	$\frac{1}{\sqrt[12]{2^4}}$	$\frac{1}{\sqrt[12]{2^5}}$
蕤宾	林钟	夷则	南吕	无射	应钟
$\frac{1}{\sqrt[12]{2^6}}$	$\frac{1}{\sqrt[12]{2^7}}$	$\frac{1}{\sqrt[12]{2^8}}$	$\frac{1}{\sqrt[12]{2^9}}$	$\frac{1}{\sqrt[12]{2^{10}}}$	$\frac{1}{\sqrt[12]{2^{11}}}$

倍律的弦长为 2 乘以正律的各律弦长:

倍黄	倍大	倍太	倍夹	倍姑	倍仲
2	$\frac{2}{\sqrt[12]{2^1}}$	$\frac{2}{\sqrt[12]{2^2}}$	$\frac{2}{\sqrt[12]{2^3}}$	$\frac{2}{\sqrt[12]{2^4}}$	$\frac{2}{\sqrt[12]{2^5}}$

① 参阅李申:《中国古代哲学与自然科学》,中国社会科学出版社 1993 年版,第 366 页。

倍蕤	倍林	倍夷	倍南	倍无	倍应
$\frac{2}{\sqrt[12]{2^6}}$	$\frac{2}{\sqrt[12]{2^7}}$	$\frac{2}{\sqrt[12]{2^8}}$	$\frac{2}{\sqrt[12]{2^9}}$	$\frac{2}{\sqrt[12]{2^{10}}}$	$\frac{2}{\sqrt[12]{2^{11}}}$

半律的弦长为$\frac{1}{2}$乘以正律的各律弦长：

半黄	半大	半太	半夹	半姑	半仲
$\frac{1}{2}$	$\frac{1}{2\sqrt[12]{2^1}}$	$\frac{1}{2\sqrt[12]{2^2}}$	$\frac{1}{2\sqrt[12]{2^3}}$	$\frac{1}{2\sqrt[12]{2^4}}$	$\frac{1}{2\sqrt[12]{2^5}}$
半蕤	半林	半夷	半南	半无	半应
$\frac{1}{2\sqrt[12]{2^6}}$	$\frac{1}{2\sqrt[12]{2^7}}$	$\frac{1}{2\sqrt[12]{2^8}}$	$\frac{1}{2\sqrt[12]{2^9}}$	$\frac{1}{2\sqrt[12]{2^{10}}}$	$\frac{1}{2\sqrt[12]{2^{11}}}$

这些数据表明，朱载堉新律的十二律的弦长构成了一个公比为$\sqrt[12]{2}$的等比数列。朱载堉虽然没有用普遍的数学公式来表示构成一个等比数列的十二平均律，但是他已将正律、倍律、半律共三十六律的弦长一一计算表述出来了。

置黄钟倍律积算为实，以应钟倍律积算为法，除之得大吕（倍大吕）。$\left(\text{即 } 2\div\frac{2}{\sqrt[12]{2^{11}}}=\frac{2}{\sqrt[12]{2^1}}\right)$

……

置黄钟正律积算为实，以应钟倍律积算为法，除之得大吕（大吕）。$\left(\text{即 } 1\div\frac{2}{\sqrt[12]{2^{11}}}=\frac{1}{\sqrt[12]{2^1}}\right)$

……

置黄钟半律和算为实，以应钟倍律积算为法，除之得大吕(半大吕)。[①] $\left(即\ \frac{1}{2} \div \frac{2}{\sqrt[12]{2^{11}}} = \frac{1}{2\sqrt[12]{2^{1}}}\right)$

……

朱载堉用新法定出的十二平均律是公比为 $\sqrt[12]{2}$ 的等比数列。这里存在着两个问题:其一,他是否知道这等比数列的一般解法,即已知首项(1)、末项$\left(\frac{1}{\sqrt[12]{2^{11}}}\right)$和项数(12),如何计算出其他各项。其二,他是否会知道 $\sqrt[12]{2}$ 值的计算方法。从朱载堉的论述看,朱载堉已解决了这两个问题。朱载堉知道,新的计算方法是解决十二平均律制的基本前提和手段。朱载堉在《算学新法》中已记载了,如何从十二平均律的首律、末律求其中律的方法:"律家先求黄钟,犹历家先求冬至也。次求蕤宾,犹夏至也。又次求夹钟,犹春分也。又次求南吕,犹秋分也。然后求大吕,除黄钟外,诸律吕之首也。其次求应钟,诸律吕之终也。犹历家所谓履端、举正、归余也。黄钟履端于始,蕤宾举正于中,应钟归余于终。"[②] 这段话明确表明了朱载堉已有比例中项的概念(他将蕤宾比作夏至,夹钟比作春分,南吕比作秋分)。正如在历法中,从冬至到下一年的冬至被看成一个周期,则夏至是其中点;春分在此周期的 1/4 处,即冬至到夏至的中点;秋分在此周期的 3/4 处,即夏至到下一年冬至的中点一样。在朱载堉的十二平均律中,从黄钟到半黄钟是一个周期,则蕤宾是其中点;夹钟在此周期的 1/4 处,即黄钟到蕤宾的中点;南吕在此周期的 3/4 处,即蕤宾到半黄钟的中点。弦

---

① 《算学新说》。

② 同上。

长的比例中项问题与音高相关联，$\sqrt{2}$恰好是八度音程一半，即居十二平均律中点的蕤宾。$\sqrt[4]{2}$是八度音程1/4，即蕤宾到半黄钟中点的南吕。具体求法：

设黄钟为1，半黄钟为$\frac{1}{2}$。

《算学新说》第三问答中说："黄钟为方面斜弦，……置斜弦自乘为弦幂，于内减去勾幂，余为股幂，就置股幂为实，……用开方归除法除之，……即蕤宾正律也。"用算式表示：

$$蕤宾=\sqrt{黄钟\times半黄钟}=\sqrt{1\times\frac{1}{2}}=\frac{1}{\sqrt{2}}=\frac{1}{\sqrt[12]{2^6}}$$

《算学新说》第四问答中说："以黄钟正律乘蕤宾正律，……开平方，所得夹钟正律。"用算式表示：

$$夹钟=\sqrt{黄钟\times蕤宾}=\sqrt{1\times\frac{1}{\sqrt[12]{2^6}}}=\frac{1}{\sqrt[12]{2^3}}$$

《算学新说》第五问答中说："以黄钟正律乘蕤宾倍律……开平方，所得南吕倍律。"用算式表示：

$$倍南=\sqrt{黄钟\times倍蕤}=\sqrt{1\times\frac{2}{\sqrt[12]{2^6}}}=\frac{2}{\sqrt[12]{2^9}}$$

$$南吕=\frac{1}{2}倍南吕=\frac{1}{\sqrt[12]{2^9}}$$

《算学新说》第六问答中说："置夹钟正律，以黄钟再乘，……开立方，所得大吕正律也。"用算式表示：

$$大吕 = \sqrt[3]{黄钟 \times 黄钟 \times 夹钟} = \sqrt[3]{\frac{1}{\sqrt[12]{2^3}}} = \frac{1}{\sqrt[12]{2^1}}$$

《算学新说》第七问答中说："置南吕倍律，以黄钟再乘，……开立方，所得应钟倍律。"用算式表示：

$$倍应 = \sqrt[3]{倍南 \times 黄钟 \times 黄钟} = \sqrt[3]{\frac{2}{\sqrt[12]{2^9}} \times 1 \times 1} = \frac{2}{\sqrt[12]{2^{11}}}$$

$$应钟 = \frac{1}{2} 倍应钟 = \frac{1}{\sqrt[12]{2^{11}}}$$

上述举出的朱载堉十二平均律的具体算法，说明朱载堉对等比数列的一般解法已经掌握，即在知道首项、末项和项数的情况下，已能求出等比数列的任意一项。

朱载堉的十二平均律是一个公比为 $\sqrt[12]{2}$ 的等比数列，关于 $\sqrt[12]{2}$ 的值的计算，朱载堉是用算盘进行开方运算的，并能将乐律计算精确到25位数。朱载堉对算盘的构造，开平方、开立方的珠算口诀都作了具体的说明，并举例详尽说明了具体的开方运算。

朱载堉是以弦长的等比数列的方法，确定了十二律弦长的比例。他当时因琴与律不相协，认为徽位有误(即三分损益法确定的十二律弦长比例不对)而探求新法。新律确定之后，也是以十二律弦长来决定弦律的。从现代音律学来看，是用"频率比"来表示两音的距离，即用频率比来表示音程的大小，这样根据同一频率比而形成的音程差，不论在低音区或高音区，对听觉来说，其相对高度的感觉是完全一样的。中国古代是用振动体的长度来计算音律的，朱载堉就是用弦长的比来确定音程差，一般说来，振动体的长度比与频率比互为倒数关系。所以，振动体弦长的比也能刻画十二律的音程差。但影响振动体发音音高的因素不仅仅是长度，对弦来说，弦的粗细，对管来说，管围的内外径等因素都会影响音高。对此朱载堉是有体会的，他明确指出："琴瑟不独徽柱之有远近，而弦亦有巨细焉。……弦之巨细若一，但以徽柱远近别之，不可也。……譬诸律管，虽有修短之不齐，亦有广狭之不等。"①虽然朱载堉没有深入研究弦的粗细与长度的比例关系及与音程的联系，但是对管围内外径、管长与音高的关系作了深入的研究。弦的粗细对音高的影响远小于管围内外径对音高的影响。朱载堉对管围、管长与音高的关系作了研究，认为："大抵管长而气隘，隘则虽长而反清；管短则气宽，宽则虽短而反浊。此自然之理，先儒未达也。要之长短广狭皆有一定之理，一定之数在焉。"②

在朱载堉之前，西晋的乐律家荀勗已注意到，用三分损益法以管定律会有音差，认识到以管定律必须做管口校正，但他的兴趣不是在于三分损益律的音差问题，而是在解决如何能准确造出符合于三分损益律的笛的问题。他得出了一个笛的管口校正公式，通过计算，算出笛的制法，制成了一套发音较为准确的十二支笛，每笛适合于一调。根据杨荫浏先生的研究，荀勗各律笛的管口校正数是该律管长和高其四律的管长具有一定关系的差数。例如：

他找到的黄钟笛管口校正是相当于一个黄钟长

① 《律吕精义·内篇》。
② 同上。

度与一个姑洗长度之间的差数。根据当时的尺度，他的黄钟长度是 20.779 776 厘米，他的姑洗长度是 16.418 588 厘米。因此，

20.779 776 − 16.418 588 = 4.361 188 厘米

这就是他黄钟笛的校正数。他的笛有六个按音孔，五个在前面，一个在后面。在做黄钟笛的时候（黄钟笛在放开上数第五孔时得黄钟音），他首先以相当于四倍姑洗的长度，作为全笛的长度，并且把六孔全按所发的音作为黄钟宫均的第三度音（即姑洗音），然后由此出发，得到各个按孔的音位。依他的方法，所得笛的总长度和各孔中心与吹口间的距离如下图：

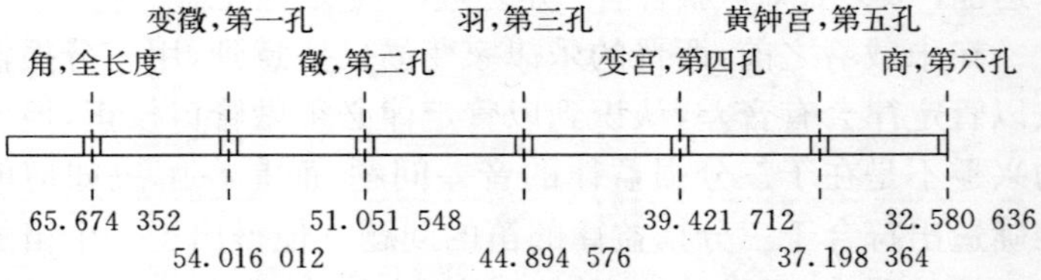

他其余的 11 支笛，都是用同一的原理制成。譬如，大吕笛就用 15.375 064 厘米（仲吕长度的四倍）。61.500 256 厘米为全长度，用 19.459 064 − 15.375 064 = 4.084 厘米为校正数（从大吕长度中减去仲吕长度）。其余诸笛的制法，均可类推①。

① 杨荫浏：《中国古代音乐史稿》上册，人民音乐出版社 1981 年版，第 166—167 页。

虽然荀勗的十二支律笛没有明确记载管径的大小、每个按音孔的大小，因此进行复制和检验其准确是很困难的，但是荀勗的十二支律笛提出了一个重要问题，即以管定律和以弦定律不同，以管长度的一定比例不能决定十二律的准确位置。必须进行管口校正，才能制造符合十二平均律发音准确的管，管音与弦音才能一致。管口校正数必须在分析影响管乐器发音的各种因素后才能确定。

现代音律学的知识表明，影响管口校正的因素很多，除管子长度与直径的比例之外，管子的内外径，管子的形状等等都会影响管口校正数的确定。因为管乐发音是气柱振动，它与弦振动不同。管内气柱振动时，气柱的一部分会突出在管口的外面，这样，气柱的长度要长于管子长度。因此，按照音的一定高度来计算管子的长度时，必须作“管口校正”。比利时的音响学家和乐器研究家马容(1841—1924)提出管口校正的简单公式：

管子长度为管子内围直径八倍以上的细长管子。

开管时：

管子长度＋内围直径≈气柱长度，即管口校正数大体相当于管子的内围直径。

闭管时：

管子长度＋内围半径≈气柱长度，即管口校正数大体相当于管子的内围半径。①

朱载堉在研究以管定律的过程中，在听音、校音的实践中

① 参阅缪天瑞：《律学》，人民音乐出版社 1983 年版，第 10—11 页。

发现同径管律的错误，批判了各种"律虽有大小，围径无增减"，律管"长短虽异，围径皆同"的传统观念。他指出：

夫十二律管，内外各有周径，孔中面幂要之亦各不同。①

臣初未详何者为是，既而命工依彼围径皆同之说制管吹之，以审其音。林钟当与黄钟、太簇相和而不相和；南吕当与太簇、姑洗相和亦不相和；黄钟正半二音全不相应而甚疑焉。或至终夜不寝，以思其故，久而悟曰：律管长者其气狭而声高，律管短者其气宽而声下。是以黄钟折半之管不能复与黄钟相应，而下黄钟一律也，他律亦然。大抵正半相较，半径虽清而反下，正律虽浊而反高，岂不以其管短气宽也哉！盖由围径不得自然真理故耳。夫律管修短既各不同，则其空围亦当有异。②

先儒以为长短虽异，围径皆同：此未达之论也。今若不信，以竹或笔管制黄钟之律一样二枚，截其一枚，分作两段，全律半律，各令一人吹之，声必不相合矣，此昭然可验也。又制大吕之律一样二枚，周径与黄钟同，截其一枚，分作两段，全律半律，各令一人吹之，则亦不相合，而大吕半律乃与黄钟全律相同，略差不远。是知所谓半律者，皆下全律一律矣。③

① 《律学新说》卷一。

② 同上。

③ 《律吕精义·内篇》。

日律围径皆同，而新律各不同……笙竽不独管孔之有高低，而簧亦有厚薄矣。……簧之厚薄若一，但以管孔高低别之不可也。譬诸律管，虽有修短之不齐，亦有广狭之不等。①

朱载堉不仅分析了影响管簧发音的若干个因素：管长、管径、簧片厚度，而且进一步研究了与律管发音高低直接相关的管长和管围内外径的比例关系，确定了管长与管径之比，管围内外径的关系是管口校正的基本根据。因此，朱载堉的管口校正最重要的是计算管围内、外径，那么求圆周率是关键。朱载堉既知"周三径一"之非，又说祖冲之(429—500)的密率，周径之分太多，"号为密率，密安在哉?"② 而推崇元代数学家李冶(1192—1279)的方法。"昔有刘歆、张衡、王蕃、刘徽、祖冲之辈，皆觉围三径一之非，亦尝更定新律，竟不能得其真。惟元儒李冶善算，乃得其秘传而叹服之，著于《测圆海镜·序》中，千载已来，得此理者盖亦鲜矣。"③ 朱载堉自称其求圆幂之法，"本诸《周礼·㮚氏为量》内方尺而圆其外。"④ 出于"天地自然真率及周公方圆总率。"⑤ 所谓的天地自然真率，即"方者象地，圆者法天，方圆相求自然率，其数出于《河图》、《洛书》，而非人所为也。"⑥ 李冶的《测圆海镜》全书十二卷，于第一卷之

① 《律吕精义·内篇》。
② 《律学新说》卷一。
③ 《乐学新说》。
④ 《律吕精义·内篇》卷一。
⑤ 同上。
⑥ 《律学新说》卷一。

首便列出了一张“圆城图式”，全书170个问题都是和这一圆城图式有关的问题，即讨论的问题都是已知直角三角形三边上各个线段而求内切圆、旁切圆等的直径之类的问题。① 魏晋时的数学家刘徽(生卒年不详)首创用割圆术来计算圆周率，他首先肯定圆内接正多边形的面积小于圆面积，但将内接正多边形的边数屡次加倍，从而面积增大，边数愈大则内接正多边形的面积愈近于圆面积，所谓“割之弥细，所失弥少。割之又割以至于不可割则与圆合体而无所失矣”②。根据这种思路，刘徽求得的圆周率其理论值为$\pi=\frac{3\,927}{1\,250}\approx 3.141\,6$，其实际计算取值为$\pi=\frac{157}{50}\approx 3.14$。③

南北朝时的数学家祖冲之(429—500)推算圆周率的方法，因文献缺遗，现已无从详考。如果祖冲之采用刘徽的割圆术方法，则可推算出圆周率$3.141\,592\,6<\pi<3.141\,592\,7$。如果他应用了何承天的成果和方法，何承天是用天周$365\frac{75}{304}$除以天径$116\frac{65}{304}$得圆周率约为$\frac{22}{7}$，这是祖冲之圆周率的“约率”。何承天又创有用“强率”、“弱率”调节“日法”、“朔余”的方法。祖冲之用这个方法造圆周密率是很可能的，已知π小于何承天率$\frac{22}{7}$而大于刘徽率$\frac{157}{50}$，就以$\frac{22}{7}$为圆周的“强率”，$\frac{157}{50}$为“弱率”。将“强率”、“弱率”的分子、分母各各

---

① 参阅钱宝琮：《中国数学史》，科学出版社1964年版，第175—176页。

② 刘徽：《九章算术注·方田章》。

③ 参阅钱宝琮：《中国数学史》，科学出版社1964年版，第66—68页。

相加，得一新分数 $\frac{157+22}{50+7}=\frac{179}{57}$ 比周率“正数”小。再以 $\frac{179}{57}$ 和 $\frac{22}{7}$ 的分子、分母相加得 $\frac{201}{64}$ 比周率“正数”还是为小。由此类推，求一新分数 $\frac{355}{113}$，与周率“正数”很相近，就以 $\frac{355}{113}$ 为圆周“密率”。用小数形式表示：

$$\text{“约率”为}\pi=\frac{22}{7}\approx 3.142\,857\,1$$

$$\text{“密率”为}\pi=\frac{355}{113}\approx 3.141\,592\,9$$ ①

朱载堉在对历代圆周率计算方法的取舍，弃刘徽、祖冲之较为正确的方法及由之算得的较为精确的圆周率而推崇李冶的方法，应该说是一种失误，他自谦“臣忝朱学，虽好算术而实未臻其奥。”②不失为科学上的一种诚恳、坦白的态度。朱载堉求圆周率有三种不同的算法：

其一，用内容方九寸之圆来计算：

> 其测圆，周径相求，与半九为乘除；积径相求，与倍九为乘除。半九者，四寸五分也。倍九者，一尺八寸也。……推理而论，圆中必容方焉。方无形，圆有形，其方居圆十分之九。是故，测圆之术，得其一面之方，四因其方而九除之，即圆周也。周求径，九因其圆

① 参阅钱宝琮：《中国数学史》，科学出版社 1964 年版，第 86—88 页。
② 《进历书奏疏》。

而四除之，用勾股求弦之术，得其两角之斜，即圆径也。①

我们作图说明：

设圆直径 $AC = b$，内接正四边形边长 $AB = a$，圆周长为 c。由朱载堉的上述可知：

用圆直径求圆周长："四因其方"作"四十乘其内容边之一边"解，$b^2 = 2a^2 \quad a = \frac{b}{\sqrt{2}}$

$$\text{圆周长 } c = 40 \times \frac{b}{\sqrt{2}} \times \frac{1}{9} = \frac{40}{9\sqrt{2}}b$$

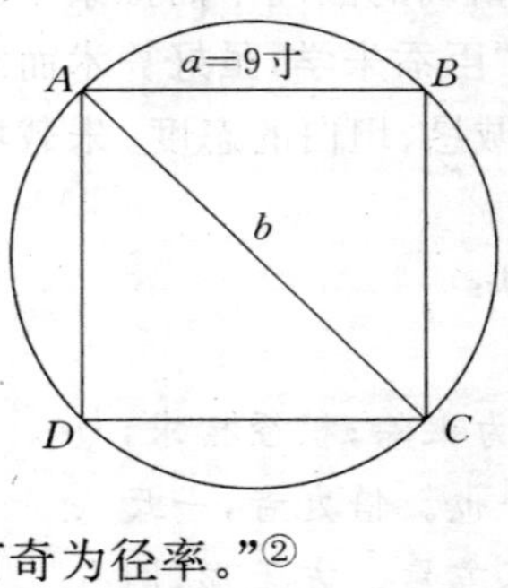

用圆周长求圆直径："九因其圆而四除之"作"九乘圆周，而以四十除之"解，

$$\text{圆直径 } b = \frac{9\sqrt{2}}{40}c$$

"以四尺为周率，以一尺二寸七分二厘七毫九丝二忽二微有奇为径率。"②

$$\text{圆周长 } c = 40，\text{圆直径 } b = 9\sqrt{2}$$

$$\text{圆周率 } \pi = \frac{c}{b} = \frac{40}{9\sqrt{2}} \approx 3.142\,696\,8$$

---

① 《律学新说》卷一。

② 同上。

其二，从内容方十寸之圆来计算：

圆周四尺四寸四分四厘四毫四丝四忽四微四纤九分纤之四，其内容方一尺，勾股皆十寸，各自乘并之，得二百寸为实，开平方法除之，得弦一尺四寸一分四厘二毫一丝三忽五微六纤亿分纤之二千三百七十三万〇九百五十有奇，是为方圆总率。①

我们作图说明：

圆周长≈44.444 444 44 寸

内接正四边形边长＝10 寸

$$圆直径=\sqrt{10^2+10^2}=10\sqrt{2}$$

$$\approx 14.142\,135\,623\,730\,95\text{ 寸}$$

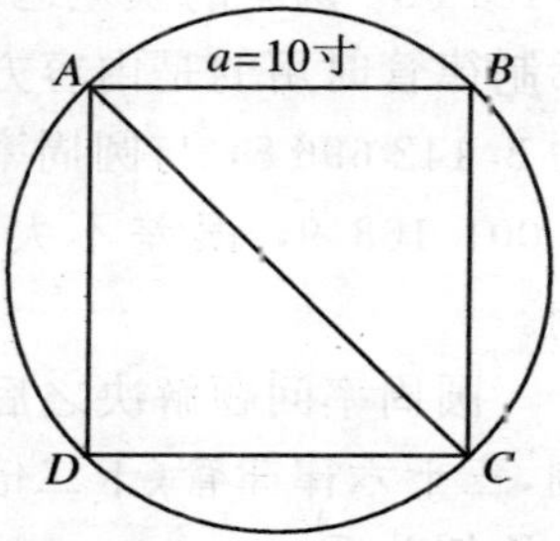

在实测中，朱载堉将圆周长作 45 寸，所谓“凡测圆径求周者，以总率乘径，进一位如四十五；而一周求径者，以四十五乘周，退一位如总率”②。则圆周率为：

$$\pi=\frac{45}{10\sqrt{2}}=3.181\,98\cdots\cdots$$

其三，从内容方十寸之圆周径求积来计算：

---

① 《律学新说》卷一。

② 同上。

“而一周径求积者,……或径自率,以总率乘之,如十八。”①

圆面积公式:$S_1 = \pi(\text{半径})^2$

朱载堉的算法:圆面积 $S_2 = \dfrac{(\text{直径})^2 \times 10\sqrt{2}}{18}$

$$= \frac{20\sqrt{2}}{9}(\text{半径})^2$$

$$S_1 = S_2$$

$$\pi(\text{半径})^2 = \frac{20\sqrt{2}}{9}(\text{半径})^2$$

$$\pi = \frac{20\sqrt{2}}{9} = 3.142\,696\,8$$

从朱载堉的三种算法看,他有两个圆周率 3.142 696 8 和 3.181 98。两者的误差达 0.039 强,相差值较大。朱载堉在实际制律管时用的是内容方九寸之圆之径法,即圆周率 π 的值为 3.142 696 8,与圆周率 π 的精确值 3.141 592 9 相差只有 0.001 103 9,误差不大,不会对制管验律发生太大的影响。

圆周率问题解决之后,朱载堉进一步探求律管长与律管围,三十六律律管(十二倍律、十二正律、十二半律)管径之间的比例关系:

黄钟通长八十一分者,内周九分,是为八十一中

① 《律学新说》卷一。

之九，即约分法九分中之一也。①

即律管管长与律管管内周的比为 9 : 1，但这个比例数只适合于正黄钟律，其余诸律均不遵照这个比例。朱载堉并没有得出一个律管长与律管围比例的普遍关系式。朱载堉得出的是一个对三十六律律管的管围内外径之间关系的数学关系式，即三十六律律管的内径是以公比数 $\sqrt[24]{2}$ 构成的等比数列，具体的计算，朱载堉是这样论述的：

> 置黄钟倍律九，而一以为外周，用弦求勾股术得其内周；又置倍律四十，而一以为内径，用勾股求弦术得其外径。盖律管两端形如环田，有内外周径焉。外周内容之方，即内径也；内周外射之斜，即外径也。②

并附有“方圆相容”计算律管围径关系的图示，图下加注说明：“第一层，倍律外周也；第二层，倍律内周即正律外周也，三层四层皆放比推之。”

我们设黄钟正律内径为 1，则：

$$倍律内径 = 正律外径 = \sqrt{1^2 + 1^2} = \sqrt{2}$$

$$倍律外径 = \sqrt{\sqrt{2}^2 + \sqrt{2}^2} = \sqrt{4} = 2$$

① 《律吕精义·内篇》。

② 同上。

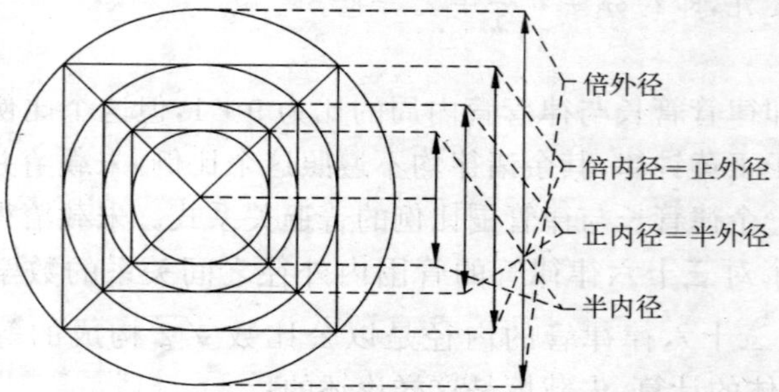

$$正律内径 = 半律外径 = \sqrt{\sqrt{2}^2 \div 2} = \sqrt{2 \div 2} = 1$$

$$半律内径 = \sqrt{1^2 \div 2} = \frac{1}{\sqrt{2}}$$

所以，

倍律外径 ：正律外径(倍律内径)：半律外径(正律内径)：半律内径

$= 2 : \sqrt{2} : 1 : \frac{1}{\sqrt{2}}$

而 $2 : \sqrt{2} = 1 : \frac{1}{\sqrt{2}}$

所以，倍、正、半各律内外径的关系

倍律外径：倍律内径=正律外径：正律内径=半律外径：半律内径

倍、正、半各律外径的关系

倍律外径：正律外径=正律外径：半律外径

倍、正、半各律内径的关系

倍律内径：正律内径=正律内径：半律内径

上述这三种比例关系都是一样的，即等于 $\sqrt{2} : 1$

如设正黄内径为 1，则倍黄内径为 $\sqrt{2}$

$$\sqrt{2} \div x \div x \cdots\cdots \div x(12\text{次}) = 1$$

$$1\times x\times x\cdots\cdots\times x(12\text{次})=\sqrt{2}\Rightarrow x=\sqrt[24]{2}$$

由此可知十二律管内径等比级数的公比为$\sqrt[24]{2}$。

朱载堉三十六平均管律的内外径比数可列表 4.1。

表 4.1

律名	倍黄外径	倍大外径	倍太外径	倍夹外径	倍姑外径	倍仲外径	倍蕤外径
计算方法	1×2	$1\times\frac{2}{\sqrt[24]{2}}$	$1\times\frac{2}{\sqrt[24]{2^2}}$	$1\times\frac{2}{\sqrt[24]{2^3}}$	$1\times\frac{2}{\sqrt[24]{2^4}}$	$1\times\frac{2}{\sqrt[24]{2^5}}$	$1\times\frac{2}{\sqrt[24]{2^6}}$
律名	倍林外径	倍夷外径	倍南外径	倍无外径	倍应外径	正黄外径	正大外径
						倍黄内径	倍大内径
计算方法	$1\times\frac{2}{\sqrt[24]{2^7}}$	$1\times\frac{2}{\sqrt[24]{2^8}}$	$1\times\frac{2}{\sqrt[24]{2^9}}$	$1\times\frac{2}{\sqrt[24]{2^{10}}}$	$1\times\frac{2}{\sqrt[24]{2^{11}}}$	$1\times\frac{2}{\sqrt[24]{2^{12}}}$	$1\times\frac{2}{\sqrt[24]{2^{13}}}$
律名	正太外径	正夹外径	正姑外径	正仲外径	正蕤外径	正林外径	正夷外径
	倍太内径	倍夹内径	倍姑内径	倍仲内径	倍蕤内径	倍林内径	倍夷内径
计算方法	$1\times\frac{2}{\sqrt[24]{2^{14}}}$	$1\times\frac{2}{\sqrt[24]{2^{15}}}$	$1\times\frac{2}{\sqrt[24]{2^{16}}}$	$1\times\frac{2}{\sqrt[24]{2^{17}}}$	$1\times\frac{2}{\sqrt[24]{2^{18}}}$	$1\times\frac{2}{\sqrt[24]{2^{19}}}$	$1\times\frac{2}{\sqrt[24]{2^{20}}}$
律名	正南外径	正无外径	正应外径	半黄外径	半大外径	半太外径	半夹外径
	倍南内径	倍无内径	倍应内径	正黄内径	正大内径	正太内径	正夹内径

续表 4.1

计算方法	$1\times\frac{2}{\sqrt[24]{2^{21}}}$	$1\times\frac{2}{\sqrt[24]{2^{22}}}$	$1\times\frac{1}{\sqrt[24]{2^{23}}}$	1	$1\times\frac{1}{\sqrt[24]{2}}$	$1\times\frac{1}{\sqrt[24]{2^{2}}}$	$1\times\frac{1}{\sqrt[24]{2^{3}}}$
律名	半姑外径	半仲外径	半蕤外径	半林外径	半夷外径	半南外径	半无外径
	正姑内径	正仲内径	正蕤内径	正林内径	正夷内径	正南内径	正无内径
计算方法	$1\times\frac{1}{\sqrt[24]{2^{4}}}$	$1\times\frac{1}{\sqrt[24]{2^{5}}}$	$1\times\frac{1}{\sqrt[24]{2^{6}}}$	$1\times\frac{1}{\sqrt[24]{2^{7}}}$	$1\times\frac{1}{\sqrt[24]{2^{8}}}$	$1\times\frac{1}{\sqrt[24]{2^{9}}}$	$1\times\frac{1}{\sqrt[24]{2^{10}}}$
律名	半应外径	半黄内径	半大内径	半太内径	半夹内径	半姑内径	半仲内径
	正应内径						
计算方法	$1\times\frac{1}{\sqrt[24]{2^{11}}}$	$1\times\frac{1}{\sqrt[24]{2^{12}}}$	$1\times\frac{1}{\sqrt[24]{2^{13}}}$	$1\times\frac{1}{\sqrt[24]{2^{14}}}$	$1\times\frac{1}{\sqrt[24]{2^{15}}}$	$1\times\frac{1}{\sqrt[24]{2^{16}}}$	$1\times\frac{1}{\sqrt[24]{2^{17}}}$
律名	半蕤内径	半林内径	半夷内径	半南内径	半无内径	半应内径	
计算方法	$1\times\frac{1}{\sqrt[24]{2^{18}}}$	$1\times\frac{1}{\sqrt[24]{2^{19}}}$	$1\times\frac{1}{\sqrt[24]{2^{20}}}$	$1\times\frac{1}{\sqrt[24]{2^{21}}}$	$1\times\frac{1}{\sqrt[24]{2^{22}}}$	$1\times\frac{1}{\sqrt[24]{2^{23}}}$	

朱载堉还具体求出一组律管内径的数值：

先置黄钟倍律通长二尺为实，四十除之，得五分是为内径。

置黄钟倍律内径五分为实，以十亿乘之，以十亿〇二千九百三十万〇二千二百三十六除之，得四分八厘五毫七丝六忽五微九纤为大吕。

置大吕倍律内径四分八厘五毫七丝六忽五微九纤为实，以十亿乘之，以十亿〇二千九百三十万〇二千二百三十六除之，得四分七厘一毫九丝三忽七微一纤为大簇。①

………

依次可推算出三十六律管内径的数值。其中除数 1.029 302 236≈$\sqrt[24]{2}$ 是三十六律管内径等比数列的公比，某律律管内径都等于高其一律的律管内径除以等比数列的公比 $\sqrt[24]{2}$ 所得的数值。这样朱载堉以异径管律的方法解决了管口校正的问题。他用公比为 $\sqrt[24]{2}$ 的等比数列的方法将三十六律律管的管口校正值联系起来，统一加以解决了。

综上所述，朱载堉以公比 $\sqrt[12]{2}$ 的等比数列的方法解决了弦的十二平均律的数值计算问题，以公比 $\sqrt[24]{2}$ 的等比数列的方法解决了异径异长的十二平均管律的数值计算问题。也就是说，朱载堉将以弦定律和以管定律统一起来，彻底解决了不同振动体的十二平均律理论与计算问题。古代音律学因三分损益造成在理论数值上不能还原返本，回到出发律；在音乐实践上不能旋宫转调，以管定律和以弦定律的误差及由此产生的管口校正等等问题，都因朱载堉十二平均律的系统理论的确立而被彻底解决了。朱载堉制造的律准和律管正是十二平均律理论付诸音乐实践的产物，同时也从乐器制造的实践证明了十二平均律的准确性和可行性。

---

① 《律吕精义·内篇》卷二。

三、朱载堉"新法密率"的意义

从古代中国和欧洲的音律发展的过程看,中国音乐以单音体音乐为主,所以由三分损益法确定的五度相生律在16世纪末朱载堉用新法密率创制的十二平均律前始终是占音律理论的主导地位。而在欧洲到了9世纪以后多声部音乐开始萌芽,到14世纪多声部的复音体音乐进入了确立时期,三度和六度音程的同时结合得到了普遍使用。五度相生律与复音体音乐的这种状况不相适应,纯律理论重新提起,并被广泛推广。从音分值来比较,五度相生律、纯律和平均律三者来看,纯律与平均律相差比五度相生律与平均律相差更大,即平均律较为接近五度相生率。

对欧洲来说,15世纪至17世纪是纯律时期,因为欧洲的文艺复兴运动,使音乐的体裁及乐器的制造、演奏都起了新的变化。多声部的复音体音乐对纯律有更大的需要,同时精良的技术和精密的音律计算又使纯律能在以管风琴为主的键盘乐器上以一定的方式实现,并能在一定范围内解决转调的问题。①

从乐律发展的内在逻辑来看,中国古代以单音体为主的五度相生律比欧洲以复音体为主的纯律更宜发展到十二平均律的律制。所以,在中国从五度相生律到十二平均律的发展进程十分清楚,但在欧洲平均律的起源是相当模糊的。

---

① 参阅缪天瑞:《律学》,人民音乐出版社1983年版,第91—93页,第157—174页。

对古代中国和欧洲来说，在十五十六世纪虽然中国是以五度相生律为主，欧洲是以纯律为主，但是在各自的音乐实践中，始终都在探求摸索十二平均律，也各有乐律学家发表过关于平均律的理论，如南北朝时何承天的新律，隋朝刘焯的等差管律，西班牙的盲人音乐理论家萨里那斯（Franciscode Salinas，1513—1590）于 1577 年、意大利的音乐理论家差里诺（Giosephe Zarlino，1517—1590）于 1588 年也都发表过关于十二平均律的理论。因为，平均律实质上是一个数量关系问题。这些乐律学家提出的平均律体系都是尽可能在传统观念、音乐实践、审美情趣和理想方案之间调和矛盾。但是，他们都未能用精确的数学计算从根本上解决十二平均律的数值关系，即没有得出一个关于十二平均律各律之间普遍的数学关系的公式。

斯台文·西蒙（Stevin Simon，1548—1620）于 1596 年发表了十二平均律，并得出了一个十二平均律的数学关系式：

$$1;\sqrt[12]{\frac{1}{2}};\sqrt[6]{\frac{1}{2}};\sqrt[4]{\frac{1}{2}};\sqrt[3]{\frac{1}{2}};\sqrt[12]{\frac{1}{32}};\sqrt{\frac{1}{2}};\sqrt[12]{\frac{1}{128}};\sqrt[3]{\frac{1}{4}};\sqrt[4]{\frac{1}{8}};\sqrt[6]{\frac{1}{32}};\sqrt[12]{\frac{1}{2048}};\frac{1}{2}。$$

斯台文的这个数学关系式远不如朱载堉十二平均律的数学关系式明晰和简洁：

$$1;\frac{1}{\sqrt[12]{2^1}};\frac{1}{\sqrt[12]{2^2}};\frac{1}{\sqrt[12]{2^3}};\frac{1}{\sqrt[12]{2^4}};\frac{1}{\sqrt[12]{2^5}};\frac{1}{\sqrt[12]{2^6}};\frac{1}{\sqrt[12]{2^7}};\frac{1}{\sqrt[12]{2^8}};$$

$\frac{1}{\sqrt[12]{2^9}}$；$\frac{1}{\sqrt[12]{2^{10}}}$；$\frac{1}{\sqrt[12]{2^{11}}}$；$\frac{1}{2}$。

斯台文关于十二平均律的论文手稿直到1884年被人发现后才得以发表，被湮灭了近三百年。斯台文的这一成果并没有为人注意，也没有发生影响。而真正影响欧洲音乐界的是法国音乐理论家默森（Pater Marie Mersene，1588—1648）在1636年发表的关于十二平均律一般的数学表达式，他确定了十二律每相邻两律的频率比为1.059 46≈$\sqrt[12]{2}$，即每相邻两律振动体长度的比为$\sqrt[12]{2}$，这个值和朱载堉所得出的密率值$\sqrt[12]{2}$相一致。

关于朱载堉"新法密率"的创建年代，李纯一和戴念祖都认为是在1581年之前①。朱载堉不仅完整地提出了十二平均律理论，而且完成了十二平均律的数理原因的分析和计算方法，并得出了十二平均律一般的数学表达式。

朱载堉从1595年到1606年11年间将自己的著作雕版、印刷，于1606年呈进皇帝五部《乐律全书》，朱载堉的十二平均律的理论才可能较广泛地为社会了解。从创建时间来看，朱载堉比斯台文早，得出的数学表达式也更完美、明晰和简洁。但是，从当时信息交流的状况来看，朱载堉与斯台文大体是彼此独立地作出自己的成果的，彼此影响、启示的可能性很小。对欧洲音乐界产生广泛影响的默森十二平均律却显然是受人启发的。据默森的报道，斯台文的理论似乎在欧洲被广泛采

---

① 参阅李纯一：《朱载堉十二平均律发明年代辨证》，载《音乐研究》1980年第3期；戴念祖：《朱载堉——明代的科学和艺术巨星》，人民出版社1986年版，第91—97页。

用。戴念祖认为，默森的报道与事实不符。[①] 但是，至少说明一个问题，默森在 1636 年发表十二平均律之前，有一个十二平均律的理论在音乐界流传、应用。从 1606 年朱载堉的《乐律全书》雕版、印刷成书后，他的十二平均律的思想和方法就为社会所了解。当时在华的传教士异常活跃，与各阶层士大夫的学术联系密切，特别是在历法和数学领域。因此，传教士极有可能获悉朱载堉的成果。朱载堉"新法密率"的这一成果只需一个数学关系式、一个数值、一句话便可表达。所以，在 1606 年到 1636 年的 30 年中，默森应该有可能了解朱载堉的成果。默森所报道的并在欧洲被广泛采用的平均律，如果不是斯台文的平均律的话，亦有可能是朱载堉的十二平均律的方法和原理。虽然至今没有确凿的证据证明，欧洲的乐律学家或科学家接受朱载堉的十二平均律的理论与方法，但是在 17 世纪以来的几百年欧洲的音乐理论和实践受到朱载堉十二平均律计算方法的有力影响，应是情理之中的事。划时代的德国作曲家巴赫（Johann Sebastian Bach，1685—1750）在 18 世纪前期分别于 1722 年和 1744 年写成了上下两卷的《平均律钢琴曲集》，系统地应用了前人对十二平均律所作的理论研究和实践成果，充分发挥了十二平均律的功效。巴赫依次用十二个大调和十二个小调，写成了"前奏曲"和"赋格曲"，用创作实践证明了这个律制的合理性。[②]

朱载堉"新法密率"的意义表现在三个方面：科学进步的

① 戴念祖：《朱载堉——明代的科学和艺术巨星》，人民出版社 1986 年版，第 308 页。

② 参阅缪天瑞：《律学》，人民音乐出版社 1983 年版，第 174—176 页。

理论意义；疑古和反传统的思想意义；科学认识和思维方式的方法论意义。

其一，朱载堉一再强调，他的新法密率“盖二千余年之所未有，自我圣朝始也”[①]，也就是说朱载堉的十二平均律是中国两千余年以来乐律发展的一个划时代的里程碑。朱载堉最终完美地解决了理论上还原返宫、回到出发律的问题和音乐实践中旋宫转调的问题，揭示了传统乐律学中三分损益法、黄钟九寸、隔八相生、长短虽异围径皆同等等各种理论认识本身固有的错误，从而失去了其存在的合理性。

其二，乐律学在古代中国是与国家兴亡，社会安危，政治变革相关联的一种学问。律制是封建社会最高统治决策的一种手段和观念，并有专门掌管的宫廷机关和负责官吏。因此，任何律制上的改变同任何历法上的变更一样，都会引起社会的注视、不安甚至动荡。在三分损益律被推崇为神圣法则的社会里，要彻底否定三分损益律，更立新律，其难度与所要忍受的压力及其对社会思想观念所起的启蒙、解放作用是成正比的。朱载堉在研究十二平均律的过程中深切体会到传统观念和习惯势力的重压和阻碍。

> 律吕之学乖谬久矣，盖由宗守黄钟九寸、三分损益、隔八相生此三言之谬也。夫此三言实为律学之谬，然举世宗守之。闻臣此言而不以臣为大谬者，盖亦几希。是以臣愚虽得之以心而缄之于口，韫藏有年

① 《律吕精义·内篇》。

不敢形于纸笔，为此故也。①

旧律制举世宗守之，新律制世人皆以为大谬，这种社会状况使朱载堉虽得十二平均律却既不敢说，更不敢写。最后斗胆进呈自己律学新著，结果也只是宣付史馆，闲置尘封的结局而已，“神宗时，郑世子载堉著《律吕精义》、《律学新说》、《乐舞全谱》，共若干卷，具表进献…… 宣付史馆，以备稽考，未及实行。”②就连《明史》也一语未及朱载堉的“新法密率”。到了清乾隆十一年《御制律吕正义后编》，奉皇帝之命斥朱载堉的“新法密率”为臆说，其声讨、斥责的社会思想背景，正是因为朱载堉的新律破了二千余年“举世宗守之”的古律，有一种疑古、反传统的思想力量。从朱载堉进呈新律制的紧张、惶恐的心情到问世后的被冷遇，再到受御命围攻的遭遇，正反映了朱载堉创立新律，否定旧律不单单是一个音乐律制更替合理与否的问题。既然一个流行了二千余年的神圣法则原来是一个十分疏漏的方法，那么与之相关的各种思想观念的神圣性也就失去了迷人的光环，进而二千余年形成的一整套传统的合理性也就值得怀疑了。朱载堉的新律就如整个社会思想堤防的一个缺口，各种钦定、传统认可的理论和观念在社会群体面前将重新被一一审视。疑古、反传统将会成为社会思潮的一个特征，整个社会思想将在不断否定旧传统的过程中蓬勃发展。

其三，朱载堉在创建“新法密率”的过程中，应用的科学方法有其合理性，对当时的思维和认识方法的更替有一种启

① 《进律书奏疏》。

② 《明史》卷六一。

迪作用。朱载堉研制新律，首先是发现问题，提出问题，即通过对旧律制研究发现其在理论上的缺陷和错误，如三分损益法不能解决回到出发律的问题，发现音乐实践中不能解决的问题，如不能解决旋宫转调的问题。然后，提出解决问题的基本思路，如认为黄钟尺寸是律算家的自我设定，不用三分损益法。确定解决问题的基本方法：假定黄钟尺寸为 1，倍黄钟尺寸为 2，在 1 到 2 之间构造一个等比数列，用一个数学关系式计算十二律的具体数值。最后，通过乐器制造（制造律准和律管）来检验十二平均律的合理性。朱载堉这种科学思路和科学方法与近代科学方法和近代科学精神相契。这对当时士人空疏和僵化的学风无疑是一帖清凉剂。当时士人以举业为人生目标，他们孜孜以求的科举经义都以朱熹的注疏为准绳，八股文式的极端形式主义，文章内容又须"代古人语气为之"。这使得广大士人形成了一种摹仿古人，因循保守的学风，而陆王心学的禅宗化，其末流，空谈心性，一些士人，"标新立异"，玄黄互战，迷恋于瞑想、游谈；以空虚禅道自悦于心，以浮夸文章快然于口。见自然和社会的实际问题，无不昏昏欲睡，掷而弃之，而求虚无妙道、舞舌反唇之谈则神采飞扬，兴致勃勃。束书不观，游谈无根。为力矫这种僵化、空疏的学风，朱载堉创建了"新法密率"的科学方法，这对士人的思维、认识方法易主观玄想为客观考察，改空谈为实证，从虚禅空道的游谈，咬文嚼字的皓首穷经到博究天人实学，力主明理实用是很有借鉴和启迪作用的。朱载堉的科学方法和当时以徐光启、宋应星为代表的由数达理，重实，重用的科学思想相得益彰，对当时的思维方式的变革无疑是一种推动。

第五章　“乐从乎今，情合于古”的审美情趣

一、晚明审美意识的变革

在封建中国的历代王朝中，音乐舞蹈是一门具有强烈政治内容的艺术活动，政治需要对乐舞的表现形式也有着强制性的规定。宫廷设有专门的乐舞机构，制定各种乐、舞的内容和形式，掌管各种宫廷礼乐事宜。乐舞和礼仪规范一样成为封建君王治国手段。制礼作乐和定历都是新兴王朝为了巩固、稳定王朝政权而特别重视的大事。历史上著名的《六舞》(或称《六代舞》)、《小舞》(或称《六小舞》)在西周时期已被集中整理，加工编排，形成了一套“雅乐”体系，作为一种制度规定下来，被历代王朝所接受，流传下来。乐舞的政治特征和作用主

要表现在三个方面：

一是乐舞的教化作用：

夫声乐之入人也深，其化人也速，故先王谨为之文。①

乐中平则民和而不流，乐肃庄则民齐而不乱。……乐姚治以险，则民流僈鄙贱矣。②

乃奏黄钟，歌大吕，舞《云门》以祀天神。乃奏大蔟，歌应钟，舞《咸池》以祭地示。乃奏姑洗，歌南吕，舞《大磬》以祀四望。乃奏蕤宾，歌函钟，舞《大夏》以祭山川。乃奏夷则，歌小吕，舞《大濩》以享先妣，乃奏无射，歌夹钟，舞《大武》以享先祖。③

二是作为一种国家统治的观念手段：

太史公曰：夫上古明王举乐者，非以娱心自乐，快意姿欲。将以为治也。正教者皆始于音，音正而行正……故闻宫音，使人温舒而广大；闻商音，使人方正而好义；闻角音，使人恻隐而爱人；闻征音，使人乐善而好施；闻羽音，使人整齐而好礼。夫礼而外入，乐自内出。故君子不可须臾离礼，须臾离礼则暴慢之行穷外；不可须臾离乐，须臾离乐则奸邪之行穷内。故

---

① 《荀子·乐论》。
② 同上。
③ 《周礼·春官·大司乐》。

乐音者，君子之所养义也。夫古者，天子诸侯听钟磬未尝离于庭，卿大夫听琴瑟之音未尝离于前，所以养行义而防淫佚也。①

乐也者，圣人所乐也，而可以善民心，其感人深，其移风易俗，故先王著其教焉。②

礼节民心，乐和民声，政以行之，刑以防之。礼乐刑政，四达而不悖，则王道备矣。③

三是，作为等级观念的强制性的标志，以区分上下尊卑。从西周起就确定了应用乐舞的等级制度、严格规定和限制乐队的规模、排列，所用乐器的多少，舞队所用人数的多少，舞队排列的方式，等等。补一段 “正乐县之位：王宫县，诸侯轩县，卿大夫判县，士特县。”④ 即规定王的乐队和乐器可以分东西南北四面排列，诸侯可以分三面排列，卿和大夫可以分两面排列，士则只可以排列一面。又如西周王朝规定天子乐用八佾（64 人），诸侯乐用六佾（一说 36 人，一说 48 人），大夫乐用四佾（一说 16 人，一说 32 人），士用二佾（一说 4 人，一说 16 人）。所以，当“周室大坏，诸侯恣行，设两观，乘大路，陪臣管仲、季氏之属，三归雍彻，八佾舞庭。制度遂坏……桑间、濮上、郑、卫、宋、赵之声并出……”⑤ 对大夫季氏居然敢公开“八佾

① 《史记·乐书》。
② 《乐记·乐施篇》。
③ 《乐记·乐本篇》。
④ 《周礼·春官·大司乐》。
⑤ 《汉书·礼乐志》。

舞于庭”，孔子气愤之极，疾呼指责“是可忍孰不可忍也”[①]！

故曰：“乐者，乐也。”君子乐得其道，小人乐得其欲。以道制欲，则乐而不乱；以欲忘道，则惑而不乐。是故君子反情以和其志，广乐以成其教，乐行而民乡方，可以观德矣。[②]

夫乐者，乐也，人情之所不能免也。乐必发于声音，形于动静，人之道也。声音动静，性术之变尽于此矣。故人不耐无乐，乐不耐无形，形而不为道不耐无乱。先王耻其乱，故制《雅》、《颂》之声以道之，使其声足乐而不流，使其文足论而不息，使其曲直、繁瘠、廉肉、节奏足以感动之善心而已矣，不使放心邪气得接焉。是先王立乐之方也。[③]

原古乐舞是一种基于物质欲求被满足的审美情感的泄泻。从文字语义的角度分析，许慎在《说文解字》中释“乐”字为“五声八音总名。像鼓鞞。木，虡也。”即“乐”像形木架上置鼓。在古代乐舞表演中，鼓占据重要的地位，是一种能充分表达人们欢喜、兴奋、激情的乐器。段玉裁在注《说文》中的“乐”字时曾引《周易·象》，“雷出地奋。豫。先王以作乐崇德，殷荐之上帝，以配祖考”句来说明，指出“是其意也”。

“琴瑟击鼓，以御田祖，以祈甘雨，以介我稷黍，以谷我士

① 《论语·八佾》。

② 《乐记·乐象篇》。

③ 《乐记·乐化篇》。

女。”① 如果“岁凶，年谷不登，祭事不悬，大夫不食粱，士饮酒不乐。”② 也就是说，在古代社会，社会群体在农耕收获或其他的节庆活动中，乐是一种物欲满足的实在性感官反映，是一种收获、创造的喜悦，是一种对生命肯定和热爱的情感。因而，乐舞成为一种社会群体表达其物质生活和生产的审美活动。《乐记》也曾从理论上阐明了乐舞产生于抒发人的内心感情的需要：

乐者，动于内者也。③

凡音者，生人心者也，情动于中，故形于声；声成文，谓之音。④

说之故言之，言之不足故长言之，长言不足故嗟叹之，嗟叹之不足，故手之舞之，足之蹈之也。⑤

然而，在中国封建王朝政治内容的制约下，乐舞原有的基于物欲情感满足的审美内容也被异化了。

乐舞在封建王朝的统治观念中，不仅仅是统治手段，而且是国家安危，君王德佚，世道治乱，民风淳险的一种标志和判别标准。

是故治世之音安，以乐其政和；乱世之音怨，以怒其政乖；亡国之音哀，以思其民困。声音之道，与政

① 《诗经·小雅》。
② 《周礼·曲礼下》。
③ 《乐记·乐化篇》。
④ 《乐记·乐本篇》。
⑤ 《乐记·师乙篇》。

通矣。①

是故审声以知音，审音以知乐，审乐以知政，而治道备矣。②

故天子之为乐也，以赏诸侯之有德盛而教尊，五谷熟时，然后赏之以乐。故其治民劳者，其舞行缀远；其治民逸者，其舞行缀短。故观其舞知其德，闻其谥而知其行也。③

所以，以宫廷乐舞为主体的“雅乐体系”具有其固有的迟滞、刻板、空洞、贫乏的特征。雅乐的审美趣味已完全把人生的物欲之欢，精神愉悦的情欲成分淹没在封建纲常伦理的网络之中。“存天理，灭人欲”成为封建雅乐的基本审美标准。这种雅乐体系已排斥了任何基于情欲的审美价值和审美情趣的存在，既不承认人的一般情感的存在，也不容许人的一般情感的表现和流露。同时，也禁锢了人性，不容许人的自然欲求的合理存在。以封建的“忠信仁义”的纲常之理抑制百姓喜怒哀乐的自然之情，是雅乐体系在审美内容上的基本要求。雅乐体系在审美内容上的这一特征在审美形式上表现为对各种民间俗乐生动活泼的表现形式和手段的排斥。在乐律制度上，在乐舞的标题，乐舞的内容，乐舞的程式直至乐舞演员的服饰，乐器和舞具等等方面都恪守古制，形式非常繁琐，而将一切民间俗乐在这些方面的创新和贡献都归斥为淫鄙之属，贬斥各种民

① 《乐记·乐本篇》。

② 同上。

③ 《乐记·乐施篇》。

间俗乐，雅乐难免僵化。

郑音好滥淫志，宋音燕女溺志，卫音趋数烦志，齐音敖辟乔志，此四者皆淫于色而害于德。①

恶紫之夺朱也，恶郑声之乱《雅乐》也，恶利口之覆邦家者。②

这种雅乐体系的乐舞，由于其内容的空洞贫乏，形式的刻板繁琐，已不能和社会百姓的喜怒哀乐发生共鸣，就连统治阶层也对此厌倦，“魏文侯问于子夏曰：‘吾端冕而听古乐，则唯恐卧，听郑卫之音，则不知倦。’”③

到了晚明社会，由于商品经济的繁荣，社会物质生活日趋奢靡，金钱财富的地位在社会群体心理中越来越高。纲常名教之类旧的道德观念在拜金主义的冲击下已岌岌可危，渐近崩溃。社会的联系，个人的地位都在现实物质利害的审视下重新被规范和判定。金钱财富的多寡成为人存在价值的一种判别标准，“商在外率数岁一归，其妻孥宗党全视所获多少为贤不肖，而爱憎焉。”④ 对物质利益的追求，对物质生活奢靡的肯定，成了社会的一种价值观念。富人固然“竞相尚以靡侈”，“代变风移，人皆志于尊崇富侈，不复知有明禁，群相蹈之。……今男子服锦绮，女子饰金珠，是皆僭拟无涯，逾国家之禁者也。”⑤ 穷

① 《乐记·魏文侯》。

② 《论语·阳货》。

③ 《乐记·魏文侯》。

④ 蔡羽述：《辽阳海神传》。

⑤ 张瀚：《松窗梦语》。

人虽“家无担尺之储”，却“耻穿布素”①，虽“奔劳终日”，“夜则归市淆酒，夫妇团醉而后已，明日又别为计”。②

社会物质生活这种追求奢靡享受的风气，必然导致社会对精神生活的享受趋于任性而发，通俗率真，“人情以放荡为快，世风以侈靡相高，虽逾制犯禁，不知忌也。”③ 所以，“通于人之喜怒哀乐，嗜好情欲是可喜也。”④ 这成为文学艺术所追求的美的境界。晚明社会群体的审美情趣，在内容上是颂扬情爱性爱，在形式上是倡导通俗流行。大胆追求真挚的爱情，直率描写自然的性欲成为当时文学艺术的基本主题。《金瓶梅》、《三言二拍》这样的通俗小说大都是以“偷情”、“外遇”作为情节展开、小说构架和人物塑造的基本素材。就连《牡丹亭》这样唯美主义的典雅之作，《歌代啸》这样批判现实的严肃之作也都充满了对情爱、性欲的玩赏和兴趣盎然的描写。文学艺术上的情欲主题，对情欲主题的追求，适合了正在不断壮大的市民阶层的精神需要，这就必然要求在艺术表现形式上适合市民阶层的欣赏习惯和口味。小说、民歌、小曲、传奇成为晚明社会广泛流传的文艺体裁，深入到社会的各个阶层，特别是正在兴起的市民阶层。那时每当演戏，“郡中士庶，争挈家往观。游船马船，拥河道，正所谓举国若狂也。每镇，或四日或五日而止，日费千金。”⑤“灯不演剧则灯意不酣，然无队舞鼓吹，则灯焰不发。”⑥

---

① 龚炜：《巢林笔谈》卷五。
② 王士性：《广志绎》卷四。
③ 张瀚：《松窗梦语》。
④ 袁宏道：《叙小修诗》。
⑤ 范濂：《云间据目抄》卷二。
⑥ 张岱：《陶庵梦忆》。

马克思曾指出：“男女之间的关系是人与人之间的直接的，自然的，必然的关系。……根据这种关系就可以判断出人的整个文明程度。”① 晚明社会的文艺从一般对男女私情的肯定到描写以女性为主体的对情爱、性欲的追求和享受的转变说明了社会习俗风情、世道人心的巨大变异。如汤显祖的《牡丹亭》中杜丽娘对爱情、佳偶的主动追求和向往，《金瓶梅》中潘金莲等女性对性欲直率的要求和享受。这种创作兴趣和主题的转变标示了“存天理，灭人欲”的封建道德、伦理规范遭到反叛、摈弃。从性爱自主意识的觉醒反映了一种时代自由，个体自主时代的潮流。这既是一种对旧观念的否定和对旧传统的反叛，也是新的审美意识的萌生。对情欲肯定和追求是新的审美意识的基本内容。这种创作倾向在当时流行的小说、民歌等文艺形式中都得到了充分的体现：

> 小说专导人从恶，奸邪淫盗之事，儒释道书所不忍斥诸彼必尽相穷形，津津乐道。以杀人为好汉，以渔色为风流，丧心病狂，无所忌惮。②

有的民歌更率直地表现了青年女性对“偷情”、“外遇”的大胆追求：

> 结识私情弗要慌，捉着子奸情奴自去当。拼得到

① 马克思：《1844 年经济学-哲学手稿》，人民出版社 1979 年版，第 72 页。

② 顾炎武：《日知录》卷一三。

官双膝馒头，跪子从实说，咬钉嚼铁我偷郎。[①]

乞娘打子好心焦，写封情书寄在我郎标；有舍徒流、迁配、碎剐、凌迟、天大罪名阿奴自去认，教郎千万再来遭！[②]

小说、民歌、戏曲关于男女之间的性爱关系的表现和肯定，基本否定了封建道德伦理关于“淫”、“恶”的观念，即否定那种把男女之间的自然关系抽象为封建伦理秩序的君子之道，所谓“女正位于内，男正位于外。男女正，天地之大义也”[③]，而把男女之间的自然本质的关系——性爱关系贬斥为“淫乱”和“邪恶”的观念。晚明冯梦龙采辑、出版的《桂枝儿》与《山歌》两部民歌小曲集子都是以表现男女私情为主，其旨在于用“民间性情之响”，“借男女之真情，发名教之伪药”。[④]

情爱和性爱作为小说、民歌、戏曲的创作主题和内容，使这些文艺形式得到了更为广泛的流传，并为社会各阶层，特别是市民阶层所欢迎和接受。因为情爱和性爱是人类最根本的属性和自然的、生活的需要，所以表现情爱和性爱的文艺形式容易得到社会和人们的共鸣和喜爱，特别是对那些没有为封建伦理、道德所压抑、扭曲的社会阶层来说更是如此。所以在晚明社会，民歌、戏曲、小说等通俗文艺形式得到了空前的发展，成为社会各阶层宣泄自己情感的一种流行载体。

---

① 《山歌·偷》。

② 《吴歌·甘认》。

③ 《易·家人卦》。

④ 冯梦龙：《山歌·序》。

“我明诗让唐，词又让元，庶几《吴歌》、《桂枝儿》、《罗江怨》、《打枣竿》、《银绞丝》之类，为我明一绝。”并进而肯定“明人独创之艺，为前人所无者，只此小曲耳。”[①] 沈德符在《万历野获编》中曾生动地描述晚明民歌小曲的流行情况：“不问南北，不问男女，不问老幼良贱，人人习之，人人喜听之，以至刊布成帙，举世传诵，沁人心腑。其谱不知从何而来，真可骇叹！”[②] 连一些当时的科技书、实用书的写作也用民歌小曲的方式表达，如晚明时期翻刻多次（到万历年间都有翻刻本）流传很广的邝璠编撰的农书《便民图纂》，前两卷是用图把吴地的耕织技术描绘出来，每一幅图里又各附吴地流行竹枝词一首，用民歌歌诀的方式描述耕织技术的要领和特点。

戏曲作为一种把文学、音乐、舞蹈、武术等多种艺术形式有机结合在一起的一种新的表演艺术，成为晚明社会最普遍、最受欢迎的艺术形式。它既具有生动的故事情节吸引观众，又有载歌载舞、说唱结合的艺术手段充分表现剧情的展开和人物性格心态的变化。因而戏曲的创作一时繁荣，不同文化程度、不同社会地位的人都加入了这个创作、演出的行列，“年来俚儒之稍通音律者，伶人之稍习文墨者，动辄编一传奇。”[③] 而士大夫阶层也以创作传奇为雅事，如作传奇《宝剑记》的李开先是嘉靖进士、太常寺少卿，作传奇《鸣风记》的王世贞是嘉靖进士、南京兵部尚书，作传奇《牡丹亭》的汤显祖是万历进士、礼部主事。

---

① 陈宏绪：《寒夜录》引明人卓人月《古今词统序》的话。

② 沈德符：《万历野获编》。

③ 沈德符：《顾曲杂言·填词名手》。

富贵人家也竞相各自养一小戏班,"二三十年间,富贵家出金帛,制服饰、器皿、列笙歌鼓吹,招至十余人为队,搬演传奇。好事者竞为淫丽之词,转相唱和,一郡城之内衣食于此者,不知几千人矣"①。各家戏班因主人的修养和爱好各异,而形成了各自的特色。张岱在《陶庵梦忆》中就详细介绍、分析观看过晚明著名官僚和剧作家阮大铖家庭戏班演出的多种剧目。

> 阮圆海(按:圆海是阮大铖的字)家优,讲关目,讲情理,讲筋节,与他班孟浪不同。然其所打院本又皆主人自制。笔笔勾勒,苦心尽出,……余在其家看《十错认》、《摩尼珠》、《燕子笺》三剧,其串架斗笋,插科打诨,意色眼目,主人细细与之讲明,知其意味,知其指归,故咬嚼吞吐,寻味不尽。至于《十错认》之龙灯,之紫姑;《摩尼珠》之走解,之猴戏;《燕之笺》之飞燕,之舞象,之波斯进宝,纸扎装束,无不尽情刻画,故其出色也愈甚。②

戏曲创作演出的繁荣,促成了以戏曲表演为生的艺人阶层的形成和壮大,汤显祖在他《与宜伶罗章二》的书信中曾特别谈到《牡丹亭记》,"往人家搬演,俱宜守分,莫因人家爱我戏,便过求他酒食钱物"③。同时,也形成了专门的演员训练和

---

① 张瀚:《松窗梦语》。

② 张岱:《陶庵梦忆》。

③ 转引自杨荫浏:《中国古代音乐史稿》(下册),人民音乐出版社 1981 年版,第 943 页。

培养,"未教戏,先教琴,先教琵琶,先教提琴、弦子、箫管、鼓吹、歌舞。"① 这批艺人阶层成为市民社会的一个重要组成部分。由于艺人的流动性大,信息的传播量多,新的审美意识和审美形式能很快、很普及地为社会群体接受。

民歌小曲、小说、戏曲作为一种新兴的文艺体裁,以其通俗易懂的审美形式渗透到社会各阶层的意识深层。一些有启蒙意识的文人高度评价这些俗文艺的艺术成就,并积极投身到这些俗文艺的创作整理的活动中。

曲本取于感发人心,歌之使奴、童、妇、女皆喻,乃为得体;经、子之谈,以之为诗且不可,况此等耶?……与其文而晦,曷若俗而鄙之易晓也?②

谩说矫时励俗,休牵往圣前贤。……採来俗语演新编,凭仛颠倒事,直付等闲看。③

诗何必古选?文何必先秦?降而为六朝,变而为近体,又变而为传奇,变而为院本,为杂剧,为《西厢记》,为《水浒传》,为今之举子业,皆古今至文,不可得而时势先后论也。④

少年工戏谑,颇溺滑稽传。后来听《水浒》,文字益奇变。六经非至文,马迁失组练。一雨快西风,听春酣舌战。⑤

---

① 张岱:《陶庵梦忆》。

② 徐渭:《南词叙录》。

③ 《徐渭集》四,中华书局1983年版,第1233页。

④ 李贽:《焚书》卷三。

⑤ 《袁宏道集笺校》卷九。

故吾谓今人诗文不传矣,其万一传者,或今闾阎妇人孺子所歌“劈破玉”、“打草竿”之类,犹是无闻无识真人所作,故多真声。不效颦于汉魏,不学步于盛唐,任性而发,尚能通于人之喜怒哀乐嗜好情欲,是可喜也。①

徐渭、李贽、袁宏道、汤显祖等人对俗文艺的大力提倡和高度评价,从根本上否定了文艺复古的思潮。小说、民歌小曲、戏曲席卷了当时的文坛,成为当时的文艺主体。俗文艺的艺术表现形式也成为一种较为流行的审美形式。这类俗文艺从市井乡间、酒肆楼阁,登堂入室,涌进了达官贵人、士大夫的生活之中。一些达官贵人也不得不在俗文艺洪流的冲击下接受了这类审美形式,并加入了俗文艺的创作洪流。他们用俗文艺的形式来表现他们怀古、复古的情感,来抒发他们所崇尚的“雅文化”的审美情趣,宣扬他们坚持的封建纲常秩序。例如隆庆初年曾任首辅的李春芳著有长篇公案小说《海公案》。又如丘浚的《五伦全备记》也是一个典型的例子,他认为通俗文艺易唱、易传、易流行的特点有助于表达封建纲常观念。假借于通俗文艺的表现形式使陈词滥调的说教更宜为人们所接受。

然经书却是论说道理,不如诗歌吟咏性情,容易感动人心。

近世以来做成南北戏文,用人搬演,虽非古礼,然人人观看,皆能通晓,尤易感动人心,使人手舞足

① 《袁宏道集笺校》卷四。

蹈，亦不自觉。但他做的多是淫词艳曲，专说风情闺怨，非惟不足以感化人心，倒反被他败坏了风俗。

近日才子新编出这场戏文，叫做《五伦全备》，发乎性情，生乎义理，盖因人所易晓者以感动之。搬演出来，使世上为子的看了便孝，为臣的看了便忠，……虽是一场假托之言，实万世纲常之理。[①]

其一，丘浚的这三段话清晰地表明了俗文艺和当时社会普遍的文化心理相适应，能充分表达社会生活中的喜怒哀乐的情感，已是社会大众最易接受的一种审美形式，它具有感化人心的力量，这点是旧经书所远远不能达到的。其二，通俗文艺已经是各种思想观念斗争的一个舞台，封建卫道士们为了维护封建纲常也不得不接受俗文艺的表现形式。但是，俗文艺的审美形式更适合于社会平民以自然情欲为核心的审美情趣，用载歌载舞、说唱皆备、生动活泼的艺术形式来宣扬陈词滥调的封建说教就不免迂腐不堪了。“《荆钗》近俗而时动人，《香囊》近雅而不动人，《五伦全备》是文庄元老大儒之作，不免腐烂”[②]，王世贞这一评论可谓一语中的。

通俗文艺的流行使许多文人也大量进行通俗文艺的创作。文人的加入一方面使通俗文艺的创作水平得到了不少提高，另一方面一些怀古、复古的文人以通俗文艺为载体，使他们的封建纲常观念能得以在市井乡间传播，以达到教化之目的。同时在格式上也加以种种限制和规定，使原来生动活泼的

① 丘浚：《五伦全备记》。
② 王世贞：《艺苑卮言》附录一。

通俗文艺趋于刻板。如自万历中期以来，戏曲创作形成了以汤显祖为首的“临川派”和以沈璟为首的“吴江派”。属于“临川派”的作家有阮大铖、凌濛初等人，属于“吴江派”的作家有冯梦龙、王冀德等人。“临川派”强调才情、意趣、文采，“吴江派”强调格律、法度、本色。这可以看出文人从事通俗文艺创作之盛。同时，也出现了从保守复古的思想出发，对通俗文艺的表现形式作刻板规定的现象。例如，万历中期以来剧坛以沈璟为代表的“吴江派”在戏曲创作中片面强调板式的格律和法度，以此来限制戏曲音乐节奏的自由变化；同时在用字的四声阴阳上强调格律，去限制每一曲牌中声调变化的自由。这样限制了戏曲的表现力。沈璟所编的《南九宫谱》，对每一曲牌的每一个字都标明了平、上、去、入的四声区别，从而形成了一种死硬的清规戒律，束缚了戏曲音乐创造和发展。以汤显祖为代表的“临川派”强调才情、意趣，在创作方式上强调通俗性，“曲者，句字转声而已”。他们强调自然性，反对在曲牌、声调上的保守、复古的僵硬的做法，这才使戏剧能广泛流传，为社会所接受。沈璟写了 17 个剧本，曲调流传无几，汤显祖仅写了 4 个剧本，当年就传唱一时，流传下来，爱唱者众多。

从上面对晚明审美意识（从审美情趣到审美形式）变异的简单分析，我们大致可以认识到朱载堉所处的晚明时代是一个社会意识急剧变革的时代。社会的市井平民（包括工商及以俗文艺谋生的文人和艺人）作为一种相当活跃，相当具有生命力的社会阶层，其社会地位提高，社会力量增强，对社会生活（从物质到精神）的干预在广度和深度上不断发展，使他们已成为一股不可忽视的社会力量。他们凭借自己的经济实力、社会地位、活动能量强烈地要求表达自己的情怀、喜怒、爱憎、欲求。这样把对金钱财富的崇拜追求,对男女情爱的大胆渴望,以至对性欲赤裸裸的享受,这一切都力图向全社会表达出来,因而崇尚自然真情,任性而发成为这一时代审美情趣的基本走向。李贽对自然、真情这一时代的审美情趣作过精彩的阐述:

> 盖声色之来,发于情性,由乎自然,是可以牵合矫强而致乎?故自然发于情性,则自然止乎礼义,非情性之外,复有礼义可止也。惟矫强及失之,故以自然之为美耳。……有是格,便有是调,皆情性自然之谓也。莫不有情,莫不有性,而可以一律求之哉?然则所谓自然者,非有意为自然而遂以为自然也。若有意为自然,则与矫强何异?故自然之道未易言也。①
>
> 若失却童心,便失却真心;失却真心,便失却真人。人而非真人,全不复有初矣。②

“饮食男女,人之大欲”,情爱、性爱、物质享受作为人类的一种自然的、本能的要求,这是一种自然的真情,因而成为民歌小曲、小说、传奇等通俗文艺形式的主题。《金瓶梅》对市井生活的自然写真;《三言二拍》对社会百态,特别是对市民阶层日常生活和心态的真实反映;《牡丹亭》和众多民歌小曲对真挚的情爱,大胆的性爱淋漓尽致的描写,这些都充分体现了时

---

① 李贽:《焚书·读律肤说》。
② 李贽:《焚书·童心说》。

代的精神风貌和审美观念的急剧变革。

同时,既然这种审美观念变革的社会基础是正在崛起、发展、壮大的市民阶层,新的审美观念正是源于市民阶层自我意识的觉醒,既然社会地位低下的工商市民阶层能在物质生活的创造和享受上超过自己所处的社会地位,那么在精神生活上追求自己所喜闻乐见的文化享受,满足自己的审美需求就是必然和合理的。市民阶层整体的文化水平一般不高,对经书、古诗之类的文学形式缺乏亲和力。他们要求一种通俗易懂,与他们市井日常生活相亲和的文艺形式,并从中得到了精神上的欢愉和心理上的快感。同时,他们也要求把自己的审美情趣和价值取向通过一定的文艺形式表达出来。所以,通俗文艺的产生和发展是一种时代的要求。

小说本出于稗官野史,街谈巷语,道听途说。说书、说唱本是市井平民日常所喜闻乐见的娱乐形式,以曲折的故事情节吸引听众。"古有儒释道三教,自明以来,又多一教曰小说。小说演义之书,士大夫农工商贾无不习闻之,以至儿童妇女不识字者亦皆闻而如见之,是其教较之儒释道而更广也。"① 文人以口头流传说书的内容为基础,演绎、编撰成通俗小说。同时,文人整理创作的通俗小说也是说书、说唱的底本,并为戏曲传奇的创作提供了文学素材,"始村瞎子习报俚小说,本《三国志》,与今《水浒传》一辙,为《弹唱词话》耳。"②

随着城市商业经济的繁荣,城乡人口、信息量的流动也随之增加。许多山乡小调、山歌也随之流入城市,为城市艺人所

---

① 徐渭:《徐文长佚稿》卷四。

② 冯梦龙:《叙山歌》。

利用、加工，形成了市井娱乐生活所特有的民歌小曲，为市民传唱自娱。由于这种民歌小曲真实地反映了市民的生活、心态和情怀。正因为其真与俗，所以才会被广泛流传，也为文人所注意。一些文人开始编集、刊出民歌小曲集，如冯梦龙就曾编辑《桂枝儿》和《山歌》两集，以“借男女之真情，发名教之伪药”①为宗旨。李开先在《市井艳词序》也指明了民歌小曲的真与俗的特点，“二词（指《山坡羊》、《锁南枝》）之华于市井，虽儿女子初学言者亦知歌之。……其声则然矣，语言则直出肺肝，不加雕刻，俱男女相与之情，虽君臣友朋亦多有托此者，以其情尤足以感人也。故风出谣口，真诗只有民间。”

晚明传奇迅速发展，成为流行全国的主要戏曲剧种，迅速取代了杂剧。明吕天成在《曲品》自序中（1610年）曾中肯地指出了传奇和杂剧盛衰的原因：“《杂剧》折唯四，唱止一人；《传奇》折数多，唱必匀派。《杂剧》但摭一事颠末，其境促；《传奇》备述一人始终，其味长。……《传奇》既盛，《杂剧》寝衰；北里之管弦播而不远，南方之鼓吹簇而弥喧。”② 范濂也生动描写了传奇的繁荣盛况，并点示了其中的原因：

> 演剧者，皆穿鲜明蟒衣靴革，而幞头纱帽，满缀金珠翠花。如扮状元游街，用珠鞭三条，价值百金有余，又增妓女三四十人扮为寡妇征西，昭君出塞，色名华丽尤甚……街道桥梁，皆用布幔，以防阴雨。郡

---

① 冯梦龙：《叙山歌》。

② 转引自杨荫浏：《中国古代音乐史稿》下册，人民音乐出版社1981年版，第857页。

> 中士庶，争挈家往观。游船马船，拥河道，正所谓举国若狂也。每镇，或四日或五日乃止，日费千金。[1]

传奇音乐的热闹，服装的华丽，表演的传神，故事的丰富，布景的神奇，人物的生动，场面的多彩，情节的曲折，很适合五光十色的市井生活，适合市民阶层的欣赏口味. 再加上文人改编演绎，新戏不断，做到“簇簇能新，不落窠臼”[2]。所以，传奇的兴起，形成举国若狂的盛况就是当然之理。传奇成为当时社会，特别是市井平民最普遍、最主要、最受欢迎的艺术表演形式，成为城市生活的一种必要的补充。晚明社会甚至有富户倾家荡产学戏，下海唱戏的，“彭天锡串戏妙天下，然出出皆有传头，未尝一字杜撰，曾以一出戏，延其人至家，费数十金者，家业十万缘手而尽。三春多在西湖，曾五至绍兴，到余家串戏，五六十场，而穷其技不尽”[3]。

以满足广大新兴市民阶层精神享受为基础、以民歌小曲小说传奇戏曲为载体的新的审美意识取代了几千年以礼义道德为基础的所谓“思无邪”[4]的审美准则。也就是说，晚明社会的审美观念的变迁，是以情感的满足、自然欲求的享受作为审美意识的主体内容取代了以理抑情、以理灭欲的禁欲主义的审美取向。在这样一个审美观念急剧变革的时代洪流中，城市的平民、商贾不仅以欢愉的心态投身其中，而且进一步推波助

---

① 范濂：《云间据目抄》卷二。
② 张岱：《陶庵梦忆》。
③ 同上。
④ 《论语 · 为政》。

澜。在这股洪流的冲击下,不同社会地位的文人不管是自觉,还是不自觉,不管是主动,还是被动,不管是支持,还是反对,都不得不表明自己的态度和立场:或是赞同,或是否定,或是否定其审美情趣而欣赏它的审美形式,或是以复古怀旧的心态否定新的审美观念,而又无可奈何地采用通俗文艺的形式……总之,不管如何,审美观念变革的洪流已冲击了整个知识阶层,上至达官显贵下至平民布衣。

二、“情合于古”的审美标准

朱载堉是一位多才多艺,博古通今的艺术家和艺术理论家。比较稳定的物质生活,良好的家庭教育,浓郁的艺术环境,再加上本人对艺术孜孜不倦的追求等等,使朱载堉对各种艺术的学术和研究都能达到一定的深度。他的艺术修养和艺术造诣之高,使他对各种艺术都有一种很高的鉴赏能力。因而,在朱载堉的艺术活动中很可以看出他对当时文学艺术活动所体现的审美情趣、审美形式的赞否态度。

乐从乎今,情合于古,知圣人立乐之本者,其庶几矣。

或曰:“雅乐不美,美则不雅。”噫!不识雅之为训也。夫雅者,美之至也。……训雅为不美,其谬也明矣。①

① 《瑟谱·后序》。

这两段话充分说明了朱载堉的审美观念：一方面他以怀古、复古的心态去追求雅乐完善的思古情怀。他对音乐美的追求是与天地同和的大乐："是故有定形而后有容受之积，有真积而后发中和之音，有正音而后感天地之气。"① 另一方面，朱载堉又充分体会到民歌小曲旋律生动的表现力，认为可以为传统雅乐提供一种新的表现形式，故而力图加以改造利用，以便充实、完善已经衰微的宫廷雅乐。朱载堉汲取俗乐营养的努力表现在两点：其一，丰富的俗乐实践（伴唱、伴奏、合奏、不同声部的转换等）促使他进行了旋宫转调的理论研究，其结果是十二平均律算法理论——"新法密率"的确立，即是用等比级数平均划分音程的新律制。这一理论反过来能有效地指导音乐实践，促使俗乐的发展。其二，朱载堉直接套用民歌小曲作为舞蹈的伴奏音乐。朱载堉汲取俗乐营养的目的是："惟欲复古人之意"，"借今乐明古乐不亦可乎？……用旋宫法拟造新谱，使后世为乐律之学者观之，深信古乐见存，未尝失传也！"② 例如，朱载堉用《诗经》的诗篇如《文王》、《鹿鸣》、《关雎》、《清庙》等作为歌词，用旋宫转调的方法为当时的曲调，使歌词在高低不同的曲调上反复演唱，使同一歌词在同一旋律的反复中形成变化，增加歌曲的艺术感染力。正如朱载堉所指出的："凡音之起，由人心生也，人心无古今之异而音岂有古今之异哉？用古之词章，配今之腔调，使人易晓而悟乐之理如此其妙也。"③

① 《律学新说》卷一。

② 《乐学新说》。

③ 《灵星小舞谱》。

又如朱载堉直接套用民间音乐《豆叶黄》、《金字经》(附有曲谱)作为《灵星小舞》的伴奏音乐。又用民歌小曲《鼓孤桐》、《青天歌》作为《天下大平字舞》的伴奏音乐。用古《南风歌》、《秋风辞》作为舞曲歌词。在舞蹈音乐和舞蹈的创作方式上，真如他自称的是“窃比述而不作”。从舞蹈的起源、目的、主题及乐舞的设计编排都是以拟古、复古为目的。下面以朱载堉编述的《灵星舞》为例来说明朱载堉的拟古创作方式。朱载堉的《灵星队赋》是这样记载的：

灵星雅乐，汉朝制作，舞象教田，耕种收获，击土鼓，吹苇籥，时人不识，呼为村田乐。乐器不须多，却宜从简便，上用钟一口，鼓一面，鞉一柄，板一串，双管一两副，小曲七八遍(即《豆叶黄》)。秋夜迎寒，春昼逆暑，祭蜡以息，老物祈年，以御田祖。歌声有节，舞容有谱，童男十六，两两相对舞。手执各执事，从头次第数：

…………

教田既毕，农事已成，讴歌舞蹈，答谢神明。(吹《金字经》)①

以后是16人徒手相舞，舞队摆成“天下太平”四字，舞者伏地跪拜。

这是朱载堉参照《后汉书·祭祀志》的记载，编拟的古代“农作舞”，是一种祭祀性的舞蹈。其主题就是舞中领舞者的致

① 《灵星小舞谱》。

语:"五谷收成,仓廪丰盈,风调雨顺,天下太平"。舞具是镰、镢、锹、锄、竿、杈、拂、枧等农具。舞蹈动作是模拟农业生产劳动。朱载堉取材于古代雅乐舞蹈的礼仪祭祀舞,舞蹈动作设计得简单拘谨,整个舞蹈队伍的走向、变形也设计的死板、僵硬。因为,这和朱载堉复古、拟古的编舞原则相一致。但是,舞蹈的伴奏乐曲,他却选择了民间音乐曲调,而且反复演奏,以增强舞蹈的可视性、可听性,达到了"今古融通,使人易晓"的艺术目的。

从朱载堉著作中,我们可以看出,他的文学艺术活动主要是音乐、诗歌和舞蹈。音乐主要是对乐律理论的研究,诗歌主要是民歌小曲的创作,有关舞蹈的著作占了全部著作的1/5之多。朱载堉的舞蹈艺术实践包括乐队的组合,伴奏的乐曲,歌词的选择,舞蹈动作的设计编排,舞谱的确定,排舞的艺术说明……从某种意义上说,朱载堉的舞蹈研究综合了他的音乐、歌曲等方面的研究。舞蹈作为朱载堉所重视的一种综合艺术,充分体现了朱载堉的审美意识,也充分表明了朱载堉对当时流行的审美情趣和审美形式的态度。

明代的戏曲是一门发展很迅速,影响很广泛的艺术形式,它将优美动人的舞蹈,感人动听的各种民间声腔,绚丽多彩的戏曲音乐结合起来,具有很大的艺术魅力。各种社会地位的文人,从俚儒村学、饱学文士到达官显宦、皇亲贵族都被强烈吸引住了,成为戏曲的爱好者或创作者。例如,明太祖第17个儿子宁献王朱权写过12种戏曲剧本,明太祖的孙子周献王朱有燉曾写过30种戏曲剧本。朝廷也鼓励艺人进演,"时有以《琵琶记》进呈者,高皇笑曰:'五经、四书、布、帛、菽、粟也,家家皆有;高明《琵琶记》如山珍、海错,富贵家不可无。'既而曰:'惜哉，以宫锦而制鞣也！’由是日令优人进演。”① 也就是说，在明代，戏曲不再是文人雅士，达官显宦所耻于留心的“俳优侏儒”的“末技小道”，在这种文化背景和戏曲发展的状态下，朱载堉应该有条件可以比较经常深入地接触和观赏过这种艺术形式，而且按照朱载堉的文学功底、艺术修养、音乐舞蹈方面的造诣，他完全有能力创作出戏曲佳作。然而，朱载堉却没有涉及这个艺术领域，可能是雅乐的思想观念使他不能接受这种艺术形式。

舞蹈艺术在明代戏曲表演中得到了很大的发展，成为戏曲表演的重要组成部分。舞蹈的表演已随着剧情的发展，人物情感的需要而设计变化。因而，突破雅乐古舞那种刻板、划一的表演程式的戏曲舞蹈，其舞姿动作也趋生动感人，和古舞雅乐中简单、生硬的舞蹈身段也大不同。张岱在《陶庵梦忆》一书中曾真实而生动地描绘过他所观赏过的戏曲舞蹈：

> 西施歌舞，对舞者五人，长袖缓带，绕身若环，曾挠摩地，扶旋猗那，弱如秋药，女官内侍，执扇葆璇盖、金莲、宝炬、纨扇、宫灯。二十余人。光焰荧煌，锦绣纷迭，见者错愕……②

这一记载可能描写的是明人梁辰鱼的传奇《浣纱记》中西施舞蹈的豪华场面。

---

① 徐渭：《南词叙录》。

② 张岱：《陶庵梦忆》。

《十错认》之龙灯，之紫姑；《摩尼珠》之走解，之猴戏；《燕子笺》之飞燕，之舞象……无不尽情刻画，故其出色也愈甚。①

这一记载是描写用各种模拟龙、猴、燕等鸟兽之舞的舞蹈语言和手法来刻画、表达人物的情感心态。

刘晖吉奇情幻想，欲补从来梨园之缺陷，如《唐明皇游月宫》，叶法善作。场上一时黑魆地暗，手起剑落，霹雳一声，黑缦忽收，露出一月，其圆如规，四下以羊角(毛)染五色云气，中坐常仪，桂树吴刚，白兔捣药，轻纱帽之内，燃赛月明数株，光焰青藜，色如初暑，撒布成梁，遂蹑月窟，境界神奇忘其为戏也。其他如舞灯，十数人手携一灯，忽隐忽现，怪幻百出……②

这一记载描写的是《唐明皇游月宫》演出时，应用舞台布置和灯光设计，营造了神奇的舞台氛围，使舞蹈能产生出更大的艺术感染力。

演武戏，搭一大台选徽州旌阳戏子，剽轻精悍，能相扑跌打者三四十人，搬演《目莲戏》，凡三日三夜，四围始百什座，戏子献技台上，如度索舞垣，翻桌

① 张岱《陶庵梦忆》。
② 同上。

> 翻梯，筋斗蜻蜓，蹬坛蹬臼，跳索跳圈，窜火窜剑之类……①
>
> 生扗须扮三眼马元帅，执蛇枪舞上，立东一位。末扮黑面赵元帅，执铁鞭铁锁舞上，立西一位。末扮蓝面温元帅执查槌上，立东二位。外扮红面关元帅，执偃月刀舞上，立西二位。②

这是《目莲戏》吸收、融合了武术的武舞，具有很强的吸引力，增强了戏曲的可看性。

从以上这些记载的描述看，舞蹈假借了戏曲表演的舞台，突破了祭祀礼仪型的古代传统舞蹈一板一式的束缚，摹拟了各种动物形象，丰富了舞蹈的语汇。这些戏曲舞蹈具有很强烈的生活气息，吸收了民间舞蹈的表现方式，并且融合了杂技和武术的动作，使戏曲舞蹈更能适合剧情发展的需要，更能利用舞蹈动作来刻画人物的性格，理解唱词的内容，揭示人物的情感。这种舞蹈表演与古乐舞“格神明，移风俗”要求的礼仪规范相去甚远。而那种古乐舞正是朱载堉所理想、追求和提倡的雅乐境界。

同样，音乐（包括声腔、小曲和器乐伴奏）随着戏曲表演的发展，在广度和深度方面都有了长足的发展和完善。从下引现存的元、明、清三朝剧本乐谱的统计表也大致可参证这一点：

---

① 张岱：《陶庵梦忆》。
② 同上。

类别 时代	杂剧 剧本数	杂剧 折数	传奇 剧本数	传奇 出数
元	58	107	7	162
明	2	2	62	558
清	2	2	64	524
合计	62	111	133	1244

注:此表引自杨荫浏:《中国古代音乐史稿》下册,人民音乐出版社 1981 年版,第 940 页。

从这个不很完全的统计(因为民间的乐谱,一方面失落不少,另一方面文人由于忽视而没有著录于书,不像有些文人在戏剧创作时将曲牌和曲体看作一种文学形式而据以进行写作。)也可以看出,在明代戏曲音乐随着《传奇》发展而发展。一方面各种声腔的形成是结合了对民歌、小曲、说唱等多种民间音乐作品的表达方式,并且随着戏曲表演的需要而不断地衍变发展。例如,婉委动听的《海盐腔》,热烈奔放的《弋阳腔》,柔媚华丽的《昆山腔》,高亢激越的《梆子》都曾风行一时。各种声腔的演唱方式,既有独唱,也有合唱。在同一个戏演出时,已不是数折都只是同一个人唱,而是由不同角色的演员在不同的声部进行演唱。这样的戏曲唱腔形式多样,表现力和感染力也大为提高和增强了。同样,戏剧表演中对声腔表现力的要求也相应提高了许多。声腔的发展使人们更进一步关注了对旋律、节奏的研究。这样,在具体应用曲牌时,采用某一种曲牌形式不仅以重复装饰,发挥原有的旋律主题为依据,而且更多的是参考原有乐曲的旋律和节奏,自由发挥。改变的幅度可根据剧情演唱的需要而定。因此,不仅同名曲牌由于同一曲调的加工改编而形成多种变体,而且由于板式不同,旋律不同,同名曲牌的变体常常自然产生一些互不相同的创新作品。这种状况对戏剧音乐曲调的创造具有很大的促进作用,《弋阳腔》的形成和发展就是如此。在这些戏剧声腔中常常存在着无数曲牌,这无数曲牌中又存在许多变异形式。这种现象说明,因戏剧内容的发展,推动了唱腔音乐的不断创新。同时,戏剧声腔的发展对器乐伴奏也提出了新的要求。伴奏的乐器既有弦乐器(如三弦),又有管乐器(如笛),还有打击乐器(如鼓板),更有吹奏乐器(如唢呐)等等。器乐的伴奏,不仅要和唱腔之间做到丝丝入扣,即在伴奏的节奏和音高上要和歌唱一致,又要求由伴奏乐器组成的乐队整体在伴奏过程保证节奏和声音的和谐。这样,由于戏剧内容和唱腔发展的需要,吹奏乐、打击乐、管乐、弦乐也不断发展创新。戏剧音乐随着声腔的推陈出新,器乐的演奏和组合的发展始终具有一种新鲜感和不会衰变的艺术魅力。

当时戏剧艺术影响面之广,使社会各阶层都很难回避它。戏剧艺术集中反映了当时审美意识的变革,它以表现男女自然真情作为自己的表现主旨,以载歌载舞,通俗易懂的表演方式表明了社会所欣赏的审美形式。朱载堉,作为一位有很高艺术修养和艺术创造力的人物,为什么在他一生的艺术活动中始终没有涉足戏剧艺术的领域呢?其原因,很可能是当时戏剧艺术以男女情爱为主题的审美情趣和恪守儒家伦理纲常观念之间存在着的悖逆冲突。这种冲突使朱载堉很难容忍戏剧表演艺术所体现的审美情趣。这点,我们可从分析朱载堉花了很多心血研究的舞蹈艺术所体现出来的审美情趣中得以证明或推断。

朱载堉十分重视乐舞的社会教化作用。在《论乐舞不可废》的专论中，他明确地指出："有乐无舞，似瞽者知音而不能见"，"凡人之动而有节者，莫若舞，肆舞所以动阳气而导万物也。"他认为乐舞有教化作用，既可"以之治己"又可"以之事人"，能"格神明，移风俗"。所以，"古人自天子至于庶人，无有不能舞者"，古人"以学舞为美事"而"近世以来此风绝矣"，"耻于乐舞"。古乐舞不存，而新兴戏曲乐舞、民间乐舞，日见兴旺，为社会所喜所乐所欢迎的景象，这使朱载堉有"世风日下，人心不古"之叹。所以，朱载堉在那样一个思潮激荡变革的社会里能潜心钻研古乐舞，就是以恢复古乐舞为己任，重振古乐舞的教化作用，力图能对当时岌岌可危的封建纲常秩序有所补益。

朱载堉所编制的舞谱是他根据史书记载和自己对古舞的理解、想象编制的，大都是用于祭祀、典仪的拟古舞。舞名都取自周、汉时代的典籍，这和周代的成套祭祀乐舞《六舞》相一致：

> 乃奏黄钟，歌大吕，舞《云门》以祀天神。乃奏大蔟，歌应钟。舞《咸池》以祭地示。乃奏姑洗，歌南吕，舞《大磬》以祀四望。乃奏蕤宾，歌函钟，舞《大夏》以祭山川。乃奏夷则，歌小吕，舞《大濩》以享先妣。乃奏无射，歌夹钟，舞《大武》以享先祖。①

另一方面，到了晚明时期，随着国势日趋衰落，雅乐舞也被荒废，俗乐舞不仅在社会上广泛流行，而且也进入了宫廷殿

① 《周礼·春官·大司乐》。

堂。戏曲成为明宫廷的主要娱乐形式,礼仪、祭祀、宴乐乐舞只是一种形式排场,用以应付典礼仪式的例行公式。甚至宫廷的宴飨之乐也都采用戏曲的音乐曲调填词,大量的民间歌舞杂技也进入宫廷表演。① 著名的《明宪宗行乐图》十分形象地描绘了民间乐舞在宫廷表演的盛况:规模庞大的民间舞队,有喜庆的文舞,也有威严的武舞,结构完整的伴奏乐队,有击鼓、吹笛、拍板,有执琴、琵琶、笙、管演奏,有表演生动的民间戏剧——钟馗打鬼。到了晚明,虽然宫廷雅乐仍沿袭前代旧制,分文舞、武舞两大类,并设有各种祭祀、礼仪乐舞,为郊庙、朝贺和宴飨等宫廷的政治活动而设,但是掌管乐舞的太常寺和教坊乐官对古代雅乐的具体内容已茫然无知,"殿廷燕享,郊坛祭祀,教坊羽流,慢渎苟简","学士大夫之著述止能论其理,而施诸五音六律辄多未协;乐官能纪其铿锵鼓舞而不晓其义,是以率世莫能明也。""音律久废,太常诸官循习工尺字谱,不复知有黄钟等调。臣等近奉诏演习新定郊祀乐章,间问古人遗制,茫无以对。"②

面对俗乐繁荣兴盛、雅乐衰败荒废的局面,朱载堉潜心于古乐舞的研究,以全面复兴古乐舞为己任,编制六种拟古舞谱,并在《律吕精义》外篇中有两卷篇幅对舞蹈作了理论探讨。朱载堉自称"窃比述而不作","惟欲复古人之意"。

朱载堉编制的六种舞谱是:《人舞谱》、《六代小舞谱》、《灵星小舞谱》、《灵星祠雅乐天下太平字舞缀兆之图》、《二佾缀兆

① 据《续通志》卷一二九记载,洪武三年(1370年)定宴飨之乐都是采用杂剧的音乐曲调填词的。

② 《明史》卷六一。

图》、《小舞乡乐谱》。这些拟古舞谱不仅是详尽的舞姿动作“场记图”，而且有的舞谱还配有该舞起源的解说，主题的阐明，歌词，伴奏音乐和打击乐字谱。朱载堉编制的这六种拟古舞是将各种艺术表现手段有机结合起来，即将打击乐律吕字谱，舞蹈动作变换连贯，总体舞蹈队形的移动走向的场面调度，以及舞姿身段和唱词、伴奏音乐的配合，将各种舞蹈片断的起止有机地衔接起来，编制成一份拟古乐舞的排演“总谱”。这六种拟古舞谱的表现主题也是一脉相承的，即以宣传颂扬封建纲常秩序和礼教宗法思想为宗旨。

朱载堉认为，《人舞》是“舞之本也。是故学舞先学人舞”。据《周礼·春官·乐师》郑玄注：《人舞》是用来祭祀星辰或宇宙的。相传《人舞》是周代“六小舞”之一种。人舞所示的舞蹈动作是其他五种舞蹈的基础。其他各舞只是以《人舞谱》为基础，略加变化演绎，其中最明显的变化只是所执舞具的不同。因为《人舞》的舞姿都被赋予特定的礼义内涵，《人舞》的“四势”是象征仁、义、智、礼，为舞蹈动作之纲，《人舞》的“八势”象征五常（仁、义、信、智、礼）和三纲（君为臣纲，父为子纲，夫为妇纲），为舞蹈动作之目。纲举目张，舞蹈才符合古代雅乐之规范。

> 四势为纲，象四端也。一曰上转势，象恻隐之心；二曰下转势，象羞恶之义；三曰外转势，象是非之智；四曰内转势，象辞让之礼。此四势象四端。舞谱谓之送、摇、招、邀。上转若邀宾之势，下转若送客之势，外转若摇出之势，内转若招入之势。
>
> 八势为目，象五常三纲也。一曰转初势，象恻隐

之仁；二曰半转势，象羞恶之义；三曰转周势，象笃实之信；四曰转过势，象是非之智；五曰转留势，象辞让之礼（屈其一足，伸其一足，即《乐记》所谓屈伸也）。① 此五势象五常。朱熹《诗传》释“辗转反侧”四字之义曰：“辗者转之半，转者辗之周，反者辗之过，侧者转之留。”舞谱借此四字之义，明古人舞法。转之一言，众妙之门也。②

六曰伏睹势，表尊敬于君（此即《乐记》所谓俯也）；七曰仰瞻势，表亲爱于父（此即《乐记》所谓仰也）；八曰顾势，表和顺于夫（亦表兄弟朋友相和），比三势象三纲。……五常三纲共为之目，总以四端，为之纲也。③

另外从《舞谱》所绘的各种舞姿看，或是拱手相拜，或是蹲跪而拜，或是仰首，或是伏头，从舞姿形象看确有温良恭俭让之意。

朱载堉不仅通过舞名的确定，舞意的阐发，舞姿定义的说明，舞蹈动作的规定等形象化的方式来拟古、复古雅乐舞，而

① 对转留势的舞姿也要从古书雅乐中寻找根据，朱载堉的复古思想可见一斑。

② 朱载堉认为，“一体旋转”是舞蹈最基本的动作，而舞蹈动作就是由各种转势所组成，即上转、下转、内转、外转等，这本是一种舞蹈表演的见解。然而朱载堉以古书雅乐为根据，强调旋转舞姿是古代雅乐舞的根本，“古人学歌舞，以永转二字为众妙之门。古人学歌以永之一字为众妙之门，古人学舞以转之一字为众妙之门……所谓舞者，三回九转，四纲八目，举要言之，不过一体旋转而已。”

③ 《六代小舞谱》。

且用歌词反复咏唱的方式，更加明确地强化古雅乐舞所要表达的封建纲常秩序和封建王朝太平盛世的主题。例如，在《六代小舞谱》中舞曲歌词反复用“非礼勿视，非礼勿听，非礼勿言，非礼勿动”四句，来伴陪舞蹈的表演，强化了舞蹈主题的表现。又例如，在《灵星祠雅乐天下太平字舞缀兆图》的结尾，用歌词“五谷收成，仓廪丰盈，风调雨顺，天下太平”来配合舞队摆成的“天下太平”四个舞字，加强了颂扬太平盛世的主题。

朱载堉对拟古、复古舞谱的研究和编定集中反映他对“乐”之美和“乐”之审美的看法。这方面，他基本上和以《乐记》为代表的儒家美学思想相一致，这是朱载堉认定的，是古代雅乐的基础。其基本点是：“德”作为“乐”的内容是古代雅乐的审美核心。

> 夫物之感人无穷，而人之好恶无节，则是物至而人物也。人化物也者，灭天理而穷人欲者也。……是故先王之制礼乐，人为之节。①

作乐和制礼一样，是在“德”和“欲”的对立冲突中作为一种手段来抑制“感于物而动”的“性之欲”，平衡“应感起物而动”的“好恶之情”，使社会群体能达到“平好恶而返人道之正”。因而，“感于物而动”，以快乐、欢愉、痛苦、哀伤情感感受为特征的审美情趣必须服从于以“德”为本的规定性，所谓“乐者，德之华也”②，“圣人作为父子君臣，以为纪纲。纪纲既正，

---

① 《乐记·乐本篇》。
② 《乐记·德之华也》。

天下大定。天下大定，然后正六律，和五声，弦歌诗颂，此之谓德音，德音之谓乐。”[①]“德”的内容是“乐”的完整含义。“德”的具体内涵在于礼，即在于体现为封建社会等级秩序的纲常规范。“乐”中之德就是通过“声”和“舞”等表现形式所具有的象征意义，用以调整、节制人的情感，从精神心态的感受中服从于“德”的强制规定性。“圣人作为鞉鼓椌楬埙篪，此六者，德音之音也。”[②] 德之音，即乐之美，就是和口，“乐在宗庙之中，君臣上下同听之，则莫不和顺；在闺门之内，父子兄弟同听之，则莫不和亲。故乐者，审一以定和，比物以饰节，节奏合以戒文，所以合和父子君臣，附亲万民也。”[③] 和顺怡乐就是雅乐之最高审美境界。在《乐记·宾牟贾》篇中孔子阐明了《武》这部乐舞的表演形式所具有的象征意义，在《乐记·魏文侯》篇中，指出钟磬丝竹之声所象征的臣僚的各种德行——古代雅乐是“可以语”，“可以道古”的。

古代雅乐在审美形式上追求的是乐和，这种乐和是音声之和，它既包括音阶的和谐感，所谓“和声，宫、商、角、徵、羽也”，也包括音程的和谐感，所谓“以它平它谓之和”[④] 音声之和反映了社会心理对听觉审美尺度的一种判定，也就是说“声和”、“人和”、“政和”相一致，“正声感人而顺气应之，顺气成象而和乐兴焉”。[⑤] “乐与政和”，“如乐之和，无所不谐”。[⑥]

---

① 《乐记·魏文侯》。

② 同上。

③ 同上。

④ 《国语·郑语》。

⑤ 《乐记·魏文侯》。

⑥ 《左传·襄公十一年》。

朱载堉在编定拟古舞谱时所想追求的就是这种“德”与“和”,内容与形式相结合的审美境界。面对着晚明社会“情欲”的激流冲破道德伦理的社会堤防,成为各种文艺形式竞相表达的主题的热潮,面对着自然人性冲击内圣之学的道德伦理,现实物欲功利的审计取代“存天理,灭人欲”的道德命令的洪流,朱载堉寄希望于宫廷能真正恢复古代雅乐,以抑制民间俗乐的发展。朱载堉花了很大精力编定的拟古舞谱,从舞姿身段的设计、舞蹈队形的编排、咏唱歌词的确定等等,形成了一套拟古雅乐的规范,以乐德、乐语、乐舞教化社会,“以乐德教国子:中和、祗庸、孝友;以乐语教国子:兴道、讽诵、言语;以乐舞教国子:舞《云门》、《大卷》、《大咸》、《大磬》、《大夏》、《大濩》、《大武》。”① 以期使之能达到乐平和,民齐顺,政肃明,国安泰的政治目的。“情合于古”,“夫雅者,美之至也”。朱载堉艺术审美正是把“德”——封建纲常秩序作为审美判断的基本标准。古代雅乐所表达的那种政治内容正是朱载堉所企盼达到的美的境界。要达到这种美的境界,朱载堉认为应该采取“乐从乎今”的艺术表现形式。

三、“乐从乎今”的审美形态的追求

古代雅乐对“乐”的实施有一句名言:“德成而上,艺成而下”。②对古代雅乐来说,这是对乐的一个评价标准。乐只有充分表现了“德”的内容主题,那么才是至美的雅乐。如果只是表

① 《周礼·春官·大司乐》。

② 《乐记·乐情篇》。

现形式上的吸引人、感动人，而在内容主题上却偏离“德”的准则，那也只是不可以语、不可以道古的乱雅之俗乐。另一方面，古代雅乐的这一评价标准在内容和形式上也体现了“重道轻器”的审美追求。“钟鼓管磬羽籥干戚，乐之器也；屈伸俯仰缀兆舒疾，乐之文也。”①乐器的演奏、舞蹈的表演只是乐师、舞者之艺。古代雅乐在表现形式上反对从民间俗乐中吸取养料，丰富自己的表演能力。民间俗乐因其内容颂扬男女情爱，冲破礼法束缚而被归之于淫，而生动活泼的民间俗乐在曲调上、在演奏上、在舞姿上的种种创新也因不合“中庸之道”的“和”而被归之于淫声。古代雅乐在形态审美方面已无任何生命力。古代雅乐伦理绝对主义代替了形态审美的要求。一切能体现自然美和自然人心共鸣的美的形式都被湮灭在道德天理之中，所谓“人欲尽处，天理流行，随处充满，无稍欠缺”②。古代雅乐既然在表现形式上不能适合社会群体大多数的欣赏习惯和心理，不能满足社会群体大多数对审美形态的追求，那么它的衰落、湮灭就是理所当然的。

朱载堉不仅是一个杰出的乐舞研究的理论家，而且是一个多才多艺的表演艺术家。他博古通今，对当时流行的各种民间俗乐都有所研究、认识和掌握。同时，他也看到了雅乐因缺乏生命力而衰败。因而如何合理地应用民间俗乐的表演技巧作为营养，使古代雅乐复活，这是朱载堉力图解决的一个艺术实践问题。

首先在理论上，朱载堉论述了今乐和古乐的联系，“无古

---

① 《乐记·乐论》。

② 朱熹：《四书章句集注·论语章句》。

不成今,今之乐犹古之乐也","今古融通,使人易晓。或于乐学庶几有小补焉","借今乐明古乐不亦可乎"。[①]"用古之词章,配今之腔调,使人易晓而悟乐之理,如此其妙也"[②]。朱载堉认识到,乐舞在表演形式上是一个不断发展的过程,今乐是古乐的发展结果,通过今乐不仅可以理解、认识古乐,而且可以表现古乐。每一个时代都有该时代社会所能接受的乐舞形式,而这种为社会所喜闻乐见的乐舞表演形式有助于古代雅乐在新的社会、新的时代得到再生。朱载堉虽然肯定、坚持"德成而上",但不认为"艺成而下"。他既重"道",又重"器";既重"雅",又不轻"俗"。他重视乐器的制造,重视民间曲调的采集和改编,并且亲自作曲,认为"谱无定法,勿惮改定润色"[③],并会演奏乐器。朱载堉正是通过他全面的艺术实践掌握了当时乐舞的表现技巧。虽然朱载堉在审美内容上并不接受当时俗乐的情欲主题,但是在审美形式上接受了其中他认为是合理的部分。从理论认识和历史研究中朱载堉知道,古代的《诗经》、楚辞、汉代乐府、隋唐燕乐、宋元琴曲都是从民间俗乐中吸收了营养和素材,提炼加工而成。不同时代的雅乐形式都是乐舞发展在不同历史阶段的产物,都有当时民间俗乐的成分。所以,朱载堉会有今乐犹古乐的认识。这个认识和当时审美形态从"雅"到"俗"的历史发展的观点相一致。

"乐从乎今"是朱载堉从理论研究和艺术实践中得出的对审美形态的一种认识和判别尺度。

---

① 《乐学新说》。

② 《灵星小舞谱》。

③ 《律吕精义·外篇》。

晚明的民歌、小曲在曲调的创造和衍变上，在唱腔发展的多样化上，晚明的器乐在表现能力的丰富上，在各类乐器复合的效果上都达到了一个新的艺术高度。民歌小曲和器乐传奇般地成为明代乐舞发展的成就之一。

明代著录的小曲，现存的部分曲目根据杨荫浏先生的统计就有 31 种。① 这些曲调在实际应用中，一种曲调会衍生出多种变体；一种曲调可以前后部拆开运用，也可重叠连用，在节奏和旋律上，前后会出现相应的变化；有时多种不同的曲调联成一套，也有曲间加帮腔。由于转调问题在实际演奏的工尺谱记录方面已得到解决，这样各种曲调可有多种不同的组合方式，增加了曲调的表现力和感染力，因而可以描写比较复杂的题材。传奇的戏曲的全剧整套音乐正是在明代民歌小曲的曲调发展中逐渐形成的。同时，小曲的器乐伴奏也随曲调组合表现多样化而发展。其一，伴奏乐器是多种多样的，弹拨乐器如三弦、琵琶之类，拉弦乐器如筝之类，打击乐器如板、鼓之类。其二，在伴奏中，伴奏乐器既有单个、单类乐器，也有各类乐器组合成一个小乐队。其三，伴奏乐器不单单是随唱腔演奏，而且还创造性地演奏“托腔”，即运用对位等形式奏出与歌腔形成鲜明对比的伴奏音调来，从而丰富了整个曲调的表现力。

民间小曲的曲调广泛流传，并得到文人的赏识和推崇，原因是众多的，但有一点是很重要的，即他们认为今之民歌小曲的曲调和古风相去不远，从而在心理上，情感上，欣赏的态度上愿意采用民歌小曲的曲调作为自己音乐、戏曲的创作形式。

---

① 参阅杨荫浏：《中国古代音乐史稿》下册，人民音乐出版社 1981 年版，第 757 页。

旧春上在衡山县曾卧听《采茶歌》，赏其音调，而于辞句懵如也。今又在衡山，于其土音虽不尽解，然十可三四领其意义。因之而叹古今相去不远，村妇稚子口中之歌，有《十五国风》之章法。①

刘献廷(1648—1695)虽是清初人，但其生年和朱载堉的年代相去不远。朱载堉也会有此感受。所以，朱载堉才会填写大量的民歌小曲的歌曲词，朱载堉对民歌小曲的曲调是欣赏的。

和民歌小曲生动活泼、表现力丰富多彩相对照，晚明宫廷音乐所谓“雅乐”曲调却显得死板、平淡，表现力苍白、贫乏。崇祯末年，有一个中国宫廷乐官，钜鹿人，叫魏双侯(之琰)，避难日本，在那里定居，现流传下来有其四世孙魏皓(子明)所编的歌曲集《魏氏乐谱》50首。根据杨荫浏先生的研究和乐谱的翻译工作，我们对晚明宫廷的雅乐曲调有所了解。②

这些宫廷歌曲、歌词多选自古代的作品，如《诗经》、《汉乐府》等。其曲调在曲式上严格遵守“起调毕曲”的雅乐宫调的理论，所谓“黄钟宫至夹钟羽并用黄钟起调，黄钟毕曲；……应钟宫至太簇羽并用应钟起调，应钟毕曲”③。即每曲的起始音

① 刘献廷:《广阳杂记》卷四。

② 杨荫浏:《中国古代音乐史纲》下册，人民音乐出版社 1981 年版，第 806—810 页。

③ 《宋史》卷一三一《乐志》转述蔡元定《律吕本原》的话。

和结束音成同度或八度音的关系。“起调毕曲”这一雅乐曲调的死框框限制了曲调的发挥,忽视了乐句结音间的联系和统一。这种雅乐宫调理论的死框架不注意乐句和歌词内容的衔接,其乐曲音调大都比较平淡,缺乏表现力。音调的升降和字调的平仄也不协调,因而歌曲很难上口,它只强调本身曲式的起毕曲调的形式规定,因而很难有生命力和艺术感染力,当然也很难为社会群体所喜爱和接受。在生动活泼、丰富多彩的民歌小曲曲调蓬勃发展的状况下,雅乐曲调的湮灭也在当然之理。朱载堉清楚地看到了这一点,所以他用《豆叶黄》、《鼓孤桐》、《青元歌》等民歌小曲曲调来演唱古代诗歌填写的歌词。

随着民歌小曲发展的多样化,演唱方式也趋于多样化,逐步创造和形成了各具特殊风格的多种声腔。声腔的发展,歌唱表达方法的发展,使曲调的音乐表现力得到了丰富和加强。曲调和声腔相应相随,有机结合,使民间俗乐形成规模效应,使戏剧音乐的发展有了雄厚的基础,戏剧作家才能假借这种丰富的音乐表现手段,创作出多姿多色的戏曲。

> 近世多尚海盐南曲。士大夫秉心房之精,从婉娈之习者,风靡如一。①
>
> 今唱家称弋阳腔则出于江西、两京、湖南、闽、广用之;称余姚腔者,出于会稽、常、润、池、太、扬、徐用之;称海盐腔者,嘉、湖、温、台用之。唯昆山腔止行于吴中,流丽悠远,出乎三腔之上,听之最足

① 何良俊:《曲论》。

荡人。①

此道有南北，南则《昆山》，之次为《海盐》，吴、浙音也。其体尚静好，以拍为之节。江西《弋阳》，其节以鼓，其调諠。至嘉靖而《弋阳》之调绝，变为《乐平》，为徽《青阳》。我宜黄谭大司马纶（卒于1577年）闻而恶之。自喜得治兵于浙，以浙人归教其乡子弟，能为《海盐》声。大司马死二十余年矣，食其技者殆千余人。②

江西弋阳土曲，句调长短，声音高下，可以随心入腔。③

这些文人的阐述大致说明了当时流行的《海盐腔》、《弋阳腔》、《余姚腔》、《昆山腔》的唱腔特点及其艺术感染力。它们虽都用曲牌，但形式灵活，在句法和用字上不受曲牌限制，节奏自由，容易和各地方言相结合，音乐上容易处理。各种声腔既有一人独唱，也有众人合唱帮腔的。四大声腔的兴起，虽然是由于民歌小曲曲调的发展促进了《传奇》戏曲音乐发展的需要，但归根到底是声腔发展适应社会群体的情感生活、审美旨趣的变化，满足了社会文化心理和欣赏口味的需要。创造和寻求新的艺术表现形式，不断适应社会情感生活的变化是一种时代的要求。

戏剧音乐的发展，大型套曲的应用，对伴奏音乐也提出了

① 徐渭：《南词叙录》。
② 汤显祖：《宜黄县戏神清源师庙记》。
③ 凌蒙初：《谭曲杂劄》。

更高的要求,伴奏音乐的发展主要表现在伴奏乐器的应用和乐器伴奏方式上。组成伴奏乐队的乐器有管乐器、弦乐器和打击乐器。这三类乐器数量的确定及组合方式是和整个戏曲音乐融合在一起。因此,在整个戏曲音乐套曲的组成中,曲调声腔、伴奏音乐在旋律上的协合,在节奏上的吻合,在不同声部音调的和声,这些具体的音乐作曲、记谱和演奏问题的解决,提高了音乐综合的表现力,避免了音乐的平淡和单调。音乐这种丰富的表现形式和能力,从审美形态的角度分析,可以看到社会群体对审美形式的要求,倾向于生动、热烈、多变的欣赏趣味。

晚明音乐除因伴随着小曲曲调、声腔的发展,音乐表现形式趋于多样丰富外,器乐演奏也得到了长足的发展,大型的鼓乐套曲,管乐套曲,大乐队演奏的套曲成为器乐演奏的经常性节目。这种大型套曲通常由多个曲牌组成。同一曲牌会有不同的变奏,同一曲调的各个曲段或乐句或是拆开,或是重叠演奏。这样,曲调通过变奏,拆开重组,反复重叠等多种组合处理,在节奏上,通过散板、慢板、中板、快板、急板的交错组合应用,形成了多节奏的变化,构成了种种锣鼓乐段。例如,明代流行于江苏的《十番鼓》就是一个典型的大型套曲。明余怀(生于1616年)在其所著的《板桥杂记》曾记载了明万历年间南京秦淮河一带演奏《十番鼓》的事。清李斗在《扬州画舫录》中曾描述过扬州虹桥歌船中《十番鼓》的演奏之事:

十番鼓者,吹双笛,用紧膜,其声最高,谓之闷笛,佐以箫管,管声如人度曲;三弦紧缓与云锣相应,佐以提琴;鼍鼓紧缓与檀板相应,佐以汤锣。众乐齐,

> 乃用单皮鼓，响如裂竹，所谓头如青山峰，手似两点，佐以木鱼、檀板，以成节奏，此十番鼓也。是乐不用小锣、金锣、铙钹、号筒，只用笛、管、箫、弦、提琴、云锣、汤锣、木鱼、檀板、大鼓十种。

《十番鼓》套曲有其独特、复杂的结构形式，鼓上独奏的鼓段是套曲的中心结构，管弦乐段是围绕着鼓段展开的。锣鼓乐段和管弦乐段在套曲中是按照一定的曲式展开逻辑安排的。最大的鼓段结构形式包含慢鼓段、中鼓段和快鼓段三个独奏鼓段。在不同的鼓段之间，常用管弦乐段联结。有时用鼓点衬托管弦乐进行。《十番鼓》套曲分“正套”和“散套”。“正套”的主要部分是由同一曲牌的不同节奏的多种旋律变奏组合而成，曲式进行具有一贯性。而散套则是多个不同曲牌依着一定的关系连接而成。演奏《十番鼓》的乐队有多种组合方式，或是只用打击乐器，或是兼用管弦乐器，或以唢呐为主奏乐器，或以笛为主奏乐器，或以笙为主奏乐器。各种乐器在合奏中，又相对独立地演奏出由主曲调衍生出的各种华彩的变奏，彼此相合，融为一体。

宫廷雅乐的苍白、平淡与民间俗乐的华丽多彩强烈对比的事实对朱载堉来说是一个很强烈的刺激。“乐从乎今”是“情合于古”的必要条件，是朱载堉审美观念中的一个重要方面。在审美形态的趋向上，朱载堉认识到民间俗乐的形式美（曲调、节奏、曲调变奏和组合、器乐伴奏等诸方面）是表现古代雅乐内容美所必需的，“借今乐明古乐不亦可乎”①。

---

① 《乐学新说》。

在音乐的艺术研究活动中，朱载堉既重道又重器，既重雅又重俗。朱载堉掌握今乐表现技巧的艺术实践的努力大致表现在以下几个方面：对民歌小曲的研究和创作；乐器的研究和制作；表演总谱的制定；十二平均律的应用和作曲。

朱载堉对民歌小曲做过采集工作，对它们的曲调作过研究，并用记谱的方式将它们录存下来。他在《灵星小舞谱》和《字舞谱》中都分别用记谱的方式录存了民间曲调，再用这些记录下来的民间曲调，填写新的歌词。在拟古舞谱中，朱载堉大都用古诗作为曲词，自己创作的一些民歌歌词也大都是寓意于警世、醒世、喻世，所以，他创作的民歌小曲集命名为《醒世词》。朱载堉写下了大量的民歌歌词，一方面固然是因为当时民歌小曲异常活跃，广泛流行，朱载堉可借其传播自己对社会世事的观点、看法。另一方面，他在填写这么多的民歌曲词的过程中，实际上是对民歌小曲曲调多次反复地学习、运用和研究的过程，从中朱载堉了解到民歌小曲的曲式、音型、乐句和伴奏配器等等音乐技巧问题，既为他的理论研究提供了音乐素材，同时也提高了自己音乐创造的表现力。

随着晚明时期器乐的发展，乐队演奏是一种新的表演形式。乐队演奏要达到音高齐准，音色谐和，以及演奏时转调的准确，合奏时的声音效果，乐队配器的合理性等等诸如此类的技术问题，朱载堉是花费了大量的精力，通过乐器的研究和制作的实践来认识和解决的。乐队演奏首先是音高的定音问题，由于管和弦的发声方式不同，弦律和管律不能等同。弦是以弦的振动发音，在同一张力下，弦的长度与音高成反比。管是管内空气柱的振动发音，由于管的构造不同，其气柱振动的状态也不同，另外管内气柱振动时，气柱的一部分要突出在管口的外面，也就是说，气柱的长度比管子稍长，这样按照音的一定高度来计算管子长度时，必须作“管口校正”。由弦定出的音高和由管定出的音高必然存在误差，按律数定律也不容易准确。那么，在实际演奏中转调就易走调，合奏会出现声音不协合的状况。

朱载堉仔细研究了影响管和弦发音的各种要素。弦的发音和弦长，粗细有关，管的发音和管长，簧片厚度，管径大小，管壁厚度有关。

> 旧律围径皆同，而新律各不同……琴瑟不独徽柱之有远近，而弦亦有巨细焉；笙竽不独管孔之有高低，而簧亦有厚薄矣。……譬诸律管，虽有修短之不齐，亦有广狭之不等。先儒以为长短虽异，围径皆同，此未达之论也。今若不信，以竹或笔管制黄钟之律一样两枚，截其一枚分作两段，全律、半律各令一人吹之，声必不相合矣。此昭然可验也。……大抵管长则气隘，隘则虽长而气清；管短则气宽，宽则虽短而反浊。此自然之理，先儒未达也。要之长短广狭皆有一定之理，一定之数在焉。①

用律弦定音，可以准确地按律数定律，而影响律管发音的参数较为复杂，必须经过管口校正，即必须先求得管长度与气柱长度之间差距的规律，才能按律数定律，所以用管定律是很困难的。在弦上变动长度与在管上以一定比例数变动长度，两

① 《律吕精义·内篇》卷二。

者的发音音高有很大差别，而在弦上调整音的高度比在管上容易得多。因而用弦定律应是音乐实践常用的方法。晋朝杨泉在其《物理论》中就曾说过：“以弦定律，以管定音。”这点在音乐实践中是比较容易觉察和检验的。古人在实践中也感到，“众管互吹，用声不便”。① 东汉京房也提出过，“竹声不可以度调”。朱载堉在用新法密率方法定十二平均律也是用弦长来计算，用弦来定律，用弦音来检验的。

为了校正在音乐演奏时由于定音不准而造成的走音跑调的问题，同时，也为了校正以弦定律或以管定律种种理论认识中的混乱，朱载堉制造了新的定律器：均准和律管。

朱载堉制造的律准命名为均准，以十二平均律为基础，用十二根弦，列十二徽。在准的构造式样上，取琴和瑟的合理之处。它和以三分损益法为基础的旧准，在构造式样如瑟，两者最大的不同之处是弦不用柱。这样在定弦、定音时可更灵活、准确地使用。朱载堉不仅在均准的两侧分别用金色、朱色标刻新旧二律的律数，使用者能将新旧两种律制清楚地加以比较、鉴别，“各照新旧二率律度之数，横界相连，凡二十四道。旧率之道以朱别之而无徽；新率之道以金别之而有徽。……字画皆饰以金，按画取声，与本律相同也。金道、朱道之侧近边细书新旧所算之数，使览者易晓焉。”② 朱载堉制造的这种均准不仅是一个以十二平均律为基础的，在音乐演奏上很有实用价值的定音律准，而且是一件建立在十二平均律基础上的可实际演奏的弦乐器。

① 《旧五代史》卷一四五。

② 《律学新说》卷一。

朱载堉从实践和理论上已清楚认识到以管定律造成的误差及实际应用的困难，他从理论上指出了古人在律管的制作中以弦长定律管长度的错误做法，认为所谓律管定律“长短虽异，围径皆同”等各种说法都是错误的。指出管律不仅与管长有关，而且与管的内外周径有关，“夫十二律管，内外各有周径，孔中面幂要之亦各不同”①，从而提出了“异径管律”的方法，以能起到“管口校正”的作用。朱载堉“异径管律”的方法就是，各律以半音进入较高次一律时，管不仅要缩短长度，同时也要缩小内外围径。朱载堉在《律学新说》中列出了“十二律管长短广狭内外周径真数”，而在《律吕精义》中，具体阐述十二律管长和管内径(直径)的大小。

朱载堉以他确定的管口校正法，亲自制作了律管三十六根，使倍律(高八度)、正律、半律(低八度)做到只要“律名同者”，就可“新律皆相协”。在制造律管和吹律试声时，朱载堉强调指出律管选材的重要性和吹气的适当，这两者都是影响吹律定音正确性的重要因素。

朱载堉在学习当时民间音乐的表现形式和技巧时，感到正确地记录这些乐谱是应用和发展这些音乐技巧的重要手段，同时也是进行乐曲创作的重要方法。因而他研究和采用了尽可能精确的记谱法。这种精确的有量记谱法，避免了“口传心授”的以讹传讹，而能正确地记录下乐曲的节奏和旋律。正如他在《弦歌要旨》序言中强调的“《周礼·小师》：‘掌六乐声音之节与其和。’和者声如一之谓也，节者板眼如一之谓也”。要使一个乐曲能如此广泛流传，正确有量的记谱法

---

① 《律学新说》卷一。

是唯一的手段。朱载堉在自己作曲记谱的艺术实践中有几个特点:一是作曲写下的乐谱应是实际可演奏和演唱的;二是“谱无定法,勿惮改定润色”[①];三是用十二平均律的理论指导自己的作曲实践,他的《旋宫谱六十调指法》和《旋宫琴谱》就是这种艺术实践的记录。[②] 他写下的拟古舞谱实际上也是一部“舞剧”音乐的伴奏总谱,这种总谱如果不是有量、精确的话,那么在实际演奏时,将是一派不协和的杂音。

对朱载堉来说,他各方面的音乐艺术实践,是实现“乐从乎今”艺术追求的重要艺术保障。朱载堉能从乐器制造、器乐演奏、合奏、民间乐曲和演奏方法的记录、自己作曲等诸多方面,有效地汲取当时民间俗乐的艺术营养和创作素材,使他能有效地创作出内容上是“情合于古”的雅乐,但在音乐形式上能做到“乐从乎今”,使之能为社会所喜闻乐见,广为流传。朱载堉创作的民歌曲词能在民间广泛流传,留存至今,其曲词除醒世、喻世、警世的内容外,本身的明白流畅是一个重要原因,朱载堉在民歌曲式上的创新,使这些民歌更易上口,更易记忆,可能也是一个重要原因。

朱载堉的审美观念虽然与当时以情欲为主题的审美主流不相一致(他以恢复颂扬封建纲常秩序的雅乐为己任),但在审美形式上,他作为真正的音乐理论家和不倦的实践者,充分肯定了当时以俗为主的审美需求,明确地表示了“乐从乎今”的美学主张。这种审美观念的矛盾某种意义上是他人生哲学内在矛盾的一种反映。朱载堉一生不得志,但根深蒂固而正

① 《律吕精义·外篇》卷三。

② 参阅《律吕精义·内篇》卷六、卷七。

统的儒学观念仍是他人生的精神支持，以道自任的入世、经世思想，仍使他对社会、世事的关注，表现为他对社会道德沦丧的激烈批判和对剔除社会积弊的希望和努力。另一方面，现实家庭的剧变，人生道路的坎坷，又使他自愿在自然和音乐艺术的环境中寻找真诚、和谐、欢愉的人生和自然美，所以，他摈弃宫廷雅乐而赞赏民间俗乐的新鲜、生动和旺盛的生命力。

第六章　重实、重理、重数的科学思想

科学认识活动在本质上是要解决对自然各种物质形态结构和运动规律的认识。在进行科学活动时，人们对自然万物存在、变化以及联系的一般看法，对认识自然的目的、途径及用什么方式来表达和确证对自然的认识的一般看法，往往在具体的科学认识活动中成为一种信念基础和认识、解释的框架，它制约着科学认识过程中的思维方式和想象力，影响着科学方法的形成及其发展方向，并对科学理论认识的构成起指导作用。也就是说在具体的科学活动中，科学思想表现为对具体科学对象的确定和认识，表现为认识科学对象的具体方法。朱载堉对科学对象、科学认识方法和科学理论的研究，集中表现了他重实、重理、重数的科学思想。

一、对科学对象的认识

朱载堉从事的科学研究活动主要是在音乐、历法和数学这三个领域。这三门学科在中国古代科技体系中受天人感应的思想影响很深，和社会政治、人事变迁等密切相关。一些并没有必然联系的自然事物、自然现象、社会事物、社会现象往往会和研究对象混杂在一起。一些理论认识、现象分析在一个先验的、神秘的象数解释框架中，带有神秘主义的色彩。科学研究的对象其自然属性往往会和社会政治人事变迁混杂在一起，而失去了作为科学研究的对象所应有的自然性和独立性。换句话说，人们形成的科学理论认识会夹杂着一些神秘、荒诞的东西。

中国古代的音乐是治国安邦的重要手段，是政治得失、国家安危、社会兴乱的一种观念标志，同时音乐之声被认为是和天地之气相通的，所谓五声十二律皆由天地之气决定："天有六气，降生五味，发为五色，征为五声。"①"大圣至理之世，天地之气，合而生风……天地之风气正，则十二律定矣。"② 天人感应思想对音律研究影响的另一方面是律制理论附会于《周易》的象数学，"乾之初九，阳气伏于地下，始著为一，万物萌动，钟于太阴，故黄钟为天统，律长九寸。"③ 这种将音律没有任何联系地附会于九六，以合所谓三统之数，假托非类，律制

① 《左传·昭公元年》。

② 《吕氏春秋·音律》。

③ 《汉书·律历志》。

陷于数字神秘主义是必然的。所以，三分损益法才会长期地占据律制的主导地位。

天文历法固然是因为农业生产和社会生活的需要，其目的也是为了“敬授民时”。由于天文历法很自然地将天象和人事联系在一起，天人感应的思想在天文历法的研究中有很深的印记。天象变化与社会政治盛衰直接相关联，“仰占俯视，以佐时政，步变擿微，通洞密至，采祸福之原，睹成败之势……”① “凡君行急则日行疾，君行缓则日行迟……故过中则疾，君行急之感也。不及中则迟，君行缓之象也。”②因此，天文历法历代都是由封建王朝最高统治集团直接控制的官方机关所制定、修改和解释。天象的推算、历法的制定因其强烈的政治色彩，它的理论认识不免走向神学，善言天者，必有征于人。“天垂象，见吉凶，圣人象之。”③“灾者天之谴也；异者天之威也。谴之而不知，乃畏之以威。凡灾异之本，尽生于国家之失。”④ 天象不再是天文历法研究的独立对象。天人感应的思想和术数相结合形成了一个固定的解释框架。天文现象取信于人的应验，特别是对失常的天文现象的解释更是和人事变迁，王朝更替相联系。星占成为一种基本的研究和解释方法，追求五星连珠之类的吉祥天象成为天文历法研究的一个动力。

中国古代数学的发展，一方面是解决生活和生产的实际

① 《后汉书·天文志》。

② 《汉书·天文志》。

③ 《易传》。

④ 董仲舒：《春秋繁露·必知且仁》。

数值关系为目的，以解应用题的方式显示自己的进步，它关注和研究的是各种数量关系，并不注意如何从这些千差万别的数量关系中抽象出具有普遍规律的数学理论。另一方面，由于对某些数字和数学关系的崇拜，将它们作为一种普遍的关系应用于音律和历法等学科的研究，从而使这些学科用某种先验的、固定的、神秘的数字关系，作为这些学科规律的体现，形成了一种强制性的规定，束缚了理论认识进一步发展的可能性，也阻碍了科技实践对理论认识的促进作用。历法、音律的理论内容在中国古代一方面和社会治乱、人事变迁、政治兴衰密切相关。另一方面《易》数之类的神秘数字关系也制约了历法、音律科学内容和科学认识的正确表述。律、历一体，其源是《易》数。

《易》曰："参天两地而倚数。"天之数始于一，终于二十有五。其义纪之以三，故置一得三，又二十五分之六，凡二十五置终天之数，得八十一，以天地五位之合终于十者乘之，为八百一十分，应历统千五百三十九岁之章数，黄钟之实也。由此之义，起十二律之周径。地之数始于二，终于三十。其义纪之以两，故置一得二，凡三十置，终地之数，得六十，以地中数六乘之，为三百六十分，当期之日，林钟之实。①

这种思想观念在古代中国很长的历史阶段里占据着统治地位，影响着历法和音律学的健全发展。"其数以易大衍之数

① 《汉书·律历志》。

五十，其用四十九，成阳六爻，得周流六虚之象也。夫推历生律制器，规圆矩方，权重衡平，准绳嘉量，探赜索隐，钩深致运，莫不用焉。”① 刘歆这一解说大致说明了神秘的数字关系对历法、音律、数学理论认识的影响，使这些学科的理论认识脱离了具体的科学事实和科学知识，牵强附会地被纳入这种先验的数学关系之中，使理论认识趋于神秘主义。正如刘徽批评张衡在球体积计算时的错误，指出了神秘的数字关系是造成这种计算错误的主要原因：“衡说之自然，欲协其阴阳奇偶之说，而不顾疏密矣。虽有文辞，斯乱道病义，病也。”② 为了追求某种数字关系的和谐而不顾数学的内容和规律，这必然会阻碍数学的正常发展。徐光启对中国古代数学曾感叹地指出数字神秘主义对数学发展的危害：

算术之学特废于近世数百年间尔。废之缘有二：其一为名理之儒，土苴天下之实事；其二为妖妄之术，谬言数有神理，能知来藏往，靡所不效。卒于神者无一效，而实者无一存。③

朱载堉对科学对象的认识包含了两层内容：其一，是对科学对象本身的自然性和独立性的认识。他认为，“夫‘物生而后有象，象而后有滋，滋而后有数’，象之与数，若异用也，而本则一；若殊途也，而归则同。不明乎数，不足于语象；不明乎象，不

① 《汉书·律历志》。
② 钱宝琮：《算经十书》上册，中华书局1963年版，第156页。
③ 《徐文定公集·刻〈同文算指〉序》。

足于语数。是故欲明律历之学,必以象数为先。"① 其二,是对传统天人感应说的批判。他指出,天人感应说使科学对象蒙上了一层神秘色彩,"神之以惑众"。②

朱载堉认为,音律学研究的是不同高度的声音之间关系的规律性,在一个全音阶之内,各律之间音高距离的关系是由各律之音决定的,而各种律制的正误疏密也是由各律之音检验决定的。听音、审音是制定乐律的根本。因而,朱载堉在研究乐律时再三强调声音是基础,也就是说,自然之音是音律学研究的对象。

> 若夫礼乐气象,律吕名义,则缙绅先生类能言之。凡非数术音声之技,兹并不所谓各志其志而已。③
>
> 新法所算之律,一切本诸自然之理,而后以数求合于声,非以声迁就于数也。④
>
> 十二管旋相为宫,音使之然也。⑤
>
> 律吕之学,以声数为至要。⑥
>
> 审音乃乐律之本,岂徒空言已乎!⑦
>
> 或问:"新律旧律其同异易知也,孰真孰伪其难

---

① 《律历融通·序》。
② 《律历融通》卷四。
③ 《律学新说》卷一。
④ 同上。
⑤ 同上。
⑥ 《进律书奏疏》。
⑦ 《律吕精义·外篇》。

知也。”答问：“试验则易知耳。试验之法有二：其一，累黍造尺，依尺造律，吹之试验；其二，吹笙定琴，用琴定笙，弹之试验。”①

上引几段朱载堉的论述虽是对音律研究而言，但也表明了朱载堉对科学对象的一般认识。朱载堉认为，自然之物是科学技术活动研究的对象。科学对象的自然存在，必然会有相应的外部现象的存在，及其变化的固有规律。象是科学对象存在被人的感官所能感觉到的表象，诸如形状、颜色、硬度、重量、声音、气味等等外在性质。这些外在性质是依物而存，由物而生。由外在象的认识，可进一步深入认识科学对象的内在规律，即明“天地自然之至理”。这里朱载堉所强调的数，既有定量表达科学对象规律性的含义，也有科学对象本身具有定量性规律的意思。

朱载堉在长期的音律学研究中，坚持了关于音律学研究对象的自然性和独立性的观点，认为音律学研究的对象是声音。只有对各种声音现象作了实测和分析，才能概括出关于乐律的一般规律。各种声音现象的产生又依赖于或决定于发声物体的性能和发声过程的状态和条件。声音的高低及其彼此之间的关系都是由声音本身的性质所决定的。过去的三分损益律及其他各种律制不能解决实际演奏中的旋宫转调问题，而这种种错误的律制之所以能以讹传讹、混淆视听、惑众千载，朱载堉认为，从科学认识过程的角度看，是因为前人未能将声音作为科学活动的对象，没有认识到声音本身的存在和

① 《律吕精义·内篇》。

变化是律制得以产生和形成的基础。各种人造乐器不能完成转调的功能，在实际演奏的表现能力方面具有很大的局限。究其原因，是人造乐器在律制音阶的规定上并不符合自然之声各音阶之间的关系。所以，判断一个律制的真伪，还是看其是否符合科学对象本身固有的性质，因而，审音试验是一个根本的判别方法。朱载堉对三分损益律等旧律制的怀疑，对新律的发明正是在律位与琴音的比较中，即人的主观认识和科学对象的客观性质是否相符的检验中形成的。在这种比较、检验过程中，已排除了牵强附会于科学对象的种种因素，声音成了朱载堉音律研究独立的科学对象。正因为朱载堉以声音作为音律研究的对象，所以在音律研究过程中朱载堉排除了种种先验的陈见，脱离音乐实践的臆想、猜测，剔除了种种荒诞、迷信的因素，才能有力地批驳各种旧律制的谬误之处，中肯地指出了旧律制之所以产生谬误的原因，才能成功地发明新的合乎自然之音阶关系规律的十二平均律。

朱载堉在音律研究中正确地将自然声音作为乐律研究的对象。同时，以此作为理论批判的基础，批判前人在律制研究方面的种种失误。朱载堉虽自幼喜读《性理全书》，从中有所获益，但对该书所载的理学大师朱熹和蔡元定的"律吕名义"却持批判态度。因为他们俩"虽尝著书而实未尝审定其音"，"盖儒者所理惟律之理耳。至于听音或未尽善，抑有其要而未之得也。"① 一些先儒在研究音律时，往往于审音、听律、声数之技不顾而空谈所谓"礼乐气象，律吕名义"，只重文饰，空辩乐律，忽视声数之实测、实验。因而，在乐律研究的历史上，有关音律

① 《律吕精义·外篇》卷一。

的著作会出现"声音精微，史传简略"的奇怪现象。律吕著作不写音高和发音物体状态的具体内容，不写律制形成的音阶关系，不写律制的数学表达式和音阶音高关系之间的相关性。脱离具体科学内容的律吕著作却又充斥各种高谈礼乐的玄虚理论；或是妄谈天人感应，同声相应；或是过誉前人成就，故作高深玄妙，使人感到神秘而不可测。针对历史上音律研究的这种状况，朱载堉指出："律吕之学，以声数为至要。若夫辩论，乃其末节也。声者，合四一上勾尺工凡六五之类是也；数者，一二三四五六七八九十之类是也。前贤多不留心于此。其以为深者，偷薄自画而讨论不来；其以为浅者，鄙俚斯嫌而润不出。故于论数目、尺寸、声调、腔谱等处率删去之。此则史家之通病也。"① 不懂、不研究、不讨论音律的具体内容，诸如音高、发声体的长度尺寸、声调、腔谱之类，是不可能得出理论上正确、实际应用上有效的律制。朱载堉认为"声数为至要"，是以声音为对象，以数学关系表示乐律为目的，从律吕、宫调、记谱、乐器四个方面综合研究，发明了新的律制，以期达到声数合一、协调。朱载堉认为，声数合一协调是律制合于自然之声的基本标准，"形而下"的发音之器和"形而上"的乐律之道本为一物。②声数合一协调的新律能按照一定的数学关系制作标准的符合新律的乐器。正因为先儒的乐律研究没有以声音为独立的研究对象，所以在律制的制定上往往只能用先验的象数框架来标定，而置听音、审音不顾。朱载堉指出：刘歆六十律"盖皆奇

① 《进律书奏疏》。

② 参阅《律学新说》卷一。

数配合,穿凿附合,而与律吕之理全不相关”①。蔡元定之徒……不假以手亲验也。……夫黄钟岂无一定之音一定之数哉。律管小差,尚已非其调,今及斛比周鬴增添三十斤铜,而声不改,是知在理所必无也。”②朱载堉正是在对先儒律制研究的根本错误进行批判的过程中,强调了发音物体的状态,音声高低是律制研究的基础,以及从各种音高关系的分析中概括出用数字关系式表达的规律,而不是用杜撰的数字游戏来规范律制等重要思想,他强调:“数真则音无不合矣,若音有不合,是数之未真也。”③

在天文历法的研究中,朱载堉也始终坚持以天文现象本身的周期性变化为历法研究的对象。在对天文现象的观察、分析到具体应用于历法制定的整个过程中,朱载堉坚持了实察、实算、实验的态度,批评了当时治历者“未睹历经,不识仪表,粗晓算术,罔谙星象,惟据史册成说,实乏师传口授”④的浅浮态度。

朱载堉在历法修订中具体考察回归年长度及其古今变化,“臣尝取大统与授时二历较之,考古则气差三日,推今则时差九刻。夫差虽九刻,处夜半之际,所差便隔一日。节气差天一日,则置闰差一月。闰差一月,则时差一季。时差一季,则岁差一年。其失岂小小哉?”并指出“授时减分太峻,失之先天;大统不减,失之后天”⑤。所以,朱载堉“和会两家,酌取中数,立

① 《律学新说·序》。
② 《律学新说》卷四。
③ 《律学新说》卷一。
④ 《进历书奏疏》。
⑤ 同上。

为新率……新法上考尧元年甲辰岁，夏至午中，日在柳宿十二度左右，冬至午中，日在女宿十度左右，心昴昏中，各去午正不逾半次，与承天、一行二家之说合”[①]。朱载堉对回归年长度古今变化的见解是基于他对岁余这一天文现象的正确认识，“阴阳消长之理，以渐而积，未有不从秒起。授时考古，于百年之际顿加一分，于理未安。假如，鲁隐公三年辛酉岁，下距至元辛巳二千年，以授时本法算之，于岁实当加二十分，得庚午日六刻，为其年天正冬至。次年壬戌岁，下距至元辛巳一千九百九十九年，本法当加十九分，得乙亥日五十刻四十四分，为其年天正冬至。两冬至相减，得相距三百六十五日四十四刻四十四分，则是岁余九分日之四，非四分日之一也。历法之谬，莫甚于此。”[②]通过对岁余现象的比较研究，朱载堉确立了回归年长度古今变化的计算公式，从而取得了较为精确的回归年长度值：$T=365.242\,5-0.000\,001\,75(t-1\,281)$或$T=365.25-0.000\,001\,75(t+3\,006)$。对其他天象，诸如日食、月食，朱载堉都坚持以日、月本身的运行和相互关系作为研究的对象，他指出：“日道与月道相交处有二，若正会于交，则食既，若但在交前后相近者，则食而不既。此天之交限也。”“暗虚者，景也。景之蔽月，无早晚高卑之异，四时九服之殊。……故月食无时差之说。”“日月之行有一定之数，过交则食”，“日月之食于算可推而知”，“日月交食，固皆常理”。[③] 正是坚持了天文现象作为天文历法研究的对象，所以朱载堉对观察工具、观察方法特

① 《进历书奏疏》。

② 《律历融通》卷四。

③ 同上。

别加以重视。因为只有精密的观察仪器和合理的观察方法才能有效地观察天文现象，积累经验和数据，为制定正确的历法提供基础和条件。“欲求精密，则须依凭象器测验天文，积日累月，务得其实，而后缀以算术，立为定法，方可成一代之懿制，传之万世而无弊也。”“推步晷景，乃治历之要也”，“日月带食出入，五星晨昏伏见，历家设法悉因晷漏为准。而晷漏则随地势南北，辰极高下为异焉。”①

朱载堉关于正确确定科学对象的另一面就是对种种传统的天人感应说的批判；反对将社会政治、人事现象强加并附会于科学对象，将科学对象的自然性歪曲，异化为神秘、玄虚，使其蒙上一层迷信的色彩；反对政治意识对科学研究的强制干涉和限制，还乐律、天文历法研究对象的自然性。

在中国古代乐律研究的传统中，声占、声气相关的观念认为十二律与气在某月的状态有一定的对应关系：

> 应钟者，阳气之应……其于十二子为亥。黄钟者，阳气踵黄泉而出也。夹钟者，言阴阳相夹厕也。中吕者……其于十二子为已。蕤宾者，言阴气幼少，故曰蕤夷则，言阴气之贼万物也。南吕者，言阳气之旅入藏也。②
>
> 夫五音生于阴阳，分为十二律，转生六十，皆所以纪斗气，效物类也。天效以景，地效以响，即律也。阴阳和则景至，律气应灰。

① 《律历融通》卷四。

② 《史记·律书》。

候气之法，为室三重，户闭，涂衅必周，密布缇缦。室中以木为案，每律各一，内庳外高，从其方位，加律其上，以葭莩灰抑其内端，案历而候之。气至灰动，其为气所动者其灰散，人及风所动者其灰聚。殿中候用玉律十二。惟二至乃候灵台，用竹律六十。①

候气之法对音律学来说就是为了确定律管长度，使音乐各律和天地之气的联系有一定的尺度标准，即律管长度和地气活动有一定的对应关系，确定音律的标准不是发音体本身的状态和各音高之间的比例关系，而是与地气活动之间的臆想的感应联系，从而使天人感应有了一种天然的联系和具体的通道。由于候气之法并不能确定律管的长度，候气之法也不可重复，其过程和结果都无法检验，候气之法的结果完全是不确定的。因此，候气定律之说仍属臆测，实际上候气之法仍是一种迷信占卜的方法，"效则和，否则占"②。候气之法作为音律研究的一种历史传统，影响深远。从《后汉书·律历志》记载开始到明代，历代不乏信徒，连沈括这样一个宋代大科学家亦试图用元气说来解释候气之法的合理性。候气之法能长期地在音律研究中产生影响，一方面是因为以元气——阴阳五行说为核心和框架的中国传统科学思想的束缚，它往往使人脱离具体科学对象的分析，而是从种种臆测的联系和想象来解释。这种思维方式成为一种社会定势，在事实和过去的陈见出现矛盾时，人们往往不是从事实方面来修正已有的认识，而是

① 《后汉书·律历志》。
② 同上。

以自然现象的失常是由六合之外神秘力量的干预为由来肯定陈见的正确性。这样,一些谬误的认识往往会蜕变成一种迷信和臆说。另一方面,候气之法不仅将音律与天地之气相联,而且又与政治得失、社会安危直接相关。这种政治因素的强制性介入,涉及到个人和家庭的身家性命和荣辱贵贱,因此,一般的文人和学者很少有人胆敢提出异议,表示怀疑,除非君主本身有所疑问,才会出现反对和批判的意见。如《隋书·律历志》记载,隋文帝令毛爽候气,对候气结果表示怀疑,"高祖异之,以问牛弘。弘对曰:'灰飞半出为和气,吹灰全出为猛气,吹灰不能出为衰气。和气应者其政平,猛气应者其臣纵,衰气应者其君暴。'"对此,隋文帝驳斥:"臣纵君暴,其政不平,非月别而有异也。今十二月律,于一岁内,应并不同。安得暴君纵臣,若斯之甚也?"隋文帝的批评在逻辑上是完全正确的,但他的批评也只限于候气和政治得失的对应关系。历代乐官用候气之法的神圣光圈,维护乐律研究中种种陋见与陈说,使之流传下来。

朱载堉对候气之法持全面否定的批判态度,他一再表示:"臣著乐书,不取埋管验气等术"①,专门撰写《候气辨疑》的文章,集中批判候气之法的错误。"埋管能飞灰,吹箫能引凤,此类乃乐律末,而神之以为重,尊信耳闻之虚说,诬蔑眼见之实理,乐律绝传,盖有由矣。"②朱载堉从历史根源和科学认识过程两个方面指出了候气之法存在的历史根源上和认识上的错误。

① 《灵星小舞谱·序》。

② 《进律书奏疏》。

> 初无吹灰之说。吹灰之说起始于后汉乎？光武以谶兴命，解经从谶，汉儒遵时制不得不然也。隋唐以后，疏家逅相祖述而遂为定论矣。[①]
>
> 埋管飞灰，此其谬说，乃不经之谈也。然自两汉杨雄、蔡邕己有是说，迄于宋元朱熹、许衡，中历多儒，未尝辩论以破其谬，是故学者惑之久矣。[②]

由于东汉兴起的谶纬学直接与现实的社会政治相关，编造谶语、符命是当时政治斗争的一种重要形式。汉光武帝刘秀宣布"图谶于天下"，谶纬上升为国宪，享有神圣至上的地位，社会的各种思想都被笼于其中，都被世俗政治化了。候气之法亦与谶纬神学相连而被神圣化，汉儒在政治和神学的双重压迫下，不得不遵此说。后世以讹传讹，逅相祖述，也就成为定论。其次，谶纬神学和天人感应说相结合，以元气—阴阳五行为形式框架，形成了一个庞大的解释世界万事万物的思维和理论网络，使大千世界的万事万物和千变万化的自然现象、社会现象都被一定的形式组合成为一个整体。这种整体联系和构造的模式成为一种社会的思维定势和思维习惯，所以候气之法在这种思维定势的背景下也容易为社会接受。

另外，朱载堉认为，候气之法之所以能流传下来，为人信奉，归根结底是因为人们"总似道听途说，而未尝试验耳"[③]，

---

① 《律吕精义·内篇》卷八。

② 同上。

③ 同上。

没有遵循格物致知的认识原理。他批评那些盲目信奉候气之法的儒者，大都是些不思实测验证的人。“以格物穷理为要务，乃被无稽之谈欺惑千载而未能觉，则格物致知之学安在哉?”[①] 在朱载堉看来，“格物”就是人通过某种实践手段，和科学活动的具体对象发生相互作用，从而感知科学对象所固有的一些表象性质。再通过对这些表象的分析、概括，从而认识对象存在与变化的固有本质，这就是“致知”。“格物”的另一层含义，朱载堉认为就是征验。对科学对象本质的某种 认识，其正确与否，朱载堉认为应该通过科学实践去检验此种认识是否符合科学对象的固有规律。求实、征验是朱载堉对“格物致知”的认识。例如，朱载堉强调音律研究应该以音为本，以音定律，以音验律。

中国传统天文学理论受天人感应思想的影响很深，社会政治得失和天象变异一一对应，天象的研究是和预测王朝安危、人事变迁相关联。占星成为国家政治活动一个有机的构成部分。

天人感应思想是中国传统科学思想的核心理论，它既是一种认识活动的解释系统，又是一种表达认识的形式框架。它是以元气为基本范畴，以阴阳五行为联系网络，以象数为表达形式，从而把天、地、人三界的现象和规律联络在一起，构成了一个包罗万象、广大悉备、相互感应的认识、解释和理论体系。它在理论内容上是以人事更迭、政治变迁为中心，天象和地象的种种变化都是作为取辨之物，用以说明政治、人事变更的合理性，所谓“仰则观象于天，俯则观法于地，观鸟兽之文与地之

① 《律吕精义·内篇》卷八。

宜，近取诸身，远取诸物，于是始作八卦，以通神明之德，以类万物之情”①。“国家将兴，必有祯祥；国家将亡，必有妖孽。见乎蓍龟，动乎四体。”②在理论方法上，是将元气、阴阳、四时、五行组合形成一个目的论式的宇宙图式，所谓“天地之气合而为一，分为阴阳，判为四时，列为五行”③。“必先验小物，推而大之，至于无垠。”④“僻违而无类，幽隐而无说，闭约而无解。”⑤在理论形式上是用象（八卦的卦象）数（爻的奇偶）的有序排列、组合、变化来表达对各种事物的认识。这样天人感应说从理论内容、认识方法和表达形式三个方面将大千世界的万事万物万象组合成一个存在和解释系统。它符合中国长期封建社会大一统中央集权的政治需要，成为一种社会的思维定势，在中国传统文化观念中占据了统治地位。

天人感应说有它存在的合理性。诸如理论结构的整齐有序有利于抽象能力和思维水平的提高，强调人是自然界的一部分，存有自然界的各种信息，强调人与自然的相关性，自然规律和社会规律有它们的统一性，这些，对人类认识自然和社会都有启迪作用。另外，它的象数表达形式、四时、五行、律、历名称的相通性为人类认识自然和社会提供了一整套比较简洁和通用的符号记录系统，这既是人类认识水平提高的一种标志，又为人类认识活动提供了一种认识工具。

但是，天人感应说对中国古代科技发展有很大的阻碍作

① 《易传·系辞下》。
② 《中庸》。
③ 《春秋繁露·五行相生》。
④ 《史记·孟子荀卿列传》。
⑤ 《荀子·非十二子》。

用,其表现有三:

其一,天人感应说始终没有将自然事物、自然现象作为一种认识活动独立存在的对象,因而对自然事物的认识不能沿着对自然事物本身进行实证分析的方向深入发展,“观物取辨”和“技进于道”成为认识自然的基本目的。在科学发展的早期,科学的进步是以科学对象的不断分化为标志的。

其二,天人感应说貌似全面,似是而非,模棱两可,既不可证实,也不证伪的思维、解释方式,使社会思维向玄虚的易学义理和无稽的谶纬迷信两个方向发展,使建立在实测、实验基础上的实证分析的思维方式缺乏社会思想环境和知识力量的支持。相反,使“怪迂阿谀苟合之徒自此兴,不可胜数也。”①

其三,天人感应说具有强烈的政治色彩,无论是朝廷各种祭祀礼仪制度,还是具体的各门科学,诸如天文历法、律制乐舞都是以天人感应为解释的理论基础。对国家兴亡、社稷安危、人事更迭、政治变迁等社会现象的认识、解释认同都是以天人感应说为理论基础,都是在天人感应说成为社会思维定势的社会大环境中发生的,因而在社会日常的生活和活动中天人感应的思想也具支配地位。在天人感应说思维观念占绝对主导地位的社会中,科学认识活动要和哲学思辨相分离,科学认识和理论活动要突破天人感应说的束缚而沿着实证分析的方向发展,无疑是相当困难的。这种困难不但在于当时科学家缺乏应具备的科学勇气,更在于要社会能接受、认同科学家所作出的新的科学成果、新的科学理论和新的科学方法似乎也不太可能。

---

①《史记·封禅书》。

朱载堉认为，天人感应的思想妨碍了对天象的观察、分析和解释，认为一切天象不管是正常运行，还是异常变化都是日月星辰运行和变化的结果，“日月交食，固皆常理，实非灾异。”① “古者平朔，日朝见曰朒，夕见曰朓。刘向父子据《鸿范》以为人事缓急之应，未达月行迟疾之理。今以日所盈缩，月所迟疾而损益之，或进退其日以定时朔，则舒亟之度乃数使然，非由人事之应。迟疾有衰，其变者势之。”② 朱载堉认为日食、月食都是日月运行在一定条件下发生的自然现象，反对将日食、月食现象和君、臣的政治行为相联系，否定了平朔时，月朝见或夕见与人事变化相关的天人感应说。朱载堉认为，如果把天象变异与人事变化的偶然巧合，作为一种必然的联系来宣传，就会把对天象的解释神秘化。由于天象和日月记时、农事安排密切相关，天象的规律性变化，日出日落，月盈月缺，冬去春来使人们感到正常的天象和人们正常的生产、生活相对应，“夫历者，正行也。”③ 但是，有一些天象如五星运行、慧孛飞流之类，在当时的认识水平上，人们感到无从认识它的规律性，也不能准确地预测这些天象出现、变化的规律。这些无规则的天象往往会被当作神的意志的显示，同样人们对社会变迁、政治得失也往往不能作出正确的解释，对不可抗拒的社会历史命运也有一种无可奈何的哀叹，因而人们便希冀从变幻莫测的天变来预兆人事的未来，所谓“凡天变，过度乃占”。④

① 《律历融通》卷四。
② 同上。
③ 《汉书·天文志》。
④ 《史记·天官书》。

人们习惯用天象变异来解释已经发生的社会事件，所谓“天垂象，见吉凶，圣人象之”，①“仰占俯视，以佐时政，步变擿微，通洞密至，采祸福之原，睹成败之势……”② 这样，天象、历法、人事就成为一种人为的因果链，“凡五星见伏，留行，逆顺，迟速应历度者，为得其行，政合于常；违历错度，而失路盈缩者，为乱行。乱行则为天矢慧孛，而有亡国革政，兵饥丧乱之祸云。”③ 这种天体“失行”说既妨碍了用历法推算天象，也妨碍了用天象来修正历法。朱载堉认为历法推算与实际天象不符，不应解释为“日度失行之验”，而是因为前人观测不确，使历法不精，从而造成了历法推算与天象显现之间的误差，“今按前人考古，景长之验或不相合，则云日度失行，窃谓此言过矣。苟日度失行，当如岁差渐渐而移，今岁既已不合，来岁岂能复合耶？盖前人所测或未密耳，非日度变行也。”④

由于历法沟通了天象和人事，神意与政治，所以制历和修历历来是一场政治斗争，封建统治者也历来将历法的制定和修改当成皇家的事业，管制很严。在明代禁习天文、历法，史有记载：

> 国初学天文有历禁；习历者遣戍，造历者殊死。⑤
>
> 至孝宗，弘其禁，且命征山林隐逸能通历学者以

---

① 《易传》。

② 《后汉书·天文志》。

③ 《晋书·天文志》。

④ 《律历融通》卷四。

⑤ 沈德符：《万历野获编》。

备其选,而卒无应者。①

明宪宗成化十七年,俞正已献历而被宪宗皇帝以“不谙事体,妄议历法”为由而被治罪。

在朱载堉时代,因为改历也发生过用政治迫害威胁上书改历者的事例。例如,邢云路上书改历,钦天监监正张应侯援引国初禁例,“私习天文历数者罪之”。②后因礼部尚书范谦支持,才得以进京,参加改历,范谦说:“历为国家大事,士夫所当讲求,非历士之所得私。律例所禁,乃妄言妖祥者耳。监官拘守成法,不能修改合天。幸有其人,所当和衷共事,不宜妒忌。乞以云路提监钦天监事,督率官属,精心测候,以成钜典。”③

朱载堉于明万历二十三年也曾上圣寿万年历,也得到了范谦的支持,范谦上奏:“其书(指圣寿万年历)应发钦天监参订测验。世子留心历学,博通今古,宜赐敕奖谕。”④

针对这种状况,朱载堉指出天文历法原不当禁,对国初禁例作了剖析,认为国初禁例禁的是怪力乱神之类的星占迷信,而不是对天文历法的科学研究和探讨。

乐律之学,原无所禁,固在当学。若乃天文之学,律法禁之,不宜编著成书,以冒私习之禁,意欲废弃往古遗文使之绝传而后已,岂不殊为可惜乎。兹又不

① 沈德符:《万历野获编》。

② 《历法典》卷四五。

③ 《明史·志第七·历一》。

④ 同上。

可不辨。盖闻天文之家，其学有二：曰推步者，推其一定之气朔，乃理之常者也；曰占验者，占其未来之休咎，乃天之变者也。天之变者，不许术士妄谈祸福，惑世诬民，律法之所禁者此耳，而怪力乱神亦儒者之所耻言也。若夫气朔，加时之早晏，则国家颁历于四海；日月交食之秒刻，则所司移文于天下。此古圣人钦历象，授民时之意，固皆理之常者，何曾不欲人知，而律法所禁，岂在是乎？①

在这段天文之学不当禁的论析中，朱载堉认为，不分青红皂白一概禁习天文历法，则会使天文之学失传。于是，他进一步将以往的天文历法之学的内容作了一个鉴别，并认为凡是反映天变之理，有益于颁历授时的内容属于天文之学理应推广，应鼓励学人研习、切磋，这将有益于天文历法之学的发展；凡是用灾异之说妄谈天象则属谶纬迷信之类惑世诬民，祸及社会，则理应严禁。朱载堉的这种思想和当时社会“弘其禁”的要求是相一致的。礼部尚书范谦在支持邢云路上书改历时指出，“律例所禁，乃妄言妖祥者耳”，强调“历为国家大事……非历士之所得私”。② 虽然冲破禁例、鼓励研习、修历编历是当时的社会要求，但上书修历、改历仍要冒很大的政治风险。朱载堉是皇族，有更多的禁忌，其父曾因上书致罪虽是他的一个心理和历史负担，但朱载堉仍以身殉道，以道自任，勇为天下先，上书献历，为后来者开辟了道路，也有利于当时天文历法研究

① 《进历书奏疏》。

② 《明史·志第七·历一》。

的发展,"皇上敕臣狂妄之罪而容之,则衡、恂、守敬之辈必相继而至矣"。①

朱载堉在争取科学自身发展的权利时,敢于否定或摆脱政治意识的干涉也是他科学活动的重要方面。他历来坚持从科学对象本身的特性来说明现象和事实的存在,反对政治内容的介入。例如,有人认为乐器方位的安排如同人的社会等级的高低、贵贱一样亦有贵贱之分,因而忽视乐器本身的发音特点和听觉效果这一客观和本质的事情。朱载堉批判了此说之谬,指出:"声音宏大者,不宜近听,故笙、镛、鼗鼓之属设于堂下,远之也。凡乐器声音微细者,远听则不闻,故琴、瑟、琵琶之属设于堂上,近之也。古有堂上堂下之说,别其远近洪细耳。今谓乐器有尊卑贵贱,则是不知者妄说也。"② 并明确指出,乐律的变化与政治的枯荣兴衰毫无相干,"道在人为,不在乐器"。③

朱载堉在批判天人感应之类迷信荒诞之说的过程中,将天文、乐律研究的对象与社会政治、人事相分离,使其保持固有的自然性和独立性,由科学对象所产生的种种自然现象也排除了种种人为臆想、猜测的联系和影响,将科学研究的注意力集中在自然现象和研究对象之间的对应关系上,使科学研究能坚持从科学对象本身来解释自然现象存在和变化的规律性,杜绝了种种六合之外的神怪因素,使之得出的认识和结论有其实证的特点。在科学认识的过程中,科学对象的确立是科

① 《进历书奏疏》。
② 《瑟谱》卷二。
③ 《乐学新说》。

学认识产生和发展的基础，科学对象的不断分化是科学认识不断深入的标志。在古代时期，科学对象和社会人事、神学迷信现象相分离是古代科学活动独立发展的前提。因为科学活动是一种社会的认识和实践活动，必然受到社会历史条件和物质水平的限制，所以科学对象的确定和社会环境相关。特别是在古代中国，由于人们的认识能力和物质水平的局限，对一些自然现象、社会现象和人体的生理现象还不能完全认识并作出正确的解释。同时，由于人们自身的生存、繁衍与自然、社会环境息息相关，自然现象、社会现象和人体的生理现象会被人为地联系在一起，被认定彼此存在一定的感应。这种感应联系的产生和作用过程就往往被归结为一种神秘力量的作用。科学对象混有社会属性对人们的认识产生了一种定势性的影响和制约。例如，一些天文现象、音律现象展示在研究者的面前而被歪曲地理解和解释。形成的错误认识在指导编历和定律的实践活动时也只能得出一个错误的结论。这就是为什么在古代中国天圆地方的盖天说，三分损益律长期在天文学、乐律学的研究中占主导地位的一个认识方法的原因。由于科学对象本身已有认识主体在思维定势、价值判断、主观愿望方面等因素的介入，已经失去其自然性、独立性和客观性。因而，在古代中国科学发展的历程中，科学对象作为自然客体如何和社会政治、人事变迁现象相分离是科学发展的一个关键。在古代中国由于特有的文化背景，整个外部世界（包括自然和社会）和人类主体都被理解为同气相感，同声相应，天人相关。天人感应说以个别表象的类比推广到事物本质的类同，灾异、谶纬之类的神学因此而生，“灾者天之谴也，异者天之感也。谴之而不知,乃畏之于威。”①“帝王之将兴也,其美祥亦先见;其将亡也,妖孽亦先见。物故以类相召也。”② 从一些普遍的,人所共信的自然现象和科学事实出发,将自然事物、自然属性、自然现象、社会事物、社会属性、社会现象作了无限制的类比,论证了天人同类,天人感应,并进一步用人副天数,用主观臆测的数量关系将天人现象,归为一类,“天地之符阴阳之副,常设于身,身犹天也。数与之相参,故命与之相连也。”③ 以《易传》象数、元气、阴阳五行构成了一个宇宙图式。在这个宇宙解释系统里,人是宇宙的中心。“人之超然万物之上,而最为天下贵也。人,下长万物,上参天地。”④ 人的情感、人的道德、人的伦理、人的政治渗透于自然天地万物。自然万物、自然现象既被赋于自然属性,又被赋于道德属性;既有人的伦理道德色彩,又有神学的迷信和荒诞。因而,各种科学研究的对象往往融有人的各种社会意识。人们在研究和分析科学对象的性质和规律时,往往会将关于社会政治、人事变迁的认识附会在一起。例如,天文历法和乐律的研究,在关于它们的理论中往往夹杂着关于社会政治、人事现象的解释。另一方面,又把阴阳五行、天人历数与社会变迁、政治人事,以元气、象数为基础,用类比的方法连结在一起,又形成了一种思维和解释的方式。种种人类感觉到、经验到或超出人类感觉经验范围的天文、地理、气候、万物、人体生理、政治等级、衣食住行、过去、现在、未来等

① 《春秋繁露·必仁且智》。

② 《春秋繁露·同类相动》。

③ 《春秋繁露·人副天数》。

④ 《春秋繁露·天地阴阳》。

等现象都被统一于这种整齐划一的解释框架中。这种解释框架虽然是人类长期经验和理性认识积累的结果，但将过去有限的认识作为一种万能的解释方式去无限制地推测和解释其他各种现象，这种无限制的类比推理必然会使这种解释框架带有神秘和玄虚的色彩。这两方面的原因使古代中国对整个宇宙存在、变化的认识和解释始终离不开社会的人事活动和人事经验。自然现象、自然性质、自然规律与人事变迁、社会政治相互联系和渗透，是古代中国各门科学理论认识共同的特色。这种状况在天文历法、乐律算术的理论方面表现得尤为突出。同时，历、算、律这三门学科又和政治统治在思想观念上关系密切，因而它们的理论更受到现实政治的强制性约束。科学要得到长足的发展，在理论认识上要有质的飞跃，将科学研究的对象和社会现象、政治意识相分离是必需和必经的一步。朱载堉在乐律和历法的研究方面始终是将天象和声音作为一种自然现象来研究。他在理论认识方面既摈弃了天人感应的思维定势和解释框架，又冲破了政治上的强制和禁例，使科学认识活动能沿着解决问题、重实证、重实测、重实验的方向发展。

二、关于科学认识形成的认识

在科学对象确定之后，通过什么途径来认识它们的现象和本质，如何理解多变现象世界和对象本体之间的联系，理论思维把握其规律性的可能性以及用什么方式来表达和验证理论认识的正确性，等等，这些问题都涉及到在一门具体的科学研究中科学认识是如何形成的，它是科学思想的一个重要构成部分，它标志着科学活动有效性的程度。

朱载堉在乐律和天文的研究活动中，首先是发现问题。这些在科学研究的活动中发现的问题，大致可以归为两类，一类是原有的理论认识本身存在的问题，即旧的理论认识不能解决原有的问题。例如，乐律中的三分损益律不能解决旋宫转调的问题，因而影响、阻碍了乐器的制作、音乐演奏和音乐创作的发展。在三分损益律的基础上用增加律数的方法也同样不能解决旋宫转调的问题，朱载堉批评京房的六十律和钱乐之的三百六十律是"衍之益多而无用，徒欲傅会于当期之日数云耳"。① 从这类问题中，朱载堉认识到三分损益律与实际音程之间的关系不符，因为"定律止于十二者，取诸自然之理而已。苟不因自然之理，而但以三分损益之多衍之，殆不止三百六十，虽臣尝观仲吕、黄钟之交，知声音有出于度数之外者。"② 从中，朱载堉得到了启示，即要解决旋宫转调的问题，不能再在三分损益法当中寻找出路，必须另辟新径，"旧法往而不返者，盖由三分损益算术不精之所论也，是故新法不用三分损益，别造密率。"③ 这类科学问题的发现使朱载堉关于乐律的研究找到了正确的方向和思路。另外，旧有理论的缺陷，不仅通过其不能解决的问题而显现出来，而且也在实际的应用中表明了它不符合事物的实际状况。例如，"臣尝宗朱熹之说，依古三分损益之法定琴之律位。见律位与琴音不相协而疑之……始知古四种律皆近似之音耳。此乃二千年间言律学者之所未觉。惟琴家按徽，其法四折去一，三折去一，俗工口传，莫

① 《律学新说》卷一。

② 同上。

③ 《律吕精义·内篇》卷一。

知从来。”[①] 这段记述说明,朱载堉正是在旧律制和琴音徽位的对照中发现了问题,即三分损益律不符合实际音程。同时,朱载堉又从实际琴位中悟出了一种新律制的思路。第二类问题是新的解决问题的思路和方向确定之后,在具体解决问题的过程中,旧有的手段又出现了问题。这就促使他去寻找新的解决手段以适应新的解决问题思路的需要。例如,朱载堉在创立新法时,“置一尺为实,以密率除之,凡十二遍。”[②] 这里就碰到一个求解以公比为$\sqrt[12]{2}$的等比数列的问题。计算2的12次方根值涉及到无理数,而过去旧律制的研究者常否定无理数的存在,用有理数来处理各音阶之间的音程关系,从而确定律制。这样,当然会造成音律不协。为此,朱载堉指出,“夫律吕之理,循环无端,而秒忽之数,归除不尽,此自然之理也,因其天生自然,不须人力穿凿,如此算律何善如之。历代算律,秪欲秒忽除之有尽,遂致律吕往而不返,此乃颠倒之见,非自然之理也。”[③] 这段论析说明,由于计算手段的不合理,使律制的数值和音阶的自然之理不协合,因为律制不是由数定,而是由音定,“律由声制,非由度出。”[④] 听律为先,算律为后,“数真则音无不合矣。若音有不合,是数之未真也。”[⑤] 这个因计算手段不能适应新思路、新方向而产生的科学问题,对朱载堉的乐律研究来说,就是促使他如何以音阶的自然之理为基础,以确定新

---

① 《律吕精义·内篇》卷一。

② 同上。

③ 同上。

④ 《律吕精义·序》。

⑤ 《律学新说》卷一。

律制为目的，去寻找新的计算手段。

在乐律研究的过程中，朱载堉以发现问题，确立问题，作为他科学认识形成的起点。朱载堉正确地发现了问题，提出了问题：其一，旧律制既不能达到旋宫转调的目的，又和乐器（例如七弦琴）界定的音阶位置、发音状态不协，这说明旧律制的正确性有疑。其二，旧有的计算方法为了适合旧律制的需求而人为修改数据，这说明旧律制的不合理，旧的计算方法误导了发现新律制的方向。这两个问题为朱载堉发现新律制，确定了大致的方向，并具体指引了新律制形成和实现的大致途径。

首先，朱载堉彻底摈弃了旧律说的各种观点和方法，他宣称要确立能旋宫转调的新律就必须不用三分损益之法，不守黄钟九寸之说，不拘隔八相生之序，不取围径皆同之论。这样的立论角度和起点，从一开始就不再在旧律制中寻找解决问题的可能性，避免了重蹈前人在错误的理论框架中枉费心机地去寻找解决方法之覆辙，使许多经验知识在新的思路指导下得到了一种新的归纳、总结和解释。其次，这些对旧律制理论与方法的否定性意见对新律制的产生（从方法到理论认识）都起了一种推动作用。围绕着旋宫转调这个问题的主要方面，朱载堉清醒地认识到无论在三分损益法的基础上作什么样的修改都无济于事，在数学手段上采取平均弦长，或使弦长按照十二律的递进构成等差数列的方法也不能解决十二律循环无端的数学表达问题。朱载堉提出用等比数列的方法解决十二平均律的数学表达的问题，“用勾股之术及开立方求之所得也。是以隔八隔六，循环无端，上下相生，首尾一贯，以证往而不返之说为非。”① 朱载堉不宗黄钟九寸之说，认为起始音弦长数值的确定只是“算家之立率耳”，这为朱载堉采用新法计算新律奠定了数理基础，即以 $\sqrt[12]{2}$ 为公比的等比级数的解法其计算过程更为可行，“创立新法：置一尺为实，以密除之，凡十二遍，所求律吕真数比古四种术尤简捷而精密。”②

在朱载堉创建十二平均律的科学认识过程中，科学问题的确立和分析对朱载堉科学认识的形成和发展所起的作用大致表现在以下几个方面：

其一，问题的提出和确立为朱载堉科学认识活动的有效性提供了一种保障，使达到科学研究目的的各种步骤和方法都与科学问题产生了一种相关性，使预期的解答和确定的问题形成了一种合理的因果推导关系，规范了科学研究的基本过程。也就是说，从问题提出的本身，朱载堉已大致看到了解决问题的可能方向和可能方法。

其二，问题的提出和确立是朱载堉对已往科学成果的一种批判性的认识。它使朱载堉对众多的经验知识能作出一个合理的判断，鉴别出哪些经验知识是在什么样的文化和科学背景被错误理解而成为一种律制研究中讹传的定论和陈见。同时，也从经验知识的综合分析中看到了形成新律制的科学事实。

其三，问题的提出和确立为朱载堉分析和解决问题提供了一条新的思路。从律制研究的沿革中，可看到已往律制研究者的指导思想、研究方法、研究成果的成败得失、经验教训可

① 《音义》。

② 《律学新说》卷一。

供借鉴和吸取。历史上的研究工作为朱载堉创建新律制打下了基础，因为已往的研究为朱载堉研究新律制提供了信息、观念、思路和方法。如果直接有关的科学认识不能提供解决方法，那末正是这些不能解决的矛盾刺激了朱载堉摈弃旧的不再适用的概念、规定和方法，去寻找新的概念、规定和方法，确定新的科学事实和科学知识，或从反思旧概念、旧规定和旧方法中找出其为什么不适用的理由和事实基础，从而悟出新的思路和新的方法。

其四，问题的提出和确立，使朱载堉对整个研究领域的认识有了一种根本性的转变，形成了一种新的研究视野。这是一种高屋建瓴式的整体指导和方向性的变化，这种变化对具体的研究进程来说是一种根本性的转向，它标志着在该研究领域一种根本性质变的科学研究成果将会出现。这点可以从朱载堉在新律制的研究、创建过程中再三强调对旧律制——三分损益法的否定和批判，"信三分损其一者，信之弥久而弥疏。"① 从而形成对新律制——十二平均律的基本构想这一科学认识过程可得到充分的说明。

可见，从朱载堉律制研究的科学认识过程来进行分析的话，正确地提出和分析问题是朱载堉科学思想的一个重要特点。在律制研究中，问题提出之后，通过什么样的途径和方法来解决问题，取得结果？如何将这个结果表达出来？如何应用和验证这个结果？对朱载堉的科学认识过程来说，表现出一种对经验知识的重视，在经验启发的基础上，通过直觉判断和灵感创造而达到了对新律制的把握。这种把握的结果，朱载堉认

① 《律吕精义·序》。

为可以用精确的数学关系将其表达出来，从而形成一种精确的新律制，而这种新律制又是可以通过乐器制造和演奏等音乐实践得到验证的。这是朱载堉重实、重理、重数科学思想表现的一个突出方面。

朱载堉在观察和音乐实践的过程中，认识了不少经验事实，积累了不少经验知识。这些经验事实往往蕴含着对问题解答的某种启示，或是对旧律制的否定。例如，"见律位与不相协"而怀疑古三分损益之法的正确性，进而"昼夜思索，穷究此理"，豁然感悟。在感性的经验事实的启发下，产生了一种直觉灵感的判断和非逻辑性的创造。朱载堉创造新律制的计算方法，否定了旧律制的计算方法，新的计算方法是从琴师的演奏实践的经验事实启发而来，"琴家按徽，其法四折去一，三折去一"。在判别律管发声与管径关系时，"围径皆同"与"异径管律"的孰是孰非、孰真孰伪时，朱载堉也是在制管、吹管的经验事实的启发下，悟出影响律管发声的相关要素诸如管长、簧片厚度、管径，提出了"异径管律"的系统的管口校正方法。朱载堉从制管、吹管的经验事实中悟出了异径管律的自然之理。

> 臣……命工依彼围径皆同之说制管吹之，以审其音。林钟当与黄钟、太簇相和而不相和；南吕当与太簇、姑洗相和亦不相和；黄钟正半二音全不相应而甚疑焉。或至终夜不寝，以思其故，久而悟曰：律管长者其气狭而声高，律管短者其气宽而声下。是以黄钟折半之管不能复与黄钟相应，而下黄钟一律也，他律亦然。大抵正半相较，半律虽清而反下，正律虽浊而反高，岂不以其管短气宽也哉！盖由围径不得自然真

理故耳。夫律管修短既各不同，则其空围亦当有异。①

大抵管长则气隘，隘则虽长而反清；管短则气宽，宽则虽短而反浊。此自然之理，先儒未达也。要之长短广狭皆有一定之理，一定之数在焉。②

正因为朱载堉在律制研究中的两个重大发现——十二平均律和异径管律的管口校正——都是在经验事实的启发下悟出来的，所以，朱载堉对音乐实践十分重视，对从事音乐演奏的乐工也十分重视。乐工的音乐演奏实践不仅为朱载堉的乐律研究提供了经验素材和创造灵感，而且在朱载堉看来，这些乐工的演奏实践对乐律的研究远超过先儒的陋见陈说。故朱载堉喜“与善琴者论古今雅乐高下”，③ 并指出“凡造乐者，学士大夫之说卒不能胜工师之说”。④ 朱载堉还将自己创造的十二平均律正确与否的验证也归功于乐工的实践，“世间惟点笙匠颇能知音。盖笙簧之子母配合，若非知音则不能调。故审新律协否，赖此辈以决之”，“今恐时人不昼，疑世间无知音者，故指出此辈以决其疑耳。”⑤

从上述朱载堉创建和完善十二平均律过程的简单描述中可以看出，朱载堉重实的科学思想特点在其科学认识形成过程中所起的作用是显而易见的。由于朱载堉是在经验事实的

① 《律学新说》卷一。
② 《律吕精义·内篇》卷二。
③ 《律学新说》卷二。
④ 《律吕精义·内篇》卷二。
⑤ 《律学新说》卷二。

基础上发现和提出了律制研究中的问题，因此，其问题的提出已包含了朱载堉对声音现象和音阶排列关系之间的联系及声音现象和旧律制的矛盾等方面的认识。这些认识表明，各种声音现象的经验事实反映了发声体和发声过程的某些规律性东西。朱载堉以经验事实为基础，对旧律制出现的种种问题进行了长时期的自觉思考。在这自觉思考的过程中，朱载堉一方面对所占有的各种经验材料进行了初步的逻辑归纳，对旧律制各种学说进行了理论上的比较、分析；另一方面，朱载堉还在逻辑归纳、比较分析的基础上，理出了基本线索和思路，大致规范了解决问题的初步设想。

朱载堉的十二平均律是通过直觉灵感领悟出来的，但是这种直觉是建立在对经验事实进行初步的逻辑加工和整理的基础上。正是对经验事实之间的联系有了初步的条理清晰的认识，直觉的创造性思维才获得了解决问题的关键性思路，得到了和已往通过逻辑途径苦苦探索不同的结果。

朱载堉对乐律的研究正是在积累了大量经验事实和经验知识的条件下，凭着自己在音乐方面的修养、高度的敏感和非凡的创造力，通过直觉灵感的途径，悟出了十二平均律的创建方法和规律。十二平均律虽然是朱载堉直觉灵感创造的产物，但是十二平均律的理论，极富说服力并能为音乐界和社会民众所接受。朱载堉还对此进行了严格的逻辑论证和数学归纳。他始终认为十二平均律的存在是音阶关系的自然之理、自然之数，这样，直觉的、灵感的创造性思想，通过逻辑的方法被加以整理、分析和表达，使之条理化、系统化，最终形成了具有逻辑结构的科学命题。无疑，在十二平均律的形成过程中，朱载堉表现出了他重理、重数的科学思想。这个科学思想的特征表明，朱载堉研究乐律的水平不再局限于工匠的经验水平上，而是从经验水平向理性思维的水平发展。朱载堉把乐师的经验和学者的理论思维相结合，从乐师演奏的经验事实悟出十二平均律，又用音乐演奏的实践来验证十二平均律。

> 或问："新律旧律其同异易知也，孰真孰伪其难知也。"
>
> 答曰："试验则易知耳。试验之法有二：其一，累黍造尺，依尺造律，吹之试验。其二，吹笙定琴，用琴定笙，弹之试验。"①

在历法研究中，朱载堉也坚持以天象为定历、验历的基础，一再强调："推律候气，立表测景，盖治历之本也。"②"凡历法之疏密，当以天为验，是乃历之本也。"③

实践的经验和学者的理论相结合，这标志了朱载堉作为一个科学家在理论思维方面的成熟。

朱载堉在乐律研究中，处理"象"、"数"、"理"三者之间的关系时坚持认为，自然之理是乐律的根本，数是声音自然之理的规律性表现，象是理的外部现象，"新法所算之律，一切本诸自然之理，而后以数求合于声，非以声迁就于数也。"④"不明乎数，不足于语象；不明乎象，不足于语数。是故欲明律历之

---

① 《律吕精义·内篇》卷一。

② 《律历融通》卷四。

③ 《万年历备考》卷一。

④ 《律学新说》卷一。

学，必以象数为先。”①

朱载堉认为声音高低是由发声体发声时的状态所决定的，人感觉到的声音高低，一方面是发声体的外表现象，另一方面又是决定一个音阶内各音程距离的自然之理。各音高之间的距离（音程）是可以表述为一定的数学关系式，这种数学关系式由各音高振动体的频率所决定的。虽然在朱载堉的时代并没有频率的概念，但他是从各律弦振动体的长度（是频率的倒数）的比例关系式来认识十二平均律的声学基础的。虽然十二平均律制是人们为了解决旋宫转调的音乐实践而人为设定的一种律制，即在八度音程内平均划分为十二份，定为十二律，每相邻两律之间的音程都相等，但各律之间和谐的音程关系是由各律发声体发音状态所决定的。人们找到了能旋宫转调的十二平均律本质上是各律音程之间关系的一种体现，也就是说十二平均律的数学表达式（数）是对声音现象（象）的一种概括，是对声音现象（象）的一种分析而总结出来的关于十二律各律音程的关系。十二平均律的数学表达式（数）不是凭空而来，它依赖于发声体本身固有的规律（理）。“审音乃乐律之本”②，“十二管旋相为宫，音使之然也”，“声音至此流转自若也”③，所以，以音定数，审音验数，数音结合，“数与琴音互相校正”④，这是朱载堉乐律研究的基本思想。同时，朱载堉指出先人在律制研究上的种种失误，其根本原因就在于没有认

① 《律历融通序》。
② 《律吕精义》。
③ 《律学新说》卷一。
④ 同上。

识到关于音程关系的数学表达式，他们不是以音求数，相反由数来定音。所以，先人“惑于数而昧于声”，“自汉以来术家以数求其法，是故碍而不通。”① 先人虽然绞尽脑汁，增加律数，但仍不能解决旋宫转调的问题。究其原因，就是主观、先验的数并不反映实际各音高之间音程的关系。

朱载堉在科学研究中坚持了科学的理性，他认为大千世界万事万物都有其固有的存在和变化的规律。这种规律都是可为人所认识的，都可用严格的数学关系式来表达，“凡天地造化，莫能逃其数”，“数者，自然之用也，其用无穷而无所不通”。正是基于自然万物可知的科学理性，朱载堉在科学认识过程中坚持了从科学对象本身的自然性出发，相信科学对象本质的可认识性。朱载堉在科学研究过程中形成的新思想、新观点、新方法不是凭空的胡思乱想，而是建立在从科学实践中形成的经验事实和对自然万物的规律可知的科学理性这两个基础上。因而，对新思想、新观点、新方法的表述朱载堉更注重它们的严格性、可验证性和可解释性。例如，在律制研究中，朱载堉采用了弦振动体长度比值的概念，以求解公比为$\sqrt[12]{2}$的等比数列的数学方法，简洁、明晰、准确地表达了十二平均律的理论与方法。并且用以$\sqrt[24]{2}$为公比的等比数列将一组律管的管口校正值联系起来，从而提出了异径管律的系统的管口校正方法。朱载堉的十二平均律无论是在弦，还是在管的应用都有了一个简洁的数学表达式。朱载堉的十二平均律既能解释三分损益法所能解释的音乐实践和乐律研究所遇到的问

① 《律学新说》卷一。

题，还解决了三分损益法和纯律所不能解决的旋宫转调的问题，即解决了旧律制和经验事实的矛盾，比旧律制具有更广泛的解释性，取得了比旧律制更好、更新的结果。其次，用一个数学表达式表示的十二平均律充分显示重理、重数的特点，一方面是尽可能通过最简洁的概念揭示各律音高之间的规律，具有逻辑的简单性，即以一个"密率"的概念，一个等比数列的式子揭示了各律音高音程之间的关系——乐律最本质的东西。另一方面，又尽可能完备地把各种经验事实联结在一起，解释了各种经验事实之间的关系。

朱载堉十二平均律的创建具有实践的可检验性，他曾十分重视和强调通过音乐实践来验证他的十二平均律。朱载堉应用的验证方法有以下三种：其一，是用十二平均律来作曲制谱，"用旋宫法拟造新谱，使后世为乐律之学者观之，深信古乐见存，未尝失传也。"① 朱载堉认为古人已有旋宫转调的演奏实践，今天用十二平均律的理论来指导作曲、记谱，使音乐演奏、演唱有谱可依。朱载堉进一步提出，"谱无定法，勿惮改定润色"，② 即强调作曲制谱的好坏、真伪是要以演奏、演唱的实践和十二平均律的理论为根据的。旋宫法得到十二平均律的实践应用，使之在音乐实践中是可操作的。朱载堉为此作了大量的努力，进行了大量的实践，在《乐律全书》中就记录了朱载堉为旋宫实践写下的大量乐曲，其中标明是为旋宫法而作的成套乐谱就有四套。朱载堉的《拟冷谦旋宫谱》就是利用冷谦的旧谱，以旋宫法在不同的调高上发展，以不同的宫调反复演

① 《乐学新说》。

② 《律吕精义·外篇》卷三。

奏、演唱，产生变化。朱载堉创制的《旋宫谱六十调指法》和《旋宫琴谱》就是他全面实践十二平均律的艺术结晶。正是因为用十二平均律创作的曲谱在实际演奏、演唱中可以达到旋宫转调的目的，所以十二平均律的正确性、可行性也就得到了验证。其二，以十二平均律来指导乐器的制造。旧乐器的音位界定大都是依据三分损益法确定的五声音阶，在这些固定音高的乐器上，不能自由地演奏十二个高度不同的调，而只能演奏某种固定的调式，不能适应变调的实际需要。因而，用十二平均律指导乐器的改造是朱载堉验证十二平均律一次重大的艺术实践。为此，朱载堉制造了律准。律准是一种用作定音的弦乐器，在律准琴身上，朱载堉刻画了新旧二率的律数，以作比较鉴别，“备照新旧二率律度之数，横界相连，凡二十四道。旧率之道以朱别之而无徽；新率之道以金别之而有徽。……金道、朱道之侧近边细书新旧所算之数，使览者易晓焉。”① 这种律准的设计和制作，其目的就是为鉴别、验证新旧律制在新制乐器上实施旋宫转调的可行性。朱载堉制造的律准是建立在十二平均律基础上的一件弦乐器。朱载堉制造的倍、正、半三个八度内的三十六律的律管是根据异径管律的管口校正法。律管的管长、管内外径的数据是按照十二平均律的异径管口校正法而确定得出的。根据这种规范制造的律管，只要“律名同者，新律皆相协，旧律则不协”。② 朱载堉制造的律管亦是建立在十二平均律基础上的一件管乐器。具体地验证十二平均律在律管上的是非真伪是通过检验十二平均律的五度和声是

① 《律学新说》卷一。

② 《律吕精义·内篇》卷五。

否协和来完成的，“选精于点笙之人，先择声与黄钟相似之簧，令彼增减其蜡，务与黄钟律声全协；复择声与林钟相似之簧，亦令增减其蜡，务与林钟律声全协。然后两簧一口噙而吹之，则知黄钟与林钟全协者为是，不协者为非也”①。黄钟与林钟是一个五度音程。其三，朱载堉一再强调的“律由声制，非由度出”，是以音审律为验证方法的，他认为“审音乃乐律之本”，十二平均律的孰真孰伪可以通过“吹笙定琴，用琴定笙，弹之试验”，“试验则易知耳”。②“数与琴音互相校正，最为吻合”③。“世间惟点笙匠颇能知音。盖笙簧之子母配合，若非知音则不能调。故审新律协否，赖此辈以决之”④。这是一个实践—理论—实践的科学认识的形成和检验的过程，朱载堉从大量的关于声音现象的经验事实中上升、概括出关于各律音高之间音程的规律性认识——十二平均律，再回过来用音乐实践中各种发声体发音的声音来检验、判别十二平均律是否准确、协和。这三种不同的实践检验方式从不同的角度、用不同的方式验证了十二平均律，充分说明了十二平均律的可检验性。正是这种可检验性证实了十二平均律的科学性。

朱载堉强调万物皆有理，重视严格表述具体研究对象存在、变化规律的思想不仅体现在历法、乐律的研究上，而且也体现在朱载堉其他的研究领域。例如，舞蹈研究是朱载堉学术研究的一个重要方面，这方面的研究著作在朱载堉的学术著

① 《律吕精义·内篇》卷五。
② 《律吕精义·内篇》卷一。
③ 《律学新说》卷一。
④ 《律学新说》卷二。

作中也占有很大的比重。在对舞蹈的理论研究中，朱载堉用精确的舞谱记录了自己的研究成果。这种舞谱是和伴奏乐谱（包括节奏谱）相结合，精确地记录了舞蹈进行的全过程。直至现今，人们仍都可根据朱载堉的舞谱排演出古乐舞，因为它从出场次第、舞姿动作、音乐伴奏、队形变换、舞者的舞台位置、舞步的方位等等都作了明确的描写，人们完全按此描写进行复排。这种严格的表述，并用文字和图画规定、记录下来的文稿，使后人在学习、继承这方面的成果有明晰的理解，而不会形成歧义和模糊的认识，避免了以讹传讹的弊病。

朱载堉是一个杰出的科学家，科学活动在其一生的事业中占据着重要的地位。同时，科学活动是一种重要的实践活动，对自然现象的认识和解释影响着对社会和人生现象的看法和理解。科学活动同时也表现出一种在人和自然相互作用过程中形成的价值取向，这在一定程度上决定了社会思想和时代理论思维的基本倾向，也深刻影响了社会心理的深层结构。在科学活动中所体现出来的科学思想，表明了他对认识自然现象、自然规律的基本观念和基本方法。一方面，科学思想适应了科技实践和社会实践所显现出来的认识倾向，同时又成为当时社会思潮的构成部分，它应是历史传统与现实生活的反映，也应适合社会从精神上、观念上对外部世界获得认识上和心理上满足的社会要求。另一方面，科学思想一般应和占统治地位的社会思潮相容。科学思想作为自然科学活动和社会意识联系的中间环节，表明了科学发展所需的最一般的思想环境。科学思想是社会思想体系最活跃的构成部分，因为科学往往是在新的科学事实、新的经验事实与旧的理论、旧的观念的矛盾冲突中发展的，因而科学思想从其本质来说具有一种批判性。科学思想表现了对自然存在、自然变化等现象和方式的一般认识观念，也表明了科学认识过程所运用的认识方法和表达方法，同时也体现了对科学技术价值的一般看法。这样，科学思想为社会一般的认识过程规范了一个框架，即规范了认识的焦点，形成认识的方法和对认识成果的评价标准，从而成为社会思想体系的一个基础，为社会的精神生活提供了一个基本信念和丰富源泉，同时又是社会意识观念变更的有力杠杆。

对作为一个科学家的朱载堉来说，在其历法、乐律等科学活动中形成的重实、重理、重数的科学思想，对他的思想体系也起了一种规范框架、奠定基础的重要作用。在朱载堉的思想体系中另外几个重要方面，诸如社会人生思想、艺术美学思想、学术研究思想都可以明显地看到其重实、重理、重数思想影响的烙印。

第七章 孤独的先驱，时代的悲剧

朱载堉是晚明大科学家群体中的一个代表。一方面，他创建的十二平均律在科学思想、科学方法和理论成果上都具有近代科学的意义。另一方面，朱载堉又远离了当时的社会思潮，他的平均律理论也如空谷绝响，几被湮灭，并没有引起广泛的重视和科技变革的连锁反应。这固然和乐律学研究在整个科技体系中的地位和影响有关，但是从李时珍、宋应星、徐宏祖、朱载堉、徐光启五大科学家科学研究活动的特点和社会背景的分析中，也可引起我们对一些问题进行历史的反思。反思的焦点是：如果没有清军入关100天的摧残性破坏和政治上的钳制、镇压手段，以及后来的大规模的文字狱迫害，那么在晚明社会当时的历史背景下，中国传统科技体系能否脱胎出近代科学？中国的古代科学能否走出中世纪？……

都还是个问题。

对晚明社会的科学家、思想家来说，具有这样一个历史特点，即他们是在第一次西学东渐的历史过程中进行他们的科学和思想活动的。西方传教士带来的西方文化（从物质到精神）为晚明社会的科学家和思想家的活动树立了一个比较的样板。因此，对他们的科学活动、思想活动的历史地位的评价和历史影响的分析，不仅应在中国的历史社会的背景下研究，也应在欧洲资产阶级文艺复兴和近代科学革命的社会背景下进行考察。

朱载堉所处的时代正是西欧文艺复兴时期，西欧的人文主义思潮冲击了欧洲社会精神生活的各个领域，以人权反对神权，以人性反对神性，以人学反对神学。这是一次伟大的思想和社会革命：以哥白尼日心说为起端的科学革命，以马丁·路德为代表的宗教改革，以发现新大陆、新航路为契机的资本主义生产方式的迅速发展。近代意义的科学技术正是在这些社会大变革的背景下，在和专制的宗教神学的殊死斗争中，浴血奋战争取到了自己独立生存的地位和健康发展的前途。对西欧来说，近代科技革命和资产阶级革命互为表里，相辅相成。同样，对中国封建社会后期来说，中国的晚明社会能否走出中世纪，进入资本主义社会，和在晚明社会里中国的传统科技体系能否脱胎出近代意义的科学技术，从某种意义上来说二者同属一个问题。

朱载堉创建的十二平均律对人类的贡献是：提出了将音阶各律的音程划分成等分的数学方法，即从弦振动各律弦长的等比数列到管振动体的各律管口校正的等比数列构成系统的十二平均律的理论和计算方法。这是朱载堉独立创造的，朱载堉的这一发明也比荷兰的斯特芬发明要早。由于古代中国的历法研究和乐律研究紧密相联，当时以利玛窦为代表的传教士在中国社会进行传教活动，其主要方式是用精致的天文仪器，精确的历法计算，崭新的历法知识去影响当时的士大夫阶层，同时，西方传教士为了和当时士大夫进行天文历法方面交流，就必然会了解中国传统的天文学。朱载堉历法研究和律制研究的成果都是以刻版印书的方式进呈朝廷的，因而，朱载堉的研究成果在一定范围内应为行内的士大夫所了解。藉此，当时的西方传教士是应该有可能了解到朱载堉平均律的理论和方法。朱载堉所创的平均律只需一个简单的数据$\sqrt[12]{2}$和一个简洁的数学表达式，就可被传播并在音乐实践中得到应用和进一步的推广、流行。因此，欧洲的十二平均律的产生和实践应用很有可能受到朱载堉研究成果的影响和启示。朱载堉首创十二平均律对乐律的发展确是一项伟大的贡献，但是从中国传统科技体系的发展来说，他创建十二平均律的科学认识过程所体现出来的近代科学精神应具有更大的历史意义。这种近代科学精神为什么不能在传统的中国科技体系中得到全面的发扬？对这个问题的分析同样具有深刻的历史意义和现实意义。在第六章中，我们通过对朱载堉科学认识形成过程的分析可以看出，朱载堉将科学研究的对象从天人感应的神学联系中分离出来，将自然现象和社会现象分离开来，将自然属性和社会属性分离开来，避免了杜撰的相关性和相应性，使科学对象本身固有的自然性质和自然规律独立地呈现在研究者的面前，使研究者有可能真正明确地认识科学对象，这为科学认识活动奠定了一个正确而坚实的基础。虽然朱载堉坚持律历融通说，但这只是朱载堉受认识能力和认识工具的限制而出现的失误，并没有迷信神秘的色彩。坚持科学研究对象的自然性和独立性，是朱载堉科学认识活动的一个基本倾向。正是由于科学对象不断地分化、独立，近代科学的各门具体学科才有可能得以确立和深入发展，科学对象的不断分化是近代科学发展的一个标志。近代科学革命的第二个标志是证明性的数学和实验方法，即在比较确定的条件下，对科学对象的性质和运动所表现出来的因果关系用数学方程式表达出来。自然事物之间的因果联系和数学方程式相对应，这种在实验条件下体现出来的因果关系是可以重复的，即任何人在同样的条件下，进行同样的操作程序，得到的结果是同样的，相应的数学方程式也同样可适用在相同时空条件下描写自然物体的性质和规律。因此，它们是可以验证的。可重复性、可验证性是近代科学在科学方法变革方面的一个重要标志。作为近代科学基石的牛顿力学体系正是建立在系统实验和数学归纳的方法基础之上。朱载堉在十二平均律的研究和创建过程中也表现出了近代科学方法的这种特征。他在乐器演奏和旧律制之间的矛盾中，发现了问题，产生了寻找新律制的新思路，从琴声和琴位的界定中悟出十二平均律的理论和计算过程的关键。朱载堉的十二平均律的计算方法虽然没有达到用字母、符号的数学方程式明晰地表达各律音程间的数值关系，但是他用文字语言描述的表达方式已相当清楚地说明了具体的计算过程和关键数据。近代科学的科学理性也充分体现在对自然的哲学思维方式的变革上，由对自然现象的神启、神示的解释、演绎方式转变为对可观察的真实自然事物的认识、解释和控制。这种思维方式的变革使人们科学认识的方向发生了根本的变化。对可观察自然事物的认识、解释和控制，避免了六合之外的神学迷信和杜撰假说，使自然科学最终得以和宗教神学相分离。科学研究的一切对象、现象和过程都是自然的，都是可知的，都有其固有规律，都可被认识、被掌握和被控制。可观察的自然界被理解为一个有规律、可认识的自然存在和自然过程。这种科学理性使科学理论具有真理性，即科学理论能整体再现科学对象，用定量的数学语言刻画科学对象的性质和规律，它的科学结论具有可证伪性和验证的趋真性，这体现了一种科学的批判性。朱载堉在其科学研究过程中形成的理论认识也具有这种科学理性，他强调了自然事物的可认识性，强调了理论认识的可证伪性和验证的趋真性，强调了科学认识的批判性。例如，朱载堉指出："日月之食，预算可推而知，则是数自当然。"[①]"欲求精密，则须依凭象器测验天文，积日累月，务得其实，而后缀以算术，立为定法"[②]之类的论说表现了这种科学理性。

朱载堉创建的十二平均律无论是从理论成果看，还是从科学思想或科学方法看，它对中国传统科技体系来说是一个划时代的里程碑，因为它标志着朱载堉的科学活动突破了中国传统科技体系以天人感应为基础，以元气、阴阳五行为形式构架，以及猜测性思辨和经验生产、实用技术相结合的发展模式，开始迈出中国科学近代化的坚实的一步，它对其他领域的科学活动都应是一种启示和仿效的样板。同时，朱载堉的科学思想和科学方法所体现出来的科学理性，对于晚明社会的启蒙思潮无疑也是一种崭新的思想，使晚明社会由追求物欲满

① 《律历融通》卷四。
② 同上。

足表现的人的自然本性复苏的启蒙思潮上升到一种更为理性的层次，使社会有可能从近代科学理性的高度来重新审视中国的传统文化思想，并为社会启蒙思潮指引一条更为健康的方向。从科学史的角度看，朱载堉的科学活动有可能成为中国传统科技走向近代化的一个起点；从思想史的角度看，朱载堉的科学思想和科学方法有可能为晚明启蒙思潮提供科学理性的基础。然而，社会历史发展的合力，却使得朱载堉犹如一个孤独的先驱，前不见古人，后不见来者，最终怀着满腔的悲怆情感，无声无息地消失在历史的长河中，他的科学成就也随之尘封湮灭。惟有一百余年后的乐律学家江永(1681—1762)认识到了朱载堉所创的十二平均律的成就，“夫理数之真，隐伏千数百年，至载堉乃思得之。”① 朱载堉十二平均律的理论与方法在清乾隆年间曾遭到御命乐官和士大夫的围剿。钦命编制的《御制律吕正义后编》曾攻击朱载堉的新法密率有十大臆说，其用意和目的，正是针对了朱载堉的新法密率所体现出来的一种反传统的批判力量和重实、重理、重数的科学理性。这种攻击已不是一种乐律观点的争鸣，而是一次政治斗争和思想斗争，“数既不合图书，而说又不见经传……此其为臆说者四也。……载堉概舍先儒而不信之，任其私智，创为新法……此其为臆说者六也。……载堉亦谓律由声制，非由度出，而乃自立差分之法……此其为臆说者七也。”《御制律吕正义后编》中此类的指责都说明乐律律制的分歧已包含了近代社会的科学思想意识和封建社会政治思想专制的分歧和斗争。

朱载堉十二平均律理论和方法的出现可能是一种历史的

---

① 江永：《律吕阐微·序》。

偶然，而它的湮灭，它没有在中国科学和思想发展过程中发挥可能产生的启蒙作用，这可能是一种历史的必然。晚明社会出现了李时珍、宋应星、徐光启、朱载堉、徐弘祖这样一个大科学家群体，徐光启、朱载堉、徐弘祖的科学活动和科学思想都已有近代科学和思想的意识。晚明社会的市民阶层已经崛起、壮大，商业经济也很繁荣、发达，中国传统科技的发展也到了全面总结的辉煌时代，这为中国社会的科学近代化，为社会思想的近代化准备了物质条件。但是，为什么我们所期望的近代科学革命并没有在中国的晚明社会发生，为什么朱载堉没有能成为中国的哥白尼式的科学家，点燃近代科学革命的火炬，这是一个历史的悲剧。应用比较分析的方法剖析悲剧产生的外在的社会历史原因和中国传统科技体系内在结构、动力机制的原因，具有历史和现实的意义。

以哥白尼日心说为基础的近代天文学和以伽利略斜面实验为起点的近代力学是西方近代科学革命的主要内容。从科学内容来说，它们是用科学观察和科学实验积累起来的科学事实，重新构筑天文学和力学的框架，开始了科学的近代化过程。它们是在批判亚里士多德的力学观点和托勒密的地心说的过程中产生和发展的，而亚里士多德的学说和托勒密的地心说是中世纪神学和经院哲学的自然科学的理论根据。哥白尼和伽利略的学说动摇了中世纪宗教的基本教义。欧洲中世纪的教会具有至上的权利，教会的信条就是政治信条，教义具有法律效力，科学与哲学都是神学恭顺的婢女。这样，哥白尼和伽利略的科学活动、科学思想是直接面对着神学的政治压迫和宗教裁判的肉体惩罚的。布鲁诺和塞尔维特是在近代科学争取自己独立、生存权利的浴血奋斗中，为了维护科学的真理和尊严，在教会的焚烧台上献出了自己的生命。伽利略也因批判亚里士多德和托勒密的学说而受到宗教裁判的惩罚，被判有罪而入狱。因而近代科学活动和近代科学思潮直接融入了当时欧洲社会反对中世纪宗教的政治和思想斗争，并为它们提供了反对中世纪神学的自然科学基础。同时，近代科学革命也从当时宗教内部的改革运动、市民阶层反对封建制度的政治斗争中获得力量和支持。近代科学不仅和宗教改革、资产阶级政治斗争结合在一起，而且科学工作者、有文化的宗教人士、市民阶层组成了一个统一战线。文艺复兴、科学革命、宗教改革使欧洲有一种将信仰、社会思潮和社会组织结合在一起的社会条件。

西方科学史的研究者指出，在近代科学革命时期，欧洲科学家大都是宗教人士，其中新教徒的科学家远远多于天主教徒。其原因，除了新教国家没有宗教法庭之外，可归之于三点：第一，早期新教徒的风气是与当时的近代科学态度相一致的。第二，运用近代科学来达到宗教改革的目的，使新教教义能得到近代科学成果的支持。第三，新教徒的神学宇宙观与早期近代科学的理论相一致。宗教改革者和近代科学的创立者们都以改革作为自己的思想武器，都以批判传统、考验一切事物、标新立异作为自己的箴言。宗教改革者以圣经为本，批判旧教伪善欺骗的副本，近代科学的创立者以自然为本，批判中世纪的伪科学。这些都体现了宗教改革和近代科学兴起时，在兴趣、气质和目的方面的一致性。[①] 中世纪宗教内

① 参阅斯蒂芬·梅森：《自然科学史》，上海人民出版社 1977 年版，第 162—176 页。

部的宗教人文主义派掀起的宗教改革主要有三个目标：第一，整顿由于众多僧侣生活腐化和教会行为腐败而遭到破坏的教律。第二，改革教义，使其返回到原始教义的朴素状态。第三，放松教义控制，准许个人在一定程度上可以自由地根据圣经作出自己的判断。① 宗教改革的矛头所指降低了教会的权威，使人们的行为和思想得到了一定程度的解放，人们开始能够独立地思考、怀疑甚至否定现行教义的合理性，它促使人们从各种实践活动中去寻找、探索对圣经的新解释。由于宗教改革思潮波及到社会的各个领域和各个社会阶层，因而，当既是宗教人士又是科学工作者作出的科学发现及由此萌生的近代科学思想在社会上传播并为社会接受时，社会民众在心理上已经有了准备，因而较少阻力和障碍。如果说宗教改革是当时社会上层的一种思想变革，那末市民运动则是当时社会下层的一种思想变革。以商人和工场主为主导力量的市民阶层在经济上已经拥有了相当的实力，然而他们低下的政治地位已不适应他们日益活跃和发展的经济实力，反抗僧侣、教会权力的政治斗争是不可避免的，那末在批判中世纪神学和经院哲学的科学基础——亚里士多德、托勒密、盖仑的学说——的过程中确立起来的近代科学精神和思想就必然成为新兴市民阶层的精神支柱和思想武器。因此，近代科学的兴起和发展具有比较广泛的社会基础，它是当时社会向近代资本主义时代发展的一个有机构成部分。

15 世纪以追求巨额财富为目的的航海活动兴旺起来，由

① 参阅丹皮尔：《科学史及其与哲学和宗教的关系》，商务印书馆（北京）1975 年版，第 169 页。

于土耳其的扩张影响了地中海地区的贸易。欧洲通过中东同印度、中国的贸易也被阿拉伯人所垄断，因此开辟新的海上贸易路线成为新的财源。同时，《马可·波罗行记》关于东方黄金、财富神话般的描述也刺激了商人和探险家。当时欧洲社会的黄金、白银已远不能满足社会的需求。黄金渴望驱使欧洲的商人、航海家、探险家从事冒险的远程航海探险。"葡萄牙人在非洲海岸，在印度及整个远东地区搜寻着黄金。黄金这两个字变成了驱使西班牙人远渡大西洋的符咒。黄金也是白种人刚踏上新发现的海岸时所追求的头一项重要的东西。"① 以西班牙人哥伦布于1492年开始的发现美洲新大陆的航海探险和葡萄牙人麦哲伦于1519年开始的环球航行为代表的大规模探索、开辟新航路的活动，对近代科学的发展具有极大的推动作用，亦促使近代科学精神更广泛地传播开来。其一，航海事业丰富了人们的天文、地理、动植物等方面的知识，使人们拓宽了观察视野，积累了关于认识自然的经验事实，同时也为当时的自然科学提出了一系列的问题，促使科学活动向纵深方向发展。其二，环球航行证明了地球是球形的，从而证实了地圆说。这一事实验证极大地鼓舞了人们对科学理性的信心。人类对宇宙结构（主要是太阳系的结构）的天才预测和推断被人类经历数年的航海实践所证实，这一科学实践对社会思想深层的震撼是巨大的，人们对宇宙的看法有了一种全新的概念和图景。近代科学的发展获得了鼓舞、刺激和推动，人们面对着庞大而复杂的自然界树立了一种能够认识和征服它的信心

① 恩格斯：《论封建制度的解体及资产阶级的兴起》，见《封建社会历史译文集》，三联书店1955年版，第9页。

和雄心。其三，航海活动本身为天文学、力学和数学等学科的发展提供了一个新的契机。航海中的方向辨别，位置和时间的确定涉及到天文学、数学和力学。托勒密的地心说体系不能满足经纬度的测定，因此确立新的天文学体系，创造新的数学计算方法和制造新的天文仪器成为时代的必需，天文学发生了质的飞跃。虽然新的天文学体系与教会的教义相背，但它却适应了社会发展的需要（从航海贸易到观念思想）。创造精密的计时器刺激了力学的发展（向心力定律、钟摆运动）。其四，新航线的开辟促进了资本主义商业经济的繁荣和欧洲殖民掠夺的资本主义的发展，“美洲的发现，绕过非洲的航行，给新兴的资产阶级开辟了新的活动场所。东印度和中国的市场，美洲的殖民化，对殖民地的贸易、交换手段和一般商品的增加，使商业、航海业和工业空前高涨，因而使正在崩溃的封建社会内部的革命因素迅速发展。”① 商业、航海业和工业的空前高涨，推动了实用科学、技术和工艺的发展，使近代科学的深入发展有了比较坚实的物质基础和动力源泉，近代科学从中找到了自己的观察与实验方法，以确定科学事实；找到了数学分析和数学证明的方法，这些发现使人们较为精确地测算自然事物、自然现象的存在与变化的规律成为可能。这种可以证明的，可以重复的，实验与数学相结合的方式反过来又使自然科学本身真正具有了实证的基础，最终与猜测性的哲学思辨、神学迷信相分离，成为一门独立的学科。

正是因为近代科学的兴起和宗教改革相关联，近代科学家往往同时又是新教徒。因此，新教的教会作为一种社会的组

① 马克思、恩格斯：《共产党宣言》，人民出版社 1970 年版，第24页。

织形式将从事近代科学的科学家们客观地联系起来,他们在反对中世纪神学和教会伪科学的斗争过程中,不再是个别力量、各自为阵地进行斗争,而是形成了一条社会战线。也就是说,近代科学的兴起是一次有规模效应的社会运动,并且与当时反封建统治的政治运动相关联。与此相关,适应文艺复兴和工商业繁荣的需要,一些有近代意义的大学相继应运而生。大学成为宗教改革和近代科学的一个据点,使一些反传统、非正统的思想见解得以传播和发展。这些大学不仅为反传统的学者提供了学术活动、思想活动的场所,同时也为培养近代科学的一代伟人和大批具有近代科学知识和精神的青年知识分子提供了土壤。哥白尼、伽利略、哈维、牛顿等一代大科学家都在这类大学受过思想启蒙。当时社会对实用科学需求的发展,使科学教育和科学家团体成为工商业老板和科学家关注的热点。科学教育和科学技术本身成为新兴资产阶级一个新的投资项目。例如,16世纪下半叶由工商业老板出资建立的格雷山姆学院很快就成为英国科学活动的中心。自此之后,各种类型的科学社团也纷纷成立,英国的伦敦皇家学会,法国的巴黎科学院是其中的典型。科学社团的成立标志着科学家因之而成为一种独立的社会阶层,科学社团使科学家有了生存和发展的经济基础,也为科学家科学成果的发表和传播提供了场所,使社会能够理解、接受和应用科学家的研究活动和研究成果。科学社团将科学家从组织上联系在一起,使科学家的社会地位得到了社会的确认,科学家的社会作用也得到了提高,他们能更有效地解决社会在生产实践中提出的各种科学问题,满足社会发展的需要,社会的发展得益于科学的应用。科学家和社会的联系也更为直接和紧密,这不仅体现在一般的精神领域，而且更体现在现实的物质利益上。科学家因科学社团而成为社会发展的一个重要力量，近代科学的发展也通过大学和科学社团从社会方面获得了足够的物质支持、人力资源和研究课题。

从科学技术体系内部的结构看，近代科学体系的四个构成部分：科学思想、科学方法、科学理论和应用技术处于一种相互联系、彼此促进的双向循环的开放系统的状态，近代科技体系通过科学思想与社会思想进行信息交流，通过应用技术和社会生产进行物质交换，图 7.1、图 7.2 是表明科技体系的运动机制的框架图。

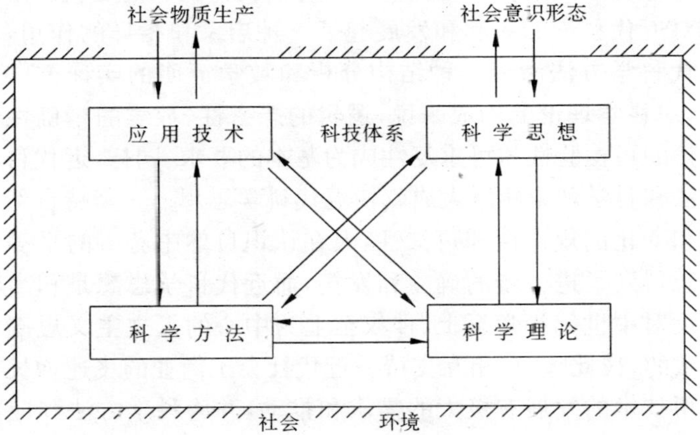

图 7.1

科学思想表明了人们对自然万物存在和变化的一般看法。近代科学思想将自然当作人考察、分析的独立对象，将自然的存在和变化都看作是内在结构的一种变化结果。科学方法是指认识自然的途径和手段，近代科学方法是以科学实验分析、数学证明推理、逻辑归纳整理的手段取得了对自然事物认识的科学事实，为科学理论的构成提供了事实基础和表述方式。哥白尼的日心说标志了近代科学思想的确立。伽利略以实验和数学、逻辑相结合的方法表明了近代科学方法的有效。牛顿的力学体系则说明近代科学由概念、公式、定理构筑起来的理论的严密性和可证伪性。近代应用技术的发展是生产实践和科学理论、科学方法应用相结合的结果。近代科学技术体系从其内在结构看，四个要素的彼此关系处于一种相互促进的良性循环的过程中。以哥白尼为代表的近代科学思想对近代科学的兴起和发展起了一种启蒙和指导的作用，使近代科学方法沿着一种结构分析和数学证明的实证方向发展，对科学理论的构成来说，逻辑的严密性、数学的精确性和理论的可检验性和可重复性成为基本的要求。同样，近代科学方法和科学理论的巨大成就使近代科学思想——坚持自然存在和变化的规律性和可知性，人在认识自然中获得的平等性思想得到了进一步的确立和发扬，而近代科学思想是和当时以反对中世纪神学至上、神权至上为中心的人文主义思潮相一致的，彼此呼应，相互支持。近代社会工商业的飞速增长对应用技术的发展有极大的需求和推动，并为科学方法和应用技术提供了物质手段。因此，从这个意义上可以说："科学的发生和发展一开始就是由生产决定的。"① 再从科技体系内各学科的相互关系来看，哥白尼的日心说从观念上来说是一次思

① 恩格斯：《自然辩证法》，人民出版社 1971 年版，第 162 页。

想解放，它使社会对人与自然之间关系的看法有了一种根本的改变，即自然成了人可直接进行考察、分析的对象。伽利略和牛顿的力学从方法和理论都可应用和影响到其他学科的发展，成为近代科学兴起、发展的基础。哥白尼的日心说和伽利略、牛顿的力学成为近代科学革命的带头学科，它们所体现出来的科学思想、科学方法、科学理论为近代科学的发展规范了一个基本的方向和途径，它们在近代科技体系中占据着重要的地位。

伴随着文艺复兴运动而兴起、发展的近代科学技术对晚明中国社会的传统科技体系有无影响呢？我们的答案是，从晚明社会个别科学家的活动成就和其思想来说，确实存在着某些近代科学精神的闪光点，但这种闪光在晚明社会的历史条件下是不可能产生真正意义上的近代科学革命的。比如，朱载堉的十二平均律虽然是以否定被奉为神圣的三分损益律为目的，但是到了晚明社会，他的乐律无足轻重，音律久废，乐官不知乐律理义，连“殿廷燕享，郊坛祭祀”等朝廷重大雅乐仪式也都流于草率简陋，漫不经心。因此，朱载堉新法密率的思想对社会占统治地位的思想观念并不构成重大的威胁和冲击，并没有引起很大的社会反响，也就不能产生广泛的社会效应。再比如，以徐光启为代表的向西方传教士学习西方科学的士大夫们，曾经认识到了西方的科学思想和科学方法对中国传统科技体系走向近代化的重要作用。他们翻译了大量的西学著作，如，1607 年的《几何原本》（前 6 卷）引进了西方的数学知识和数学方法，1623 年的《职方外纪》（5 卷）介绍了西方的地理学和世界地图概貌，1627 年的《远西奇器图说》（4 卷）介绍了西方器械制造技术和相关的物理学原理，如比重等；1627

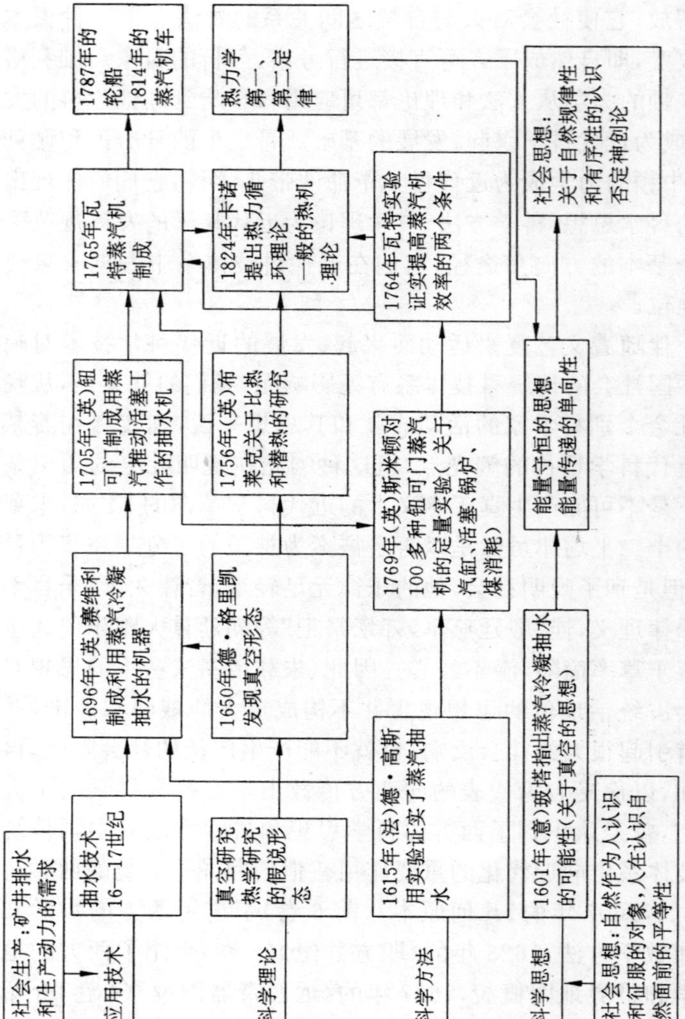
社会生产：矿井排水和生产动力的需求
应用技术
抽水技术 16—17世纪
1696年(英)赛维利制成利用蒸汽冷凝抽水的机器
1705年(英)纽可门制成用蒸汽推动活塞工作的抽水机
1765年瓦特蒸汽机制成
1787年的轮船 1814年的蒸汽机车
科学理论
真空研究 热学研究的假说形态
1650年德·格里凯发现真空形态
1756年(英)布莱克关于比热和潜热的研究
1824年卡诺提出热力循环理论一般的热机理论
热力学第一、第二定律
科学方法
1615年(法)德·高斯用实验证实了蒸汽抽水
1769年(英)斯米顿对100多种纽可门蒸汽机的定量实验(关于汽缸、活塞、锅炉、煤消耗)
1764年瓦特实验证实提高蒸汽机效率的两个条件
科学思想
1601年(意)玻塔指出蒸汽冷凝抽水的可能性(关于真空的思想)
能量守恒的思想 能量传递的单向性
社会思想：关于自然规律性和有序性的认识 否定神创论
社会思想：自然作为人认识和征服的对象，人在认识自然面前的平等性

图 7.2

年的《远镜说》(1卷)首次引入西方的光学知识;1633年《崇祯历书》(又名《西洋新法历书》130余卷)系统地介绍了西方天文学对宇宙图式、计算方法等知识。徐光启本人还制定了“度数旁通十事”(十事是指:气象、水利、工程、音乐、军事、统计、土木工程、物理与机械工程、地理与绘制舆图、医学与钟表制造)①,这样一个推行西方科学技术的具体方案,其结果也只是皇帝批了“度数旁通有关庶绩,一并分曹料理,该衙门知道”几行字外,其他什么反应都没有。徐光启一生致力的学习、推广西学的运动,虽然假借他掌握的一部分权力和天主教的传教形式取得了一些成绩,然而社会反应平平,应者了了。他曾自叹:“臣等书虽告成,而愿学者少,有倡无知,有传无习,恐他日终成废阁耳。”② 应该说以徐光启为代表引进西方科学的活动是一次积极的探索,应该能使传统文化开始呼吸到近代科学思维的空气,应该能揭开西学东渐的序幕,给当时的知识界的自我反省提供了一个可借鉴的范例。因为他们在思维上突破了以天人感应为连接方式的封闭的宇宙构架图式的束缚,扭转了玄禅空谈的陋习,注入了实证分析、逻辑证明和数学推理的科学思维方式;摈弃了阴阳五行,“术数”的神秘主义,提倡了一种科学理性的精神。但是,这第一次的西学东渐并没有在晚明社会引起一次政治冲突和政治危机,传入的天主教也如过去传入的佛教在认同儒学教义的基本条件下,仅仅被社会有限地接受了。就像天主教不可能成为中国封建社会内部一种异己的对抗力量一样,晚明社会出现的科学思想、科学方

① 《徐光启集》卷七,《条议历法修正岁差疏》,中华书局1963年版。

② 《徐光启集》卷一一,《复太史焦座师》,中华书局1963年版。

法也不可能直接动摇封建中国政治统治的理论基础——儒学体系。因此，西方文化的物质和精神的成果在当时社会，一是作为猎奇的知识，炫耀的本钱，“士大夫视与利玛窦订交为荣，所谈者天文、历算、地理等学，凡百问题悉加讨论。”① 二是仅仅作为一些士大夫经世致用的实学知识，用于实现他们济世振邦的治国抱负。徐光启虽然提出了“欲求超胜，必先会通”②的观点，显示了探求文化发展的开放和开拓精神，表达了自己对西方文化已具有比较全面的了解和正确的认识，但是，“富国强兵，济世救民”始终是徐光启关注的重点，“时时窃念国势衰弱，十倍宋季，每为人言富强之术。”③《农政全书》是徐光启几十年研究心血的结晶，是徐光启花费精力最多，也是他平生中最重要的著作之一。其原因在于徐光启“生平所学，博究天人，而皆主于实用；至于农事，尤所用心，盖以为生民率育之源，国家富强之本故。”④ 然而徐光启学西学促实用的努力也大多付诸东流。西学东渐的第一次成效并没有如古希腊文化对于中世纪的欧洲那样，成为欧洲文艺复兴运动的直接动因。

晚明社会朱载堉的十二平均律及其体现的科学思想和方法，以及以徐光启为代表的传教士们所极力引荐的西方国家的科技成果、科学思想、科学方法都具有近代科学意义，构成了当时中国社会近代科学的萌芽状况。但是，这种近代科学萌芽在晚明社会并没有其生长、发育的土壤，也就是说，当时晚

① 费赖之著：《入华耶稣会士列传》，商务印书馆（台湾）1970年版，第46页。

② 《徐光启集》卷八，《历书总目表》，中华书局1963年版。

③ 同上，第454页。

④ 陈子龙：《农政全书凡例》。

明社会没有一种从思想上到组织上，从经济上到政治上反对封建皇权为根本目的的社会运动，社会既没有这种政治、思想上的需求，也没有经济和组织上的基础。晚明社会在政治、经济制度上的诸多积弊，社会危机和民族危机日趋严重的现况，使得挽救社稷，振兴改革，针砭时弊，救世安邦成了社会关注的热点。“居庙堂之高则忧其民，处江湖之远则忧其君”成为当时具有社会责任感的知识分子的基本信条。在朝的如张居正、徐光启等人以权力为支点，在田制、水利、漕运、赋税、兵制、边务、吏治、科举等政治、经济、军事等诸多方面提出各种改革措施，进行改革活动。在野的如东林党人，则“家事、国事、天下事，事事关心”。这是一场挽救晚明社会危机，捍卫和复兴以儒学为核心的封建意识形态的社会改革运动，这是封建社会内部的腐朽与革新，黑暗与批判，保守与改革的一场涉及到社会各个领域和层次的斗争。一切政治的、经济的、科学的、哲学思想的新观点、新认识只有在这个前提下和范围内才有可能被接受、被传播，才可能产生广泛的社会效应。以反映市民阶层生活、思想为主要内容的《三言》、《二拍》、《金瓶梅》等文艺作品，虽然通过艺术形象赞赏了对物欲享受的追求，对经商致富的热情和执著，但结局仍脱不了封建伦理道德的范围：孝子良民得到褒奖、好报，纵欲之徒不得善终，受到谴责。

批判现实、经世致用的社会思潮其根本目的还是救弊和改革，其理论基础和思想指导仍沿用儒学的“修身、齐家、治国、平天下”那套模式，其向往追求的仍是儒家的“三代之制”的那种理想化社会，其理论内容和思维方式仍没有离开诸如理欲、知行、理气、太极、阴阳五行等等传统思想体系固有的框架。他们所追求的仍是“周公之治”，他们所提倡的仍是针对当时社会积弊的实学、实事、实用、实政的精神。这股经世致用的思想伴随着社会的政治斗争激荡起伏，成为社会思潮的主流。因此，这股实学改革的思潮对科技活动的需求仅限于其社会的实用价值，而不在于科学思想、科学方法的近代启蒙意义。如果近代科学精神不能和社会的政治变革思潮相一致，那么它不可能引起社会强烈的反响，不管是支持，还是反对。这样，近代科学精神被远离于社会思潮的主流之外，难以产生社会共鸣。

晚明社会商品经济的繁荣和明代早期的郑和下西洋为代表的海洋远航并没有产生近代欧洲类似的社会活动对近代科学技术的强烈需求和有力促进。也就是说，近代科学技术在晚明社会并没有其产生和发展的经济基础和经济动力，因而近代科技的萌芽在晚明社会得不到健全发育而最终走向夭折也是情理之中的。

晚明社会商品经济的发展及需求的原动力，来自于家庭为基本生产单位的手工业的生产。耕织结合的农村经济形式，使大部分社会商品由分散在广大农村的农家提供。虽然个别农家的生产能力有限，但是从社会整体来说，这是一支生产能力很大的手工业生产队伍。由于对个体农户来说，种田是他们生存的依托，生存问题并不依赖于家庭手工业。因此，这些农户对家庭手工业生产既没有增加投资扩大生产的欲望，也没意识到存在任何社会环境的需求。只要广大农民离不开土地，那么“男耕女织”，即家庭手工业只是农闲季节农民的一种辅助性生产的形式不会改变，农民对科技发展的需求是很低的，甚至可以说，他们希望应用科技手段提高劳动生产率，提高经济效益的需求等于零。对一些城镇手工业作坊来说，提高产品的竞争力，更多地是依靠祖传下来的一些特殊的制作手段，是依靠手工产品的质量和特色品牌来增加市场的销路，而不是依靠提高科技水平，依靠扩大再生产改变生产组织形式，或依靠提高劳动生产率降低生产成本的途径来扩大市场，发展市场。由于在城镇以家庭为生产单位，以师徒为组织形式的手工业作坊是城镇商品生产的主力。其生产组织简单，以手工形式进行的生产已能满足自己生存的需求和社会对商品的需求。其二，一些复杂的制作技艺按照祖传的方式只能手工操作。因此，他们对扩大再生产及改进生产工具没有强烈的需求和迫切的愿望，因而对科技的依赖和需求都不大。虽然晚明有位书商大力推荐宋应星的《天工开物》，认为《天工开物》"内载耕织造作炼采金宝，一切生财备用秘传要诀"，① 加以刊印推广，可惜社会反应冷漠，不久即失传。从社会整体来说，城镇中星罗棋布的家庭式手工业作坊和广大农村作为副业的家庭手工业生产的商品，通过商人固定的、季节性的长途贩买构成的商品流通网络已经能够满足社会的需求。因此，民营的手工业生产组织和规模的扩大缺乏社会方面的动力。晚明时期一些生产规模大，劳动力较为集中的矿业和织造业大都是官办企业，其目的也大都是从封建财政和皇家生活的角度考虑，而不是从如何提高生产力的角度去研究和发展生产。相反，封建王朝从社会稳定、政治安危的角度去限制它们的发展，如姚思仁曾论开矿八害："矿盗哨聚，易于召乱，一也；矿头累极，势成土崩，二也；矿夫残害，逼迫流亡，三也；雇民粮缺，饥饿噪呼，四也；矿洞遍开，无益浪费，五也；矿砂银少，强科民买，六也；民皆开

---

① 转引自邱锋：《宋应星和〈天工开物〉》，中华书局 1981 年版，第 35 页。

矿，农桑失业，七也；奏官强横，淫刑激变，八也。”① 社会财富的积累以土地、房产、金银珠宝为主要形式，资金也大都流向土地买卖。手工业的扩大再生产既没有物质动力，也没有社会物质基础。因此，缺乏较大规模手工业制造产业和矿业为物质基础的工商主阶层很难形成一种强大的有明确经济和政治目的社会力量。虽然商品经济的繁荣促进了以商人、小作坊主、手工业工人为主体的市民阶层的产生，但是由于本身的经济基础较为薄弱，所以形成的社会力量在政治上是缺乏独立性的，他们在政治斗争和思想战线上不可能形成以反对皇权为目标的社会运动。

郑和七次下西洋并没有像欧洲哥伦布和麦哲伦航海探险那样对商品生产和商品市场的发展，对科学技术的发展产生那样巨大的刺激和推动，成为近代资本主义和近代科技发展的有力的直接动因之一。虽然从航海的形式上，郑和的下西洋和哥伦布、麦哲伦的远航没有太大的差别，而且在船队的规模、装备、技术等航海能力方面则超过哥伦布和麦哲伦的远航船队，但是两者在航海的动因、目的和结果等具体内容方面则迥然不同。哥伦布、麦哲伦的远洋探险是新兴的工商市民阶层为了掠夺财富，开拓市场和贸易通道，具有明确的经济目的，是新兴资产阶级的工商市民阶层在西欧统治者支持下，为争取资本主义生存和生活方式进一步发展的一次探险、冒险的行为，它必然引起社会各阶层，特别是市民阶层的关注。远航探险和新航路的开辟对欧洲的经济生活和社会生产方式产生了巨大、深刻和长远的影响。世界贸易市场的扩大，商品流通

---

① 《明史》卷八一，《食货》五。

的种类和数量激增，贸易通道和贸易中心发生改变和转移，商业经营方式更多体现出资本主义特有的投机和冒险的特点。商业上这种革命使新兴的资产阶级获得了巨额的利润，同时也刺激了城市手工业工场的规模扩大，生产集中，为改造旧技术、应用新技术准备了条件和机会。这使新兴的资产阶级的经济实力大增，而农村贫农和城市平民日趋贫困和破产，在经济上日益依赖于资产阶级。收取定额货币地租的封建地主的经济实力和社会地位日趋衰败。开辟新航路的航海探险带来巨大的经济效益，使航海成为社会行为的热潮。这样，和航海相关的各门科学技术，如天文学、地理学、造船技术、天气预报等等也加速了其近代化的进程。麦哲伦的环球航行证实了地圆说，使社会对科学的理性力量的认识和对宇宙结构观念的改变都具有重大的意义。明代郑和七次下西洋主要是政治目的，是封建皇帝为了安抚四夷，要各邦臣服，推行怀柔政策的一次政治行动。

> 宣德五年六月戊寅，遣太监郑和等赍诏往谕诸番国。诏曰：朕恭膺天命，只嗣太祖高皇帝、太宗文皇帝、仁宗昭皇帝大统，君临万邦，体祖宗之至仁，普辑宁于庶类，已大赦天下，纪元宣德，咸与维新。尔诸番国，远在海外，未有闻知。兹特遣太监郑和、王景弘等赍诏谕，其各敬顺天道，抚辑人民，以共享太平之福。①

这种以安抚四夷为目的的政治远航，不仅没有任何经济效

① 《明宣宗实录》卷六七。

益和经济动力，相反，耗资巨大，使国库空虚，严重影响了社会的经济和生产的平衡、发展，危及社会。

西欧文艺复兴时期的近代科学和新兴资产阶级的反对中世纪神权与封建王权的思想斗争、政治斗争、宗教改革运动、新兴资产阶级的经济活动(从生产方式的改革、商业经营方式的革命到新航路的开辟)相辅相成，拧在一起。从事近代科学的科学工作者和工商市民阶层中的商人、资本家、探险家、宗教改革运动中的新教人士合为一体。正是这些近代社会的奠基者、创始人将近代社会的科学、政治、经济、思想、宗教、社会生产的革命连成一体，汇成了近代社会革命的洪流，使近代科学革命不仅有其萌芽的机会，而且更具有广泛而深入发展的社会环境，成为近代社会进程中不可缺少的社会物质力量和文化条件。但是，在晚明社会近代科学精神的萌芽却没有这种幸运的机遇。历史的铁的进程似乎注定这种近代科学精神的萌芽会夭折。如果没有清军入关100天的破坏，这种历史偶然性事件的发生，在晚明社会也不具备近代科学萌芽进一步发育的土壤。新兴市民阶层经济基础的薄弱，经济力量的微小，近代启蒙思想的不彻底，最终仍囿于封建社会的价值标准下，经世致用、兴邦安民的救世思潮仍是社会思潮的主流，近代科学思想游离于社会主体思想之外，被社会所冷漠。同时，晚明社会虽然出现了以五大科学家为代表的科学家群体和一系列科技著作，这种状况对中国古代科技发展的历史进程来说，确是一个辉煌时期。五大科技著作：《本草纲目》、《农政全书》、《乐律全书》、《徐霞客游记》、《天工开物》也确是划时代的著作，标志了中国传统科技体系所能达到的高峰。但是，这些科学家的活动都是单枪匹马的孤立活动，彼此不仅在科学思想、科学方法、科学成果方面没有沟通，而且在社会联系方面彼此也没有任何关系。换言之，社会不存在一种组织形式，不存在一种思想信仰，更没有共同的利益驱动能够将晚明社会的科学家联合起来。这些科学家也不可能通过科学社团（包括大学）的方式构成一个特殊的社会阶层，成为近代社会革命（从科学、政治、思想、经济变革）的先锋和生力军。相反，八股取士的教育制度和科举制度把大批知识分子禁锢在一种僵死的思想观念和社会组织中。这点，朱舜水曾沉痛地指出，“明朝以制义举士……父之训子，师之教弟，猎采词华，埋头呫哔，其名亦曰文章，其功亦穷年皓首，惟以剽窃为工，掇取青紫为志，谁复知读书之义哉！”① 八股取士的制度使广大知识分子在知识兴趣上只停留在四书五经的程朱注释上；在思维方式上局限在固定的格式、体裁、语言、字数，代古人立言，摹仿古人，因循保守；在价值取向上科举是知识分子封官荫子，光宗耀祖，功成名就必经之路；在思想观念上忠君报国，兴世济民是其高者，升官发财、追求享受是其低者。这样，社会广大知识分子作为社会文化活动的主体，其人生的全部价值只在于八股时文，金榜题名。其人生的全部希望都在企盼10年寒窗换一第所带来社会地位的变化。广大知识分子作为一个最为活跃的社会群体，他们的言行取向对社会其他阶层的影响都是极大的。范进中举的悲喜剧正反映了这种社会心态。科举入仕不仅是知识分子阶层的唯一出路，而且决定了社会对社会各阶层及其所从事的职业评价的高低。整个社会崇尚仕途功名，读书人甘愿皓首穷经也就十分自然了，连宋应星、徐光启也都不能免俗。

① 《朱舜水集》上册，中华书局1981年版，第1页。

“士农工商”，士虽为四民之首，但清贫布衣仍处于社会地位低下的状态。那末，形式上平等的科举制度对广大清贫布衣来说是改变社会地位的唯一途径，这也是为什么广大知识分子甘愿10年寒窗苦读、皓首穷经的唯一动力。清贫布衣和高官厚禄之间的选择对知识分子来说是太严峻了，其诱惑力也太大了。功名与读书有直接的因果关系，“积财千万不如明解一经”，“金榜题名”是人生得意时。因此，不为功名不读书是中国封建时代知识分子一种读书指南。在这种社会政策和价值背景下，要期望有大批知识分子投身于科学技术的学习和研究几乎是不可能的。这种状况使中国古代科技失去其独立生存和发展的主体力量。这点连当时在中国的外国传教士都清楚地看到了。利玛窦在其《中国札记》中说：“在这里每个人都很清楚，凡有希望在哲学领域成名的（指通过科举作官——中译者注），没有人会愿意费劲去钻研数学或医学……钻研数学和医学并不受人尊敬，因为它们不像哲学研究那样受到荣誉的鼓励，学生们因希望着随之而来的荣誉和报酬而被吸引。”① 这样，知识分子阶层对科技的淡漠，使科技活动失去了学者的参与，工匠的一些经验知识，不能用文字的形式加以总结、固定下来，为以后的继续研究作阶梯和准备，同时在生产技术实践中出现的一些规律性问题也缺乏理论探索和概括的知识力量。工匠和学者相分离，学者鄙视技艺，这不仅使经验知识上升到理论缺乏杠杆，也使学者对自然图景一般形式和规律的认识，由于缺乏实证科学知识的基础而流于空泛、臆测和荒诞，仍陷于元气——阴阳五行的先验框架之中。近代科学精神

① 何高济等译：《利玛窦中国札记》，中华书局1983年版，第83页。

被窒息也是必然的。

另外从科技体系的结构看,朱载堉的十二平均律和徐光启所提倡的《几何原本》的数学思维方式在当时中国科技体系内部也不可能产生轰动的连锁效应。因为,其一,乐律学是科学技术一门较远的分支,和音乐学相联系,而与物理、化学等基本学科较少关联。虽然律制研究的是声音,是各音律之间的音程关系,但是它更多的是关注在音乐作曲、演奏中的应用,而不是对声学现象和规律的深入研究。另外从近代科学的历史进程看,天文学、力学、化学、生物学才是近代科学革命的主干,因为它们的成就不仅在思想和方法上影响到整个科技体系,为科技的发展开辟了一条新的发展道路,提供了一种新的思维方式和研究手段,而且和社会的物质生产和社会思潮密切相关。其二,《几何原本》所体现的数学推理、证明和逻辑相结合的思维方式,虽然是近代科学方法的一个重要因素,但是,在近代科学中,数学、逻辑的方法和实验方法相结合应用于力学分析的研究之中,取得了重大的科学成果,从而形成了一种近代科学有效的科学方法,被广泛有效地应用于其他各门科学的研究之中,为社会所认识和重视。从晚明时期中国科技发展状态看,这种数学和逻辑的方法没有用武之地,它不可能成为一种普遍的科学方法应用于当时的中国科技的各个领域,因为当时的中国科技仍处在经验性实践和猜测性思辨的水平上。虽然徐光启一再强调指出:"此书(《几何原本》)为益,能令学理者祛其浮气,练其精心;学事者,资其定法,发其巧思。"①但是,社会并没有这种需求,一方面当时中国的科

① 《徐光启集》卷二《几何原本杂议》,中华书局 1963 年版。

技状态不需要，另一方面急功近利、实用救世的社会思潮只吸收西方数学中那些实用的计算手段和其他西方科技中的那些实用技术工具，一切体现近代科学精神的思想、理论层面上的东西都被排斥，被冷淡，被湮灭。徐光启哀叹，自己竭力提倡的西学之根本，“二十年来，逢人开说，而闻之者以谓非迂即狂”①，“愿学者少，有倡无知，有传无习，恐他日终成废阁耳”②。

近代历史已证明，近代科学革命是与社会的政治斗争、经济变革、社会思想运动相一致、相关联才取得了自己生存和发展的社会环境。中国晚明社会缺乏这种环境，其产生近代意义的科学体系几乎是不可能的。作为一个例证，我们有必要认真分析一下清代乾嘉学派某些特点及其与晚明科学思想、科学方法若干的渊源，以期说明上面提出的命题。

清乾嘉学派的考据学的成就著称于世，几乎独占学界势力，“师儒崛起，大盛一时”③。他们尊顾炎武为开山鼻祖，在理论内容、思维方式、研究方法上都以顾炎武为中介而与晚明经世致用的实学思潮相接轨。晚明实学思潮受传入的西方科学的影响而形成的求真、求实、怀疑、批判的科学理性和逻辑严密、实证分析的科学方法，也影响到乾嘉学派的学术活动。

乾嘉学派强调疑古和考证。他们在学术研究中以事实判断为标准，审名实，重佐证，力戒牵强附会，感情用事，哗众取宠。对已往儒家典籍的真伪及汉唐以来的各家注疏持怀疑态度，提倡实事求是，无证不信。以本证、旁证、反证、实证，相互

---

① 《徐光启集》卷一〇，《复太史焦座师》。

② 同上，第415页。

③ 《清史稿》卷四八四《文苑》一。

参证，考其是非，辨其真伪，从而为学术研究奠定了一个可靠真实的材料基础，使学术研究的成果建立在可靠、坚实的科学事实的基础之上。乾嘉学派在考据研究中系统地应用归纳法，在研究方法上和近代科学方法一脉相承。在具体的研究工作中，乾嘉学派比晚明的实证方法更趋精密细致，更为周详而有条理。他们不仅做到凡事必举证，不以孤证自足，旁证博引，证备齐而表其信，而且更注重、强调考证过程中的逻辑程序。对此，梁启超曾作过一个颇有见地的总结："清儒之治学，纯用归纳法，纯用科学精神。此法此精神，果用何种程序始能表现耶？第一步，必先留心观察事物，觌出某点某点有应特别注意之价值；第二步，既注意于一事项，则凡与此事项同类者或相关系者，皆罗列比较以研究之；第三步，根据此意见，更以正面旁面反面博求证据，证据备则泐为定说，遇有力之反证则弃之。"①

乾嘉学派以继承顾炎武经世致用之学自许，"中少日问学，实私淑顾宁人处士，故尝推六经之旨，以合于世用"②。以敦实反对空疏，以复先秦之古来否定程朱理学，以一物不知为耻，训诂穷经，溯源到周秦时代，寻求孔孟经学的真解。但是，乾嘉学派已没有顾炎武"明道救世"的雄心，更缺乏晚明东林学人"事事在心"的忧患意识和满腔热忱。也就是说，乾嘉学派的"经世致用"已没有现实的目标。乾隆年间的史学家章学诚曾中肯地指出："近日学者风气，征实太多，发挥太少，有如桑

① 《清代学术概论》，《梁启超论清学史二种》，复旦大学出版社 1985 年版，第 51 页。

② 汪中：《述学·与巡抚毕侍郎书》。

蚕食叶而不能抽丝。"[1] 从晚明经世致用的实学思潮到乾嘉学派无证不信的考据，实质上是从经世向逃世的退化，"躲起来读经，校刊古书，做些古时的文章，和当时毫无关系的文章。"[2] 在理论活动的内容和范围方面，乾嘉学派也仅以整理旧学为要旨：校注古籍，引据惟古是尚，考辨伪书，编辑佚书，远没有晚明经世实学"博究天人"的那种气魄，研究领域涉及到天文地理、科技兵工、史治制度、河漕财赋等等自然和社会众多实际领域，也没有顾炎武"综贯百家，上下千载，详考其得失之故"[3] 的那种胸怀，没有"凡国家典制，群邑掌故，天文仪象，河漕兵农之属，莫不穷究原委"[4]的那种胸怀。乾嘉学派虽也重视自然科学，其集大成者阮元曾用四年时间，编写了一部科技史专著：《畴人传》，但是在对中西科学作比较研究分析时，对西方科学技术的认识，其识见远不如徐光启深刻长远，他没有认识到当时传入的西方科学技术是中国传统科技体系走出中世纪的一种媒介，没有认识到中、西科技体系在内在结构和发展趋向上的本质差异；其识见也不如清初王锡阐、梅文鼎"法有可采，何论中西"的态度和胸怀。

晚明在实学思潮和西学东渐过程中形成的实证分析的科学方法，并没有在清王朝残酷的文字狱罗网中窒息，相反在古籍考据的研究中得到了进一步的发展。换句话说，近代科学实证分析的对象由自然的考察分析转为典籍的考证辨伪。乾嘉

---

① 《文史通义·外编》三。

② 鲁迅：《三闲集·无声的中国》。

③ 潘来：《日知录·序》。

④ 《清史稿》卷四八〇，儒林传一。

学派在考据研究中充满了怀疑批判的科学理性精神和条理明晰、实证分析的科学方法，然而由于研究对象、志趣和目的的差异，使这种具有近代科学思维特征的科学方法被异化了，因而它不可能促使科技活动在理论和实践向近代化的方向发展，也不可能促使知识阶层在人格、精神、观念走向近代化。造成这种转变和异化的原因是社会的政治、经济、文化环境不可能发生类似于欧洲近代科学革命那样的科学运动。龚自珍有名的诗句"避席畏闻文字狱，著书都为稻粱谋"反映了在政治强制下知识分子的生存状态，从某种意义也说明了在传统文化环境中知识分子的一般心态。从晚明经世实学具有近代意义的科学思想和科学方法到乾嘉学派的考证辨伪的实证分析方法，一方面说明了它们之间的上启下承的联系关系。江永重新发现和高度评价了朱载堉的十二平均律的事实，是这种联系、接轨的一种反映；另一方面也可作为一个例证，说明在晚明社会的文化环境中是不可能发生近代科技革命。乾嘉学派的考据研究其思维近代化了，其研究方法近代科学化了，然而知识分子全部的智慧却都耗尽在尘封的古籍中，并没有面对自然，从自然存在和变化中发现新的问题、新的事实和新的理论，从而使社会的思想和活动充满活力。历史所期望的近代科学革命，并没有因思维方式、研究方法的近代化和科学化而发生。

封建中国悠久和丰富的历史文化（包括物质和精神）的积累固然是其继续发展的一个高起点，同时却也是一种拒绝自我批判和自我反思的惰性力量。这妨碍了中国走出中世纪、走入近代化的历史进程。费正清在《剑桥中国晚清史》中对这种历史的双重性曾作过一个概括："导致中国衰落的一个原因恰恰就是中国文明在近代以前已经取得的成就本身。”[①]

朱载堉创建十二平均律所采用的科学方法、所获得的理论成果、所达到的科学思想都具有近代科学的意识，在晚明社会确实属于时代的先驱，然而，其结果也只是“宣付史馆，以备稽考，未及实行”[②]，社会无人问津，知音难觅，这不能不说是一个时代悲剧。从这层意义上来说，朱载堉作为中国科技发展近代化进程中一个孤独的先驱，正是封建中国难以走出中世纪的一个典型例证。

① 费正清主编：《剑桥中国晚清史》上卷，中国社会科学院出版社 1985 年版，第 9 页。

② 《明史》卷六一。

附 录

朱载堉年表

关于年表的几点说明：

(1) 本年表除了载入朱载堉生卒年间有关的事件、人物外，还列入了朱载堉出生前 20 年，卒后 30 年的有关事件、人物。因为在我看来，一本思想史方面的著作，一个重要学派思想的形成，一件重大的社会事件的发生都有一个历史过程，其产生的影响也有一个历史过程。朱载堉是晚明五大科学家之一，晚明的大科学家群体的思想和活动反映了晚明社会思潮的一个重要方面。朱载堉虽卒于 1611 年，但该年表编到 1640 年《徐霞客游记》的问世，至此，晚明的五大科技著作出齐：《农政全书》、《乐律全书》、《天工开物》、《本草纲目》、《徐霞客游记》。

(2) 除了历史和思想动态的重大事件和人物外，我还将与朱载堉的活动思想有影响、有联系并可作一比较分析、研究的事件和人物也列入了年表。

(3) 年表除了列入国内的历史事件和思想动态外，也列入了同时期欧洲的重大历史事件和思想动态。因为只有在当时中国的社会背景和欧洲的社会思想背景相比较中，人们才能充分认识朱载堉的学术思想，及其所占有的历史地位和所产生的历史影响。

1517 年　（正德十二年）

国内思想动态：1517 年葡萄牙人安特拉特率舰进驻广东东莞南头，开始了中国与西欧海上的直接交通。

欧洲思想动态：1517 年马丁·路德发表 95 条论纲，德国宗教改革开始。

1518 年　（正德十三年）

历史大事：钦天监博士朱裕因推算日、月食屡屡不准奏请修改历法。

朱载堉的父亲朱厚烷出生。

1520 年　（正德十五年）

国内思想动态：泰州学派创始人王艮抵南昌见王守仁，入学于王守仁之门。

欧洲思想动态：1519—1522 年葡萄牙人麦哲伦完成第一次环球航行，证明地球是球形的。英国托马斯·莫尔的《乌托邦》出版。教皇开除路德教籍。马丁·路德的《论基督徒的自由》问世。

1521 年　（正德十六年）

历史大事：武宗去世。因武宗无子，无亲兄弟，内阁首辅杨廷和力主近支藩王朱厚熜继承皇位。因朱厚熜命议其生父兴献王尊称，朝臣分党结派。“大礼议”起。

国内思想动态：王守仁开始倡导“致良知”。徽商开始兴起，向全国市场发展。

1522 年　（嘉靖元年）

历史大事：明朝军队在广东新会战胜葡萄牙的战舰，夺取葡炮，亦名佛郎机。

国内思想动态：王艮北行讲学。诏礼部国子监及各提学官，禁以陆九渊为正学，而宗朱熹。传奇开始盛行。

1524 年 （嘉靖三年）

历史大事："大礼议"复起。世宗定"大礼议"，以生父兴献王为"皇考"，群臣力争，下狱者一百余人，廷杖死者 17 人。因"大礼议"问题皇帝与朝臣、朝臣与朝臣的对抗延续了十余年，开启了朝臣分党结朋，相互攻讦的风气，这对晚明的政治有很大的影响。沿海倭寇开始猖獗。

国内思想动态：王守仁在稽山书院龙泉寺中天阁讲学著书。《大学问》成书。

1525 年 （嘉靖四年）

历史大事：张居正生（卒于 1582 年）。《大礼集议》颁行。

欧洲思想动态：德国闵采尔领导的宗教改革运动和农民起义。

1527 年 （嘉靖六年）

朱载堉的父亲朱厚烷被册封为郑恭王。

国内思想动态：李贽生（卒于 1602 年），思想家，著有《焚书》、《续焚书》、《藏书》、《续藏书》。

1528 年 （嘉靖七年）

历史大事：诏儒臣重修《大明会典》。改《大礼全书》名为《明伦大典》。

国内思想动态：王守仁卒，思想家，其学称为"阳明学"或"王学"，提倡"心外无物"、"心外无理"的心学，提出"致良知"、"知行合一"、"知行并进"等观点，重要著作为《传习录》、《大学问》，其弟子遍及各地，王学在晚明有很大的影响。王艮开始"自立门户"讲学，创泰州学派。

1530 年 （嘉靖九年）

历史大事：禁官民服舍器用逾制。

国内思想动态：王艮与石简、邹守益等在南京鸡鸣寺讲学。

欧洲思想动态:(1532年)意大利的马基雅弗利的《君主论》问世。(1532年)法国拉伯雷的名著,共有五部的《巨人传》开始出版。

1536年　(嘉靖十五年)

朱载堉生于河南怀庆府(今河南沁阳县)被册封为郑世子。

历史大事:明世宗崇道排佛,毁宫中大善殿旧藏佛像。

国内思想动态:吕坤生(卒于1618年),哲学家,著有《呻吟语》、《去伪斋文集》。

欧洲思想动态:法国加尔文宗教改革。

1540年　(嘉靖十九年)

历史大事:世宗信方士言,欲服药求仙,令太子监国,太仆卿杨最力谏,遭廷杖。进道士陶仲文为少保、礼部尚书。

国内思想动态:焦竑生(卒于1620年)。焦竑笃信李贽之学,著有《澹园集》、《焦氏类林》、《老子翼》、《庄子翼》。

欧洲思想动态:里斯本成为世界市场的一个中心。生产方式和技术手段进行了变革,工业革命的原生态开始出现。教会批准成立于1534年的耶稣会。

1541年　(嘉靖二十年)

历史大事:倭寇开始骚扰内地。

国内思想动态:王艮卒(生于1483年),初为盐丁,后师王守仁,讲学一生,提出"百姓日用即道","尊身立本"等观点,创立泰州学派,其弟子多为樵夫、陶工、农民等下层平民,著作有《王心斋先生遗集》。

1542年　(嘉靖二十一年)

国内思想动态:吴承恩的《西游记》写成初稿。

1543年　(嘉靖二十二年)

历史大事:山东乡试策问边事,世宗认为语含讥讽,谪各考官,又以巡按御史叶经实际主持试事为由,廷杖叶经,叶经伤重致死。

国内思想动态:何瑭卒(生于1474年),何瑭笃行励志,其学以格致为宗,主张阴阳是世界的根源,著作为《柏斋集》,他的思想、学问、学风对朱载堉的影响很大。

欧洲思想动态:波兰的哥白尼的《天体运行论》出版,系统地论证了"太阳中心说"。比利时人韦萨利的《人体机构》一书出版,批判了盖仑的解剖学,奠定了近代解剖学的基础。

1544年　**(嘉靖二十三年)**

历史大事:鞑靼俺答攻扰大同,京师戒严,兵退,世宗归功神祐,加"真人"陶仲文秩少师。

国内思想动态:王廷相卒(生于1474年),哲学家,文学家,为"前七子"之一。宗张载的"气一元论",反对程朱学派"理在气先"的观点,主张"知行兼举",反对王守仁的"致良知"。著作有:《横渠理气辩》、《慎言》、《雅述》等。

1547年　**(嘉靖二十六年)**

历史大事:倭寇入侵沿海边境,侵扰宁波、台州,与当地富豪勾结,沿海倭患加剧。朱纨提督浙闽海防军务,严厉推行海禁的治倭方针。

国内思想动态:罗钦顺卒(生于1465年),哲学家,主张气一元论,反对朱熹"理与气是二物"和王守仁"天地万物皆吾心之变化"的观点,力主格物致知,认为"明心之说,混于禅学",著作有:《困知记》、《整庵存稿》等。

欧洲思想动态:马丁·路德卒于1546年。

1548年　**(嘉靖二十七年)**

朱载堉13岁。朱载堉的父亲郑恭王朱厚烷上书进谏,呈《居敬》、《穷理》、《克己》、《存诚》四箴,《演连珠》十章,请世宗修德讲学,戒神仙土木,为此触怒世宗朱厚熜,为郑恭王朱厚烷送进谏书的长吏因此而下狱。

历史大事：大学士夏言因奏严嵩等谮言，被世宗以“怨望讪上”罪所杀。严嵩再次当上首辅，专权14年。

欧洲思想动态：布鲁诺生（卒于1600年），意大利哲学家，反对经院哲学，坚持宣扬“太阳中心说”，著作有：《论无限性、宇宙和诸世界》，被宗教裁判所活活烧死在罗马鲜花广场。

1550年　（嘉靖二十九年）

朱载堉15岁。同族叔伯朱祐橏为要夺爵，诬告朱厚烷40条叛逆罪，世宗震怒，并因1548年朱厚烷的谏书触怒世宗，两罪并罚，世宗废郑恭王朱厚烷为庶人，并将其幽禁于安徽凤阳。同时，剥夺了朱载堉的世子冠带。朱厚烷在1550—1567年被禁锢时期，完成了《操缦谱藁》的著述，提出了十二平均律的基本思想。朱载堉在恭王宫门外筑一土屋，独居19年，潜心于学术研究，研究领域涉及音律、天文历法、音乐舞蹈、数学等多种学科。

历史大事：蒙古鞑靼部俺答兴兵南下，犯大同，骚扰京畿达八日之久，京城震动，史称“庚戌之变”。重修《大明会典》成书。

国内思想动态：顾宪成生（卒于1612年），学者，政治家，与其弟共修东林书院，偕同高攀龙等讲学其中，訾议朝政，主张“与世为体”，为清流领袖，推崇程朱之学。著作有：《小心斋札记》、《顾端文公遗书》等。汤显祖生（卒于1616年），戏曲家，文学家，受李贽的思想影响，在创作方法上反对拟古和拘泥于格律，与以沈璟为代表的复古派有激烈的论争，作品表现了对封建礼教和当时黑暗政治的不满和抨击，同时也流露出人生如梦的消极思想。著作有临川四梦：《紫钗记》、《牡丹亭》、《南柯记》、《邯郸记》等。

欧洲思想动态：意大利的邦别利出版了《代数学》，引入了虚数，完全解决了三次方程的代数解的问题。

1552年　（嘉靖三十一年）

历史大事：西班牙人沙勿略，受耶稣会派遣，从印度果阿到广东上川岛，开展传教事业，停留仅四个月，便病死在该岛上，沙勿略是西方耶稣会来华传教的第一人。

国内思想动态：何心隐开始创办“聚和堂”。李时珍开始编写《本草纲目》。

欧洲思想动态：（德）查理五世允许路德宗教自由。

1555 年　（嘉靖三十四年）

历史大事：倭寇入侵南京，倭寇之患日炽，工部侍郎受命赴江南祭海，兼区处防倭军事。戚继光从山东调任浙江参将，从事抗倭。

1557 年　（嘉靖三十六年）

历史大事：“真人”陶仲文因病乞准还山，四年后卒，极得世宗尊宠，使道教风行于嘉靖年间。葡萄牙窃据澳门，在澳门设置官吏，建立耶稣会学校，是中国境内第一所教会学校。

1560 年　（嘉靖三十九年）

朱载堉 25 岁，完成《瑟谱》一书和序。

历史大事：倭寇入侵沿海地区日益猖獗。

国内思想动态：哲学家湛若水卒（生于 1466 年），与王守仁齐名，主张随处体验天理，反对王守仁的格物说，一时学者遂分王、湛之学。著作有：《湛甘泉集》、《格物通》。

1562 年　（嘉靖四十一年）

历史大事：废除班匠服役制度，一律以银代役。世宗晚年求仙益急，分遣御史访求方士、术书，以求长命。耶稣会会士卡纳罗任澳门第一任主教，强迫当地华人取葡萄牙姓名，按葡萄牙方式生活。

国内思想动态：徐光启生（卒于 1633 年），科学家、政治家，大力宣传、推广、实践各种西学，著作有：《农政全书》、《徐氏庖言》。学者何心隐授意道士蓝道行以扶乩降“神语”，揭露严嵩父子擅权，严氏开始失势。

欧洲思想动态：1561 年弗兰西斯·培根生（卒于 1626 年），哲学家，是“英国唯物主义和整个现代实验科学的真正始祖”，著作有《论科学的价值和发展》等。

1563 年　（嘉靖四十二年）

历史大事：俺答部大掠顺义、三河，诸将赵溱、孙膑战死，京师戒严。戚继光、俞大猷大破倭寇，浙闽倭患历时二十余年，至此渐平。封张三丰为“清虚元妙真君”。

国内思想动态：李贽接受王守仁的“心学”，逐步形成“童心说”。何心隐开始周游各地讲学。王世贞的文学理论著作《艺苑卮言》刊行，提倡复古及“格调说”。

欧洲思想动态：1564 年宗教改革家加尔文卒，戏剧家莎士比亚生。

1567 年　（隆庆元年）

朱载堉是年 32 岁，世子冠带被恢复。

历史大事：明世宗朱厚熜因服丹中毒卒，穆宗朱载垕嗣位，定年号隆庆，大赦天下。严嵩卒，曾专国政二十余年。福建巡抚都御史涂泽民“请开海禁”，对贸易者实行税饷制度。明中叶发展起来的私人海上贸易活动取得合法地位。在大赦中，朱厚烷获释，郑恭王爵位被恢复。

1568 年　（隆庆二年）

朱载堉 33 岁，结束“席藁独处十九年”的生活，重新入居郑恭王府，开始乐律、算学、历法方面的著书。到 1581 年，朱载堉完成了《律历融通》、《律学新说》、《乐学新说》、《算学新说》、《律吕精义》等各种律学、历法、数学、乐舞著作，创建了十二平均律的系统理论和计算方法。

历史大事：江西巡抚刘光济请行“一条鞭法”。

国内思想动态：李开先卒（生于 1502 年），戏曲家，文学家，所作传奇《宝剑记》最负盛名。杨慎卒，生前反对理学和心学，著作有《杨升庵全集》等。

欧洲思想动态：意大利康帕内拉生，空想共产主义者，著有《太阳城》。

1573 年　（万历元年）

朱载堉 38 岁。

历史大事：明穆宗朱载垕卒于 1572 年，朱翊钧嗣位，定年号为万历。张居正任内阁首辅，主持改革，正式推行"考成法"，使朝廷令"虽万里之外，朝下而夕奉行"，明代人称张居正"辅政十年，中外乂安，海内殷阜，纪纲法度，莫不修明，功在社稷"。

国内思想动态：李贽遇见王守仁的弟子李见罗，作《答李见罗先生书》，与焦竑成为好友。署名"兰陵笑笑生"的长篇世情小说《金瓶梅》约成书于隆庆、万历年间，是为文人单独创作，以现实社会和家庭日常生活为题材的最早的长篇小说。《封神演义》(作者许仲琳，一说是陆西星)约成书于隆庆、万历年间。

1578 年　（万历六年）

朱载堉 43 岁。

历史大事：(1577 年)首辅张居正父丧，仍"夺情"任职，反对者被杖谪戍。张居正权势日盛，趋附者俱以织锦为名帖，以大红绒书姓名，一时成风。

国内思想动态：柯尚迁撰成《数学通轨》，书中所录算盘图，形制与现行算盘相同。李时珍完成《本草纲目》，此书记载，美洲玉米已传入中国。

欧洲思想动态：(英)哈维生(卒于 1657 年)，生理学家，血液循环说的首创者，实验生理学的创始人之一。

1579 年　（万历七年）

朱载堉 44 岁。

历史大事：嘉靖、隆庆时讲学盛行，张居正反对聚众讲学，诏毁天下书院，共 64 所。

国内思想动态：何心隐以“妖道”罪被缉捕，仍撰《原学原讲》，论讲学之益，被捕遇害。其学反对灭人欲，公开批判道学和名教，以“心”为万物本源。意大利传教士罗明坚第一个深入内地传教，并第一个用中文撰写天主教教理书《圣教实录》。

1580 年　（万历八年）

是年，朱载堉 45 岁。

历史大事：张居正在全国推行履田清丈，清丈天下田为 7,013,976顷。

1581 年　（万历九年）

是年，朱载堉 46 岁，为其著《律历融通》作序。

历史大事：张居正在全国推行“一条鞭法”。

1582 年　（万历十年）

是年，朱载堉 47 岁。

历史大事：张居正卒，后家被抄，改革被罢除，言官攻讦大臣成风。

国内思想动态：意大利传教士利玛窦应范礼安之召，到达澳门。《西游记》的作者吴承恩去世。

欧洲思想动态：教皇格列高利十二世公布新历。西欧许多国家实行格列历，即现行公历的前身。

1583 年　（万历十一年）

是年，朱载堉 48 岁。

历史大事：利玛窦定居广东、肇庆，开放肇庆教会图书馆，让人参观，展览自己制作的世界地图和各种天文仪器，在肇庆知府王泮帮助下，利玛窦在肇庆高要县城东小市顶祟禧塔附近建造教堂，但遭到当地百姓的反对和袭击，酿成明末天主教传入中国后发生的第一起教案。

国内思想动态：思想家王畿卒（生于 1498 年），号龙溪，受业于王守仁，在吴、楚、闽、越、江、浙皆有讲舍，历四十余年，潜心传播王学，把王守仁"良知"学说进一步引向禅学。著作有《龙溪全集》。

欧洲思想动态：意大利的伽利略创用单摆周期作为时间量度的单位，发现摆振动的等时性。

1584 年 （万历十二年）

是年，朱载堉 49 岁，为其著《律学新说》一书作序。

历史大事：明神宗下诏以陈献章、胡居仁、王守仁从祀孔庙。《大统历》推日食 92 秒。《回回历》推不食，验合。

国内思想动态：肇庆知府王泮督印利玛窦带来的《世界地图》的第一个中文版，名为《山海舆地图》。（1585 年）李春芳卒。隆庆初曾居首辅，著有长篇公案小说《海公案》。

欧洲思想动态：布鲁诺的《论无限性、宇宙和世界》一书出版。

1586 年 （万历十四年）

是年，朱载堉 51 岁。其父朱厚烷因其长史"虐害军民"等罪，奏请皇上捉拿治问。

历史大事：明朝与女真开互市。万历帝主持殿试，试题的内容是"无为而治"。

国内思想动态：学者王圻著成《续文献通考》254 卷。

1587 年 （万历十五年）

是年，朱载堉 52 岁。

历史大事：万历帝应礼部之请，禁止士子在科举考试中引用佛经。海瑞卒（生于 1514 年），南京为之罢市送丧。

国内思想动态：汤显祖将十年前与人合作的传奇《紫箫记》改写成《紫钗记》。宋应星生，科学家，著有《天工开物》。

1589 年 （万历十七年）

是年，朱载堉 54 岁。

历史大事：明封努尔哈赤为都督佥事。严禁匿名揭帖。

国内思想动态：利玛窦换上儒服离开肇庆赴韶州，受到当地各级官吏的热烈欢迎。僧真可在五台山主持刊刻《万历藏》，后德清、密藏、幻余等相继主持刻经，并移至径山（在今浙江余杭）雕版，最后集中经版在嘉兴楞严寺印刷，所以又称为《径山藏》、《嘉兴藏》或《楞严寺版》。分“正藏”、“续藏”，康熙十六年（1677年）后补刻“又续藏”，共收佛典2141部，12600卷。

1590年　（万历十八年）

是年，朱载堉55岁。

历史大事：改定宗藩事例，许无爵者自谋生计。吏部员外郎赵南星上疏言“天下四大害”：干进、倾危、吏治日污、乡官横行。

国内思想动态：李贽的《焚书》问世。李贽结识袁宗道、袁宏道、袁中道兄弟，袁氏兄弟继李贽之后，反对复古潮流，提倡性灵说，世称为“公安派”。

欧洲思想动态：意大利伽利略做自由落体的科学实验。

1591年　（万历十九年）

是年，朱载堉56岁，其父郑恭王朱厚烷卒，朱载堉上疏恳请明神宗准其将爵位让给同族兄弟朱载玺。

欧洲思想动态：德国数学家韦达发表《美妙的代数》，用字母表示数字系数的一般符号。1591—1596年英国莎士比亚的《理查三世》、《罗密欧与朱丽叶》、《威尼斯商人》等剧作问世。

1592年　（万历二十年）

是年，朱载堉57岁。

历史大事：开始了长达6年的援朝抗倭的战争。以手工业工人为主体的城市“民变”斗争绵延数十年。

国内思想动态：数学家程大位（生于1533年）著成《直指算法统宗》，最早使用珠算开平方、开立方，是流传广泛的珠算书。

1593年　（万历二十一年）

是年，朱载堉58岁。上书条奏七事，主要内容是宗室子弟应可儒服就试，量才录用，为国效力，为宗室子弟开辟了一条施展才能，维护社稷的道路。

历史大事：神宗手诏欲并封常洛、常洵为王，而引起了朝臣为立太子事长达二十余年的“卫国本之争”，使皇帝与朝臣之间的对抗因皇家事而公开化，朝臣也因此结党攻讦。

国内思想动态：译自西班牙文《自然法的修正与改进》的《无极天主正教真传实录》的中文版出版，是最早以中文介绍西方生物学知识的著作，全书九章，三章宣扬天主教义，一章论地理，其余五章均与生物学知识有关。李时珍卒（生于1518年），著作有与《天工开物》、《农政全书》、《乐律全书》、《徐霞客游记》同为晚明科技名著的《本草纲目》，是一部中医药物学总结性的巨著，也是一部博物学著作。徐渭卒（生于1521年），文学家、书画家，其思想倾向明显反对传统，反对模拟，反对复古，强调独创，对公安派等很有影响，著作有：《四声猿》、《南词叙录》、《徐文长全集》等，相传《歌代啸》亦为他所作。

1594年 （万历二十二年）

是年，朱载堉59岁。礼部复奏，朱载堉“条奏七事”诏允行，打破了明朝的礼仪法规。

历史大事：山西曲周人韩太湖创立弘阳教，后得宫廷太监资助，刊印大量弘阳教经卷，宣传劫变思想，在民间广泛流传，至清代屡禁不绝。

国内思想动态：顾宪成因“忤帝意，削籍归”，与弟顾允成及高攀龙等人聚众讲学于东林书院，讽议朝政，评论人物，时称“东林党”，朝士遥相呼应，东林党人一时控制天下舆论，号称“清流”。

1595年 （万历二十三年）

是年，朱载堉60岁。上《进历书奏疏》暨《上进表文》，所进呈所撰的书有：《律历融通》四卷、《音义》一卷、《圣寿万年历》二卷、

《万年历备考》三卷,共 10 册。

历史大事:准许宗室子弟应试入仕,惟不得任京朝官。

国内思想动态:利玛窦到达南京,因南京工部侍郎徐大任反对,转去南昌,定居三年。

1596 年 (万历二十四年)

是年,朱载堉 61 岁,删润《律吕精义》旧稿,并为之作序。

国内思想动态:李时珍的《本草纲目》在南京出版。利玛窦始任在华耶稣会首任会长。学者耿定向卒(生于 1524 年),宗王守仁之学,著作有《耿子庸言》等。

欧洲思想动态:法国笛卡尔生,哲学家,科学家,解析几何的创始人,著作有《方法谈》、《形而上学的沉思》等。

1598 年 (万历二十六年)

是年,朱载堉 63 岁。

历史大事:日军因丰臣秀吉死撤兵,明军援朝之役结束。吕坤上疏论及"邪说之民,白莲结社,所在成聚",反映白莲教已在民间广为流行。

国内思想动态:利玛窦首次北上到达北京。李贽的《藏书》编成。汤显祖完成传奇《牡丹亭》。徐光启第五次应顺天府乡试被阳明心学之名儒焦竑从落榜卷中拔置第一。

1599 年 (万历二十七年)

是年,朱载堉 64 岁。

历史大事:武昌、汉阳、临清等地掀起反对税监、矿监的"民变"。白莲教徒赵古元在徐州一带组织农民暴动。努尔哈赤命用蒙古字制"国书"(满文)。

国内思想动态:利玛窦回到南京,广泛结交南京名卿社会名流,并收了三名学生,利玛窦在南京与好佛的官员李汝祯辩论重儒斥佛。

欧洲思想动态:意大利康帕内拉在狱中撰成《太阳城》。

1600 年　(万历二十八年)

是年,朱载堉 65 岁。

历史大事:徐州白莲教组织的起义失败。

国内思想动态:汤显祖完成传奇《南柯记》

欧洲思想动态:布鲁诺因坚持日心说,反对地心说,被教会烧死。英国东印度公司成立。

1601 年　(万历二十九年)

是年,朱载堉 66 岁。

历史大事:明神宗册立长子常洛为皇太子,封常洵为福王。努尔哈赤开创八旗制度。苏州织工反对税监的民变。

国内思想动态:利玛窦到达北京,向神宗进呈天主、圣母像、十字架、《圣经》、《万国图志》、自鸣钟、西琴等,被神宗准许定居北京。

欧洲思想动态:1601—1608 年莎士比亚的《哈姆雷特》、《奥赛罗》、《李尔王》等问世。

1602 年　(万历三十年)

是年,朱载堉 67 岁。

国内思想动态:利玛窦修改《山海舆地图》,改称《坤舆万国全图》,在北京刊行。李贽因"惑乱人心"罪入狱,在狱中自杀(生于 1527 年),公开以"异端"自居,其学抨击道学和礼教,曾提出"穿衣吃饭即是人伦物理","童心即真心"的观点,著作有:《焚书》、《续焚书》、《藏书》、《续藏书》等。

欧洲思想动态:荷兰设立东印度公司。

1603 年　(万历三十一年)

是年,朱载堉 68 岁,《算学新说》一书雕版完毕。

历史大事:查获"妖书",内言帝欲易太子,诏五城大索,僧真可因"妖书案"被诬下狱死,真可与袾宏、德清、智旭并称为明末"四大高僧"。

1604 年　（万历三十二年）

朱载堉 69 岁。

历史大事：工部侍郎、总理河道李化龙开泇河成，此为明代治河通运一大成就。

国内思想动态：顾宪成、顾允成兄弟倡议重修东林书院，将读书、讲学、关心国事紧密相连，徐光启在南京受洗入天主教。

1605 年　（万历三十三年）

朱载堉 70 岁。

历史大事：诏罢天下矿税，税务归有司。

国内思想动态：利玛窦《西字奇迹》刊行，为第一部用拉丁字母拼音注汉字的中西文字典。

欧洲思想动态：英国培根的《关于学问的精通和进步的两本书》问世。伽利略研究、发现落体法则。开普勒研究、发现望远镜原理。比利时斯台文发现分解力的平行四边形原理。西班牙塞万提斯的《唐·吉诃德》(第一部)问世。

1606 年　（万历三十四年）

是年，朱载堉 71 岁，明神宗批准朱载堉让爵给朱载玺。朱载堉因七次奏请让爵之举受到神宗褒奖敕建玉音坊。朱载堉完成《乐律全书》的雕版、刊印，撰写《进律书奏疏》，进呈五部《乐律全书》及奏疏，“奉圣旨览奏，具见留心乐律，深可嘉尚”。迁居怀庆府城外，自称道人。

国内思想动态：徐光启与利玛窦合译《几何原本》。长篇英雄传奇小说《杨家府演义》有本年刊本。

1607 年　（万历三十五年）

是年，朱载堉 72 岁。朱载堉进呈所造乐器给郑王朱载玺。

国内思想动态：徐光启和利玛窦合译的《几何原本》前六卷刊行。科学家李之藻所著《浑盖通宪图说》在北京刊行，对明末清初的历法改革有影响。《万历续道藏》修成，凡一百八十卷，为《正统道藏》的续编。

1609 年 **（万历三十七年）**

朱载堉 74 岁。

国内思想动态：利玛窦在北京创立天主会，规定入会教士按月聚会，济贫为务，并督建北京大教堂。

欧洲思想动态：德国刻卜勒发现行星运动三定律。伽利略第一次用望远镜观测天象。

1610 年 **（万历三十八年）**

是年，朱载堉 75 岁，写成《律吕正论》、《律吕质疑辨惑》和《嘉量算经》三书，为邢云路的《古今律历考》一书作序，并将《律吕正论》送邢云路。

历史大事：东林党人影响日盛，所树政敌、论敌也日增。时有天主教徒二千五百人。

国内思想动态：利玛窦卒，赐葬地于北京。李之藻根据西洋历法修历。龙华民继利玛窦任在华耶稣会会长，一反利玛窦允许中国教徒参与祀孔祭祖的做法，引起传教士与教徒间的激烈争论，成为十七世纪基督教在华传教史上“中国礼仪之争”的先导。李之藻在北京加入天主教。

1611 年 **（万历三十九年）**

朱载堉卒，享年 76 岁。后明神宗赐其谥端清。

1612 年 **（万历四十年）**

国内思想动态：冯梦龙在本年前后，作有长篇小说《平妖传》，编有民歌集《桂枝儿》十卷，《山歌》十卷，其收有明代民歌 818 首。传教士熊三拔所著《泰西水法》在北京印行。

1615 年 **（万历四十三年）**

国内思想动态：发生“梃击案”，当时“举朝惊骇”，党争（东林党和浙党）加剧。

1616 年 **（万历四十四年）**

国内思想动态:戏曲家汤显祖卒。给事中熊明遇上疏以为"朝廷无纪纲,远方无吏治,士大夫无人心",明末的政风与士风可见一斑。南京礼部侍郎沈漼发起反天主教运动。

1621 年 （天启元年）

国内思想动态:努尔哈赤攻占沈阳。学者茅元仪编著《武备志》成书。冯梦龙所编《喻世明言》刊行,以后,《警世通言》、《醒世恒言》相继刊行。

欧洲思想动态:英国培根的《新工具》问世。荷兰入侵台湾。荷兰的西印度公司成立。

1625 年 （天启五年）

国内思想动态:魏忠贤毁天下书院,捕杀东林党人,党锢日盛。刘宗周提出"慎独"学说。

1628 年 （崇祯元年）

国内思想动态:诛魏忠贤、客氏,铲除阉党。张献忠起义。徐光启的《农政全书》编成。凌濛初的《拍案惊奇》刊行。以后,《二刻拍案惊奇》又刊行。三言二拍反映了晚明社会市民阶层的日常生活、心态和价值观。

欧洲思想动态:英国的哈维发表了《心血运动论》,发现了血液循环。法国的笛卡尔的《指导心智的规则》问世。

1629 年 （崇祯二年）

国内思想动态:张溥、张采领导的"复社"成立,以东林党后继自任。始开历局,徐光启领导以西法修《崇祯历法》,接受近代西方天文学和数学的知识。

1633 年 （崇祯六年）

国内思想动态:复社在苏州虎丘开大会,与会者至数千人,成为一大政治集团。科学家徐光启卒,是明末传播推广西学最为有力者。

欧洲思想动态:伽利略因其著《关于托勒密和哥白尼两大世界

体系的对话》论证了哥白尼的太阳中心说而受教会的异端裁判所审讯，被迫“放弃”他的学说。

1637 年 （崇祯十年）

国内思想动态：宋应星的《天工开物》问世。

欧洲思想动态：伽利略提出弦的振动频率和弦长的关系，认识到音调和振动频率的关系。笛卡儿制定解析几何。笛卡儿的《方法谈》问世。笛卡儿提出光的粒子假说，以此推出光的折射定律。

1640 年 （崇祯十三年）

国内思想动态：徐弘祖的《徐霞客游记》问世。

主要参考文献

《乐律全书》　朱载堉　《万有文库》本　商务印书馆 1931 年版

《中国古代音乐史稿》　杨荫浏　人民音乐出版社 1981 年版

《明史新编》　傅衣凌　人民出版社 1993 年版

《明清时代商人及商业资本》　傅衣凌　人民出版社 1956 年版

《明代江南市民经济试探》　傅衣凌　上海人民出版社 1957 年版

《律学》　缪天瑞　人民音乐出版社 1983 年版

《万历十五年》　黄仁宇　中华书局 1982 年版

《朱载堉——明代的科学和艺术巨星》　戴念祖　人民出版社 1986 年版

《中国舞蹈发展史》　王志芬　上海人民出版社 1989 年版

《中国数学史》　钱宝琮　科学出版社 1981 年版

《中国天文学史》　中国天文学史整理研究小组编著　科学出版社 1981 年版

《中国科学技术史稿》下册　杜石然等　科学出版社 1983 年版

《士与中国文化》　余英时　上海人民出版社 1987 年版

《明清实学思潮史》　陈鼓应、辛冠洁、葛荣晋　齐鲁书社 1989 年版

《中国思想通史》第四卷（下册）　侯外庐主编　人民出版社 1960 年版

《中国经济思想史》下册　胡寄窗　上海人民出版社 1981 年版

《自然科学史》　S.F.梅森　上海人民出版社 1977 年版

《科学史及其与哲学和宗教的关系》　W.C.丹皮尔　商务印书馆

1987 年版
《明史》
《明神宗实录》
《中国天文学史》 陈遵妫 上海人民出版社 1980 年版
《杨荫浏音乐论文选集》 杨荫浏 上海文艺出版社 1986 年版
《明末清初的学风》 谢国桢 上海人民出版社 1982 年版
《徽商研究》 张海鹏 王廷元 安徽人民出版社 1995 年版

索　引

人名索引

三　画

四　画

五　画

六 画

七 画

八　画

九 画

十 画

十一画

十二画

十三画

十四画

十五画

十七画

文献索引

五 画

八　画

九 画

十 画

十一画

十二画

十三画

十四画

十五画